中等收入陷阱的
历史考验与制度供给创新

苏京春　著

中国金融出版社

责任编辑：刘　钊
责任校对：刘　明
责任印制：陈晓川

图书在版编目（CIP）数据

中等收入陷阱的历史考验与制度供给创新（Zhongdeng Shouru Xianjing de Lishi Kaoyan yu Zhidu Gongji Chuangxin）/苏京春著．—北京：中国金融出版社，2016.5
ISBN 978－7－5049－8409－8

Ⅰ.①中…　Ⅱ.①苏…　Ⅲ.①中国经济—经济发展—研究　Ⅳ.①F124

中国版本图书馆CIP数据核字（2016）第038029号

出版发行　中国金融出版社
社址　北京市丰台区益泽路2号
市场开发部　（010）63266347，63805472，63439533（传真）
网上书店　http://www.chinafph.com
（010）63286832，63365686（传真）
读者服务部　（010）66070833，62568380
邮编　100071
经销　新华书店
印刷　北京市松源印刷有限公司
尺寸　169毫米×239毫米
印张　15
字数　222千
版次　2016年5月第1版
印次　2016年5月第1次印刷
定价　45.00元
ISBN 978－7－5049－8409－8/F.7969

目　　录

第 1 章　中等收入发展阶段的全解析

1.1　为什么要认识中等收入发展阶段

1.1.1　全球一瞥之挪威

位于斯堪的纳维亚半岛西部的挪威，是全球范围内典型的福利国家之一，每个公民都是国家福利与劳保组织的成员，全方位享有医疗、退休金、残废金等经济资助。生活在挪威的公民，以家庭为单位，都可以得到儿童抚养费，90%以上的儿童都可以在公立学校接受免费教育，必须接受教育的下限是 9 年。奥斯陆作为全球消费最贵的城市，一个普通汉堡的价格高达 45 克朗（约合 5.95 美元），甚至公共厕所的平均消费都达到了 10 克朗（约合 1.32 美元）。

1.1.2　全球一瞥之巴西

作为南美洲最大的国家，“足球王国”巴西的公民则主要从事着钢铁、汽车、造船、化工等制造业及铁矿石、石油等基础能源的开采业。在注重享受生活的观念影响下，巴西公民热衷于请假，对闲暇更加向往，每年有 16 个全国性法定节假日，算上圣诞节、狂欢节、周末以及偶尔的世界杯巴西队比赛日，巴西人每年最短的工作时间仅为 6 个多月，特别值得注意的是，这些假期都是带薪假期。首都里约热内卢可以说是一个名副其实的“混搭”城市，不但海鸥和秃鹰同时翱翔在天空，而且贫民窟与五星级酒店也可能只有一街之隔，在容纳着大大小小 700 多个贫民窟甚至有些贫民窟还笼罩在贩毒集团暴力控制阴影下的里约热内卢，少数富人阶层却享受着奢侈的生活。

1.1.3　全球一瞥之布隆迪

位于非洲中东部赤道南侧的布隆迪，其大多数黑人公民要靠芭蕉、芒果等当地盛产的水果充饥。首都布琼布拉的农贸市场杂乱而拥挤，人们在水果摊前席地而坐。贩卖水果的商贩也不用秤计量，而是按堆论价，一堆一口价，买得越多价格越难商量，但总体而言价格非常低。随处可见的芒果树和香蕉树上的水果，就是当地黑人雇工中午经常用来充饥的食物。广袤的国土上大都被绿色覆盖，茅草屋前后多种植着芭蕉、香蕉树，而蔬菜却是十分金贵的食物，在平民百姓的餐桌上很难见到。当地的儿童大多衣不蔽体、赤裸双脚，从出生起就近似“放养”于田野之间。机动车更是当地人少见的稀罕之物，乘坐一下偶尔到来的运输水果的皮卡，甚至是在它的周围、后面奔跑一段距离，似乎都是当地人生活中奢侈的快乐之一。

1.1.4　如何描述这些不同

在经济全球化的今日，不同国家的公民，生活原来是如此不同。然而，蔬菜都很难吃上一口的布隆迪公民，确确实实与上公共厕所都要付高额费用的奥斯陆市民生活在同一时代。

这反映着经济水平的差距。

根据2013年世界银行发布的人均国民总收入（GNI）显示，非洲国家布隆迪的人均GNI仅为260美元，这是全球有统计数据显示的经济体中人均GNI的最低值，而北欧国家挪威作为同一年度全球范围内人均GNI最高值的拥有者，其人均GNI高达102 700美元。与此同时，巴西的人均GNI为11 690美元，基本处于全球经济体的中间水平，但其基尼系数却是全球范围内最高的几个国家之一，早就远超0.4的国际警戒线。

经济水平是我们用来认识这一不同的重要线索，而在这一线索下对富国和穷国的描述却不尽相同。按照经济发展程度，我们将布隆迪之类的国家称为不发达国家，将巴西之类的国家称为欠发达国家或者发展中国家（developing country），而将挪威之类的国家称为发达国家（developed country)。在发展中国家中，有一部分国家的经济增长速度很快（如金砖五国），原因是这些国家的工业产出在快速增长，这些国家在一些情况下被称为新兴经济体（emerging economies）。在发达国家中，一些国家的收入水平是很高的，这些国家的产业结构类似，多以服务业为主，所以这些国家也被称为后工业化国家或者服务型经济体，而其他发达国家则多被称为工业化国家（industrialized country）。

为了更好地认识建立在经济水平不同基础上的富国与穷国，世界银行对全球范围内的经济体进行了较为系统的划分，分为低收入经济体（low - income economies）、下中等收入经济体（lower middle - income economies）、上中等收入经济体（upper middle - income economies）和高收入经济体（high - income economies）。其中，下中等收入经济体和上中等收入经济体，其经济发展都处于中等收入发展阶段。

1.1.5　中等收入发展阶段经济发展的三条路径

位于中等收入阶段的经济体的经济增长一般仍处于“经济赶超”阶段：一方面，这一阶段具有规模性收益递增的特性，加之存在技术赶超、人口红利、资源加工与开采和制度优化等增长空间，经济增长机会多、速率高；另一方面，随着经济赶超进程的推进，经济发展将逐步进入转轨阶段：经济规模性发展将逐渐饱和，边际效用递减效应开始发力，与此同时，原有增长空间也将逐步缩小，例如，人口红利消失、资源制约及资源与环境矛盾凸显、制度选择及理顺亟待落实、技术学习转为自行研发等。由此可见，由步入中等收入阶段到彻底跨越中等收入阶段，某一经济体必将面临多次数、全方位的经济转轨路径选择及多维度、全行业的经济生产关系协调。

现阶段处于中等收入经济赶超阶段的经济体有三条可能的发展路径：第一，平稳衔接步入发达阶段，是指中等收入经济体可能在经济赶超的过程中成功处理转轨路径和各项关系，沿着发达经济体的经济发展路径平稳步入下一个经济增长阶段，例如，日本和“亚洲四小龙”步入发达经济体的增长历程；第二，技术发力跨越中等收入阶段，是指中等收入经济体可能在经济赶超过程中没有处理好转轨路径选择和生产关系协调而出现经济危机，但其在技术方面大举自主研发、深度发力，从而拉动整个产业链发展，高调推动整个经济体 GDP 增长，进而摆脱经济危机，步入发达经济体行列，例如，美国经历的 20 世纪 70 年代的经济危机及其后来居上的增长历程；第三，动荡混乱落入“中等收入陷阱”，是指中等收入经济体可能在经济赶超的过程中没有处理好转轨路径选择和生产关系协调，从而出现可能由早期历史遗留下来的制度（阿西莫格鲁等，2001）、语言民族多样化制约（阿莱西纳等，2004）、政治动荡（罗德里格斯等，2001）、发展战略选择失误（林毅夫等，1994）及不当的中等收入福利赶超等因素而导致的经济增长路径扭曲，从而落入“中等收入陷阱”，例如，拉美各经济体的发展轨迹。

正是鉴于在全球范围内既有平稳度过和成功跨越中等收入经济赶超阶段的经济体，也有在这个阶段失败而落入“中等收入陷阱”的经济体，加之中国正处于中等收入经济赶超阶段，于是，中等收入阶段的经济增长与经济发展问题才更加值得关注和重视。

1.2 什么是中等收入发展阶段

1.2.1 进一步认识世界银行的分组

发展经济学意义上所说的“中等收入”，与收入阶层划分中的“中等收入阶层”截然不同，是用来描述某一经济体的发展阶段的，实质上指的就是中等收入发展阶段。自 2000 年起，世界银行采用阿特拉斯法计算每年度的人均 GNI，并在此基础上对国家和地区收入水平进行分组：低收入（LIC）、下中等收入（LMC）、上中等收入（UMC）和高收入。这种分组随着每个财政年度数据的变化而产生相应的分组指标（如表 1－1 所示），或者我们可以理解为，对某一个国家或地区而言，其组别和排位是动态变化的，它考察的是某一国家或地区与全球经济体发展的相对水平。当然，每年划分指标的浮动情况也从某种程度上反映了全球经济水平的发展方向和程度。

表 1－1　2000～2012 年世界银行的国家和地区分组指标　单位：美元

年份	低收入国家和地区 LIC	中等收入国家和地区		高收入国家和地区
		下中等收入 LMC	上中等收入 UMC	
2000	[0，755]	[756，2 995]	[2 996，9 265]	[9 266，+∞]
2001	[0，745]	[746，2 975]	[2 976，9 206]	[9 207，+∞]
2002	[0，735]	[736，2 935]	[2 936，9 075]	[9 076，+∞]
2003	[0，765]	[766，3 035]	[3 036，9 385]	[9 386，+∞]
2004	[0，825]	[826，3 255]	[3 256，10 065]	[10 066，+∞]
2005	[0，875]	[876，3 465]	[3 466，10 725]	[10 726，+∞]
2006	[0，905]	[906，3 595]	[3 596，11 115]	[11 116，+∞]
2007	[0，935]	[936，3 705]	[3 706，11 455]	[11 466，+∞]
2008	[0，975]	[976，3 855]	[3 856，11 905]	[11 906，+∞]
2009	[0，995]	[996，3 945]	[3 946，12 195]	[12 196，+∞]
2010	[0，1 005]	[1 006，3 975]	[3 976，12 275]	[12 276，+∞]
2011	[0，1 025]	[1 026，4 035]	[4 036，12 475]	[12 476，+∞]
2012	[0，1 035]	[1 036，4 085]	[4 086，12 615]	[12 616，+∞]

资料来源：世界银行：《世界发展指标》，2002～2014 年，中国财政经济出版社。

表 1－1 中数据的特点是，本年分组指标均以两年前的人均 GNI 数据为依据，例如，2010 年分组指标采用的是 2008 年人均 GNI 数据。可见，世界银行对国家和地区最新分组指标是：2012 年人均 GNI 小于或等于 1 035 美元的国家和地区，划为低收入；在 1 036 美元至 12 615 美元区间内的国家和地区，划为中等收入；大于 12 616 美元的国家和地区，划为高收入。

1.2.2　中等收入发展阶段不是一个静态概念

综观 2000 年至 2012 年数据：划分低收入和中等收入的分界值分别为 755，745，735，765，825，875，905，935，975，995，1 005，1 025，1 035；2001 年至 2012 年的增长率分别为 －1.3%，－1.3%，4.1%，7.8%，6.1%，3.4%，3.3%，4.3%，2.1%，1.0%，2.0%，1.0%，平均增长率为 2.71%。按照世界银行的划分标准，中等收入国家和地区又细分为下中等和上中等两组（以 2012 年为例）：在 1 036 美元至 4 085 美元区间内的国家和地区，划为下中等收入；在 4 086 美元至 12 615 美元区间内的国家和地区，划为上中等收入。2000 年至 2012 年中等收入阶段内部划分上中等收入和下中等收入的分界值分别为2 995，2 975，2 935，3 035，3 255，3 465，3 595，3 705，3 855，3 945，3 975，4 035，4 085；2000年至2012年增长率分别为-0.7%，-1.3%，3.4%，7.2%，6.5%，3.8%，3.1%，4.0%，2.3%，0.8%，1.5%，1.2%，平均增长率为2.65%。

中等收入发展阶段是世界银行分组标准下的一个动态概念，也是一个相对概念。说它是一个动态概念，原因是判断某一经济体是否处于中等收入发展阶段，应依据每年的划分标准，有些经济体可能第一年处于低收入阶段，第二年就步入了中等收入阶段，当然也不乏第一年已步入中等收入阶段、第二年却退回为低收入阶段的案例，对此本书下文中将详细论述。由此可见，中等收入发展阶段并不是一个静态概念，所谓将是否突破10 000美元作为关口，不免陷入静态理解之嫌。预测某一经济体是否即将进行阶段调整，可以通过几年来的人均GNI增长水平与划分标准增长水平的比较分析进行判断。总之，理解中等收入发展阶段，应当放在中长期动态视角中。

1.2.3 中等收入发展阶段的描述性定义

基于本书上文的相关论述，我们尝试给出中等收入发展阶段的描述性定义，以便于认识此发展阶段及相关经济增长、发展问题。

所谓中等收入，就是以当年全球各个经济体发展水平为大背景，对以阿特拉斯法计算出的各经济体人均GNI为核心的指标进行排序，位于中等位次经济体的最高及最低人均GNI指标所形成的区间标准。所谓中等收入发展阶段，就是指某经济体在自身发展过程中，按照当年人均GNI在全球的动态排序，从步入中等收入最低区间标准到跨越中等收入最高区间标准的经济发展阶段。

1.3 什么是“中等收入陷阱”

1.3.1 世界银行首次提出的概念

世界银行曾于2006年在《东亚经济发展报告》中首度提出“中等收

入陷阱”这一名词，并描述性地指出：“使各经济体赖以从低收入经济体成长为中等收入经济体的战略，对于它们向高收入经济体攀升是不能够重复使用的，进一步的经济增长被原有的增长机制锁定，人均国民收入难以突破 10 000 美元的上限，一国很容易进入经济增长阶段的停滞徘徊期。”在这种特殊的停滞徘徊期内，经济增长往往呈现急转直下、雪上加霜并难以企稳向好的特征，被形象地称为“落入中等收入陷阱”。

1.3.2　本质是增长陷阱

“中等收入陷阱”的本质是增长陷阱，即中等收入阶段经济增长停滞徘徊期。正如本书对中等收入阶段的定义，“中等收入陷阱”实际上是在全球范围内不同经济体经济发展水平比较基础上产生的一个概念，或者说是能够从统计数据的比较中明确观察到的一种统计现象，是真实存在的。

在“中等收入陷阱”这一概念的影响之下，学界出现了许多在对中等收入发展阶段反思中产生的“陷阱”，常见的说法包括塔西佗陷阱、转型陷阱、拉美陷阱、福利陷阱、金融陷阱、捧杀陷阱等。实际上，这些对于“陷阱”认定的说法存在许多问题，从而影响了我们对中等收入发展阶段的判断。耐心一一来看，塔西佗陷阱实际上是指政府公信力出现危机的一种现象，拉美陷阱是指“拉美化”问题即“中等收入陷阱”问题，福利陷阱可视为对因福利赶超而导致“拉美化”问题的一种延伸思考，金融陷阱、捧杀陷阱则反映了作为经济发展后来者不得不面对的与先行者之间如何处理关系的反思。这些表述中，有一些的确可以称之为“陷阱”，如塔西佗陷阱，然而它所强调的政府公信力危机多是处于中等收入发展阶段经济体的一种普遍表现，也可以说是可能致使该经济体落入“中等收入陷阱”的原因之一。而其他表述，我们认为，若比照世界银行给出的官方描述性概念以及相关翔实的数据基础，似乎并不能够成为与“中等收入陷阱”这一概念相提并论的、实现“中国梦”所必须面对的真正问题，甚至不应当动辄就冠以“陷阱”的名号来混淆视听，影响我们对中等收入发展阶段的判断。因此，在这一发展阶段中，中国经济所必须直面的最为重要的问题，就是怎样跨越“中等收入陷阱”的问题，这一问题既不能够回避，也不应被眼花缭乱的表述所稀释。

1.4 有没有跨越“中等收入陷阱”的成功者

1.4.1 亚洲开发银行的系列研究及评论

全球范围内多家机构都曾对“中等收入陷阱”问题进行过深入探讨：除世界银行之外，亚洲开发银行2012年的报告①显示，基于1950年至2010年可追踪到的各个经济体的连续性数据分析，全球124个国家中，有52个国家位于中等收入阶段，其中有35个经济体的经济在这60年期间一直处于并按照其经济指标表现未来也将继续处于中等收入发展阶段，即落入了“中等收入陷阱”。“中等收入陷阱”可按照世界银行对全球各个经济体收入组别的划分分为“下中等收入陷阱”和“上中等收入陷阱”两个组别，这35个落入“中等收入陷阱”的经济体中，有13个位于拉美地区，其中11个处于下中等收入陷阱（玻利维亚、巴西、哥伦比亚、多米尼加、厄瓜多尔、萨尔瓦多、危地马拉、牙买加、巴拿马、巴拉圭和秘鲁），2个处于上中等收入陷阱（乌拉圭和委内瑞拉），无论从绝对数量上观察还是从版图上观察，拉美地区都是落入“中等收入陷阱”的集中区域，因而学界也有人将“中等收入陷阱”形象地称为“拉美化”问题；有9个位于撒哈拉以南非洲，这9个国家都处于下中等收入陷阱（阿尔及利亚、埃及、伊朗、约旦、黎巴嫩、利比亚、摩洛哥、突尼斯和也门）；有3个位于亚洲，其中2个处于下中等收入陷阱（菲律宾和斯里兰卡），1个处于上中等收入陷阱（马来西亚）；还有2个位于欧洲，都处于下中等收入陷阱（阿尔巴尼亚和罗马尼亚）。与此同时，有23个经济体步入高收入阶段（如表1-2所示）。经济体要脱离下中等收入陷阱和上中等收入陷阱所需要具备的经济增长条件十分不同：脱离下中等收入陷阱需要的平均年限为28年，且平均每年的经济增长速率不能低于4.7%，而脱离上中等收入陷阱需要的平均年限为

---

① Jesus Felipe, Arnelyn Abdon, Utsav Kumar. *Tracking the Middle-income Trap: What Is It, Who Is in It, and Why?* [N]. Asian Development Bank Working Paper, 2012-03.

14 年，且平均每年的增长速率不能低于 3.5%。

表 1－2　1950 年以来步入上中等收入及高收入阶段的国家和地区

国家和地区	所处地域	步入上中等收入阶段的时间	步入高收入阶段的时间
中国香港	亚洲	1976	1983
日　本	亚洲	1968	1977
韩　国	亚洲	1988	1995
新加坡	亚洲	1978	1988
中国台湾	亚洲	1986	1993
奥地利	欧洲	1964	1976
比利时	欧洲	1961	1973
丹　麦	欧洲	1953	1968
芬　兰	欧洲	1964	1979
法　国	欧洲	1960	1971
德　国	欧洲	1960	1973
希　腊	欧洲	1972	2000
爱尔兰	欧洲	1975	1990
意大利	欧洲	1963	1978
荷　兰	欧洲	1955	1970
挪　威	欧洲	1961	1975
葡萄牙	欧洲	1978	1996
西班牙	欧洲	1973	1990
瑞　典	欧洲	1954	1968
阿根廷	拉丁美洲	1970	2010
智　利	拉丁美洲	1992	2005
以色列	中东	1969	1986
毛里求斯	撒哈拉以南非洲	1991	2003

资料来源：Jesus Felipe，Arnelyn Abdon，Utsav Kumar. *Tracking the Middle－income Trap：What Is It，Who Is in It，and Why？* Asian Development Bank Working Paper，2012－03。

我们认为，亚洲开发银行的相关研究虽有一定启发意义，但由于数据源等问题而导致与经济发展现状差距过大，这在很大程度上降低了其参考价值。以智利为例，亚洲开发银行系列研究中显示，智利已经于 1992 年顺利脱离下中等收入陷阱而步入上中等收入阶段，并于 2005 年成功晋级高收入阶段，而世界银行的权威数据则表明，智利目前仍处于中等收入阶段。由于在数据处理、建模及研究过程中更多地重视了数据的连续性，考虑到1950年以来的直接数据不可得，亚洲开发银行的系列研究实际上建立在数据口径并不尽统一的基础上，从而出现了较为明显的偏差，虽然在很大程度上为我们带来启发，但是其参考价值却有待商榷。

1.4.2　世界银行的系列研究及评论

世界银行研究团队基于《世界发展报告》的相关数据，分别以1960年和2008年作为时间节点，观察了时间横切面上全球各个经济体的数据表现，形成如图1－1所示的结果：分别以1960年、2008年人均GNI为横轴、纵轴的象限，以1960年低收入与中等收入、中等收入与高收入这两条分界线作纵向切割，以2008年同样两条分界线作横向切割，原象限共可分为九个区域。1960年处于中等收入发展阶段而2008年已处于高收入发展阶段的经济体仅有13个，分别为以色列、日本、爱尔兰、西班牙、中国香港、新加坡、葡萄牙、中国台湾、毛里求斯、赤道几内亚、韩国、希腊和波多黎各，其他大多数国家和地区则在这一长期过程中始终处于中等收入阶段。与此同时，从图1－1位置居中的区域亦不难看出，1960年濒于低收入阶段和中等收入阶段交界处的中国，在历经48年的发展后，明显由下中等收入阶段向上中等收入阶段过渡，但该区域中更多经济体则呈现出停滞不前的状态，始终在中等收入阶段挣扎。

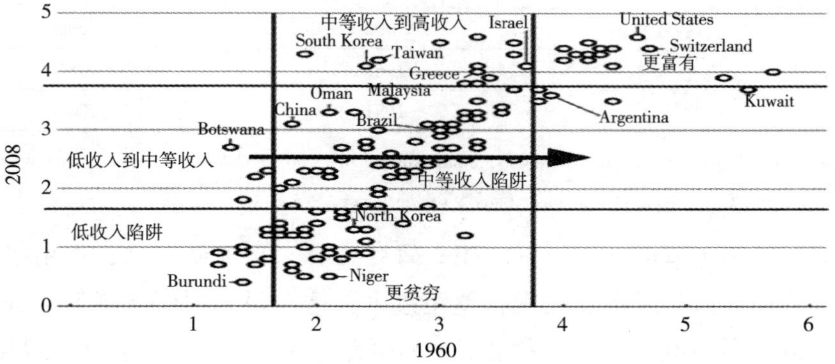

图1－1　1960～2008年全球经济体发展阶段的散点分布

尽管时间宽度与亚洲开发银行团队相比少了 10 年，但是世界银行的相关研究建立在统一口径的世界银行官方数据基础上，并更为智慧地采用了时间序列中两个重要节点上横切面数据的比较研究方法，我们认为其结论更为翔实可靠。

1.4.3　调整及拓展后我们的结论

世界银行这一结论的不足在于，其研究所使用的时间节点分别为 1960 年和 2008 年，而从全球经济实践来看，2008 年爆发了严重的全球金融危机，经济发展水平产生了波动。鉴于此，我们认为应对世界银行这一重要研究成果进行一些微调，即着重关心那些已经在长期视野中成功跨越“中等收入陷阱”的经济体，是否在 2008～2014 年这一阶段中经历了倒退。世界银行 2013 年数据表明，毛里求斯实际上并未步入高收入行列，而是仍然保持在上中等收入阶段，即成功者为 12 个经济体，其分布为亚洲地区 6 个，欧洲地区 4 个，非洲地区 1 个，北美洲 1 个，其概况如表 1－3 所示。

表 1－3　世界银行总结成功跨越中等收入陷阱的12 个经济体及毛里求斯概况

国家和地区	所处洲	面积（平方千米）	人口（万人）	人均 GDP（美元）
以色列	亚洲	22 145	775	36 051
日　本	亚洲	377 972	12 691	38 634
新加坡	亚洲	704	507	55 182
韩　国	亚洲	99 600	5 040	25 977
中国香港	亚洲	1 104	726	38 124
中国台湾	亚洲	36 192	2 344	22 597
西班牙	欧洲	505 992	4 612	29 882
葡萄牙	欧洲	91 982	1 063	21 738
希　腊	欧洲	131 957	1 078	21 966
爱尔兰	欧洲	70 273	458	50 478
赤道几内亚	非洲	28 051	67.6	20 582
波多黎各	北美洲	8 875	366	28 529
毛里求斯	非洲	2 040	128	9 478

注：

1. “面积”指标：以色列国土面积包括戈兰高地；日本国土面积包括琉球群岛（南西诸岛）、大东诸岛、小笠原群岛、南鸟岛（马库斯岛）、冲鸟礁和硫磺岛，不包括北方四岛；新加坡国土面积包括填海造陆；西班牙国土面积包括西班牙本土、巴利阿里群岛和加那利群岛，还包括靠近摩洛哥海岸的西属主权地（休达、梅利利亚、戈梅拉岛、胡塞马群岛和舍法林群岛）和位于摩洛哥与西班牙中间的阿尔沃兰岛；毛里求斯国土面积包括罗德里格斯岛、阿加莱加群岛和圣布兰登群岛（又名卡加多斯－卡拉若斯群岛）；葡萄牙国土面积包括亚速尔群岛和马德拉；波多黎各属于美国的联邦自治领地。

2. “人口”指标（数据均以“万人”为单位作了取整处理）：日本数据截至2015年3月，来自日本国家统计局；韩国数据截至2011年，来自韩国国家统计局；西班牙数据截至2011年7月，来自西班牙国家统计局；中国台湾数据截至2015年3月；希腊数据截至2011年6月，来自希腊官方2011年人口普查估计文件；葡萄牙数据截至2011年1月，来自中国欧盟统计机构官方网站；以色列数据截至2011年6月，来自以色列中央统计局官方网站；中国香港数据截至2014年底，来自香港政府统计处官方网站；新加坡数据截至2010年6月，来自新加坡统计局官方网站；爱尔兰数据截至2011年4月，来自爱尔兰中央统计办公室官方网站；波多黎各数据截至2012年7月，来自美国人口调查局官方网站；毛里求斯数据截至2010年7月，来自毛里求斯官方人口估计网站。

3. “人均GDP”指标统一采用世界银行2013年发布的数据，由于世界银行不发布中国台湾的数据，所以中国台湾采用世界货币基金组织2014年发布的数据。

除日本以外，这些经济体的面积都非常小，人口数量均属于全球范围内人口少或极少国家（地区）的行列。对于中国这样典型的大国经济而言，我们很难直接从大多数成功者身上发现可供继续探寻可模仿发展路径的空间。此外，值得注意的是，从世界银行发布的人均GNI数据来看，赤道几内亚这一国家的人均GNI变动趋势可谓大起大落（详见图1－2）。赤道几内亚原本一直是以种植业为主的世界范围内最不发达经济体之一，由

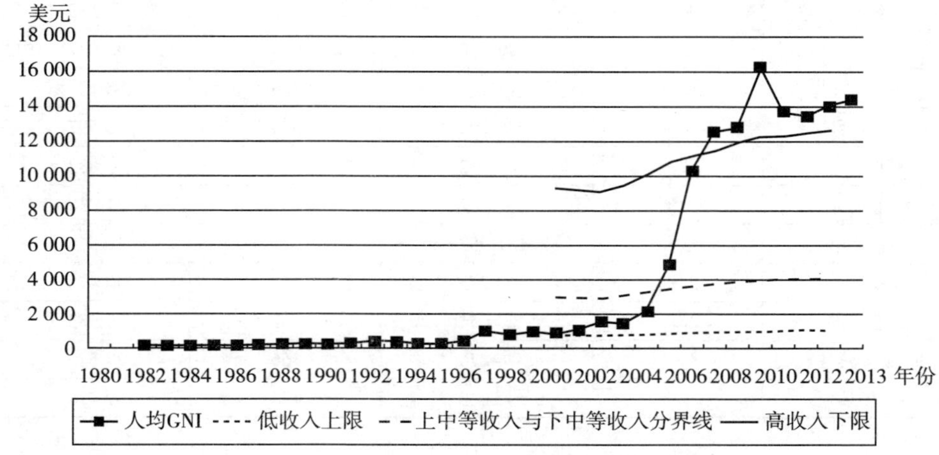

图1－2　赤道几内亚1980～2013年人均GNI变动趋势

于 1996 年在领海内发现大量石油资源而激发经济快速增长，迅速成为撒哈拉以南非洲第三大石油生产国，并于 1997 年突破低收入上限、2005 年突破中等收入下限、2007 年正式跻身高收入行列，其成功路径可说完全不可复制，因此本书在后续对成功者路径的研究中不再将赤道几内亚作为研究对象。

第 2 章 认识长期视野中的成功者

2.1 寻求认识成功跨越“中等收入陷阱”经济体的方法

2.1.1 一些前置思考轨迹

世界银行对全球经济体收入阶段的划分标准是动态变化的。基于人均 GNI 这一指标，世界银行将全球各个经济体划分为四个发展阶段：低收入阶段、下中等收入阶段、上中等收入阶段和高收入阶段。特别值得注意的是，世界银行对四个组别的划分标准是基于全球经济发展状况的变化而变化的，每个发展阶段的标准均呈现逐年上升的趋势（详见图 2 - 1）。值得注意的是，仅世界银行一家机构对收入阶段划分所依据的人均 GNI 数据口径就有六种之多，包括 2005 年美元值（constant 2005 US $）、本币值

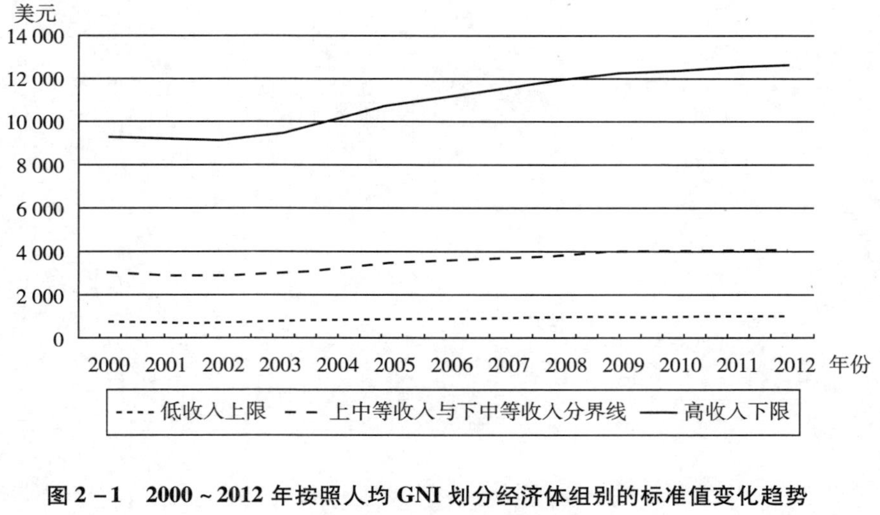

图 2 - 1 2000 ~ 2012 年按照人均 GNI 划分经济体组别的标准值变化趋势

（constant LCU）、现价本币值（current LCU）、阿特拉斯法计算下现价美元值（Atlas method，current US $）、2011 年国际美元 PPP 值（constant 2011 international $）和国际现价美元 PPP 值（current international $）。

世界银行基于 1960 年和 2008 年两个时间横切面数据的相关分析，为我们提供了一个可供观察的时间区间信息。亚洲开发银行的相关研究采用其他数据源的主要原因是考虑到世界银行的可观察数据不连续，相关划分标准的数据口径繁多且覆盖时间区间较短，作长期比较十分困难。我们也已观察到，亚洲开发银行研究团队采用其他数据源分析所得结果会受到较大影响。因此，我们认为仍应侧重于采用世界银行的数据，总体思路是将缺失数据通过后续补充与估测等方法补齐，然后在一个可供观察的长期区间内作相关研究。世界银行研究团队的结论为，1960 ~ 2008 年，仅有 13 个经济体成功跨越“中等收入陷阱”，我们可从这一结论出发，在将时间区间从 2008 年更新至 2013 年的前提下，逐步进行研究。

在可查询的 2000 ~ 2012 年世界银行收入划分标准（详见本书第 1 章表 1 - 1）的基础上，我们首先需要将这一时间区间扩展至 1960 ~ 2013 年，加之 1962 ~ 2013 年世界各经济体每年人均 GNI 均值是可获得的，所以我们的思路是建立收入划分标准与世界各经济体每年人均 GNI 数据变动之间的关系。考虑到每年收入划分标准是以世界人均 GNI 均值的变动为基础的，所以可设世界人均 GNI 均值为自变量、每年收入划分标准为因变量进行观察，可由 2000 ~ 2012 年的收入划分标准得到 1962 ~ 1999 年的收入划分标准估计值。

2.1.2　对低收入上限值的估计

设世界人均 GNI 均值为自变量、每年收入划分标准为因变量进行观察，可对低收入上限值进行估计。如表 2 - 1 所示，通过可获得的 2000 ~ 2012 年世界人均 GNI 均值和低收入上限值，我们不难观察到，低收入上限值是随世界人均 GNI 均值的波动而波动的。

表 2-1　2000~2012 年世界人均 GNI 均值与低收入上限值　单位：美元

年份	世界人均 GNI 均值	低收入上限值
2000	5 393. 37	755
2001	5 362. 53	745
2002	5 777. 43	735
2003	6 593. 46	765
2004	7 302. 91	825
2005	7 772. 64	875
2006	8 326. 15	905
2007	8 936. 68	935
2008	8 956. 20	975
2009	9 363. 71	995
2010	9 805. 31	1 005
2011	10 344. 17	1 025
2012	10 683. 26	1 035

资料来源：世界银行：《世界发展指标》，2002~2014 年，中国财政经济出版社。

简单建立一个以世界人均 GNI 均值为自变量、每年收入划分标准为因变量的线性回归模型，不难得出如图 2-2 所示低收入上限 XY 散点分布及

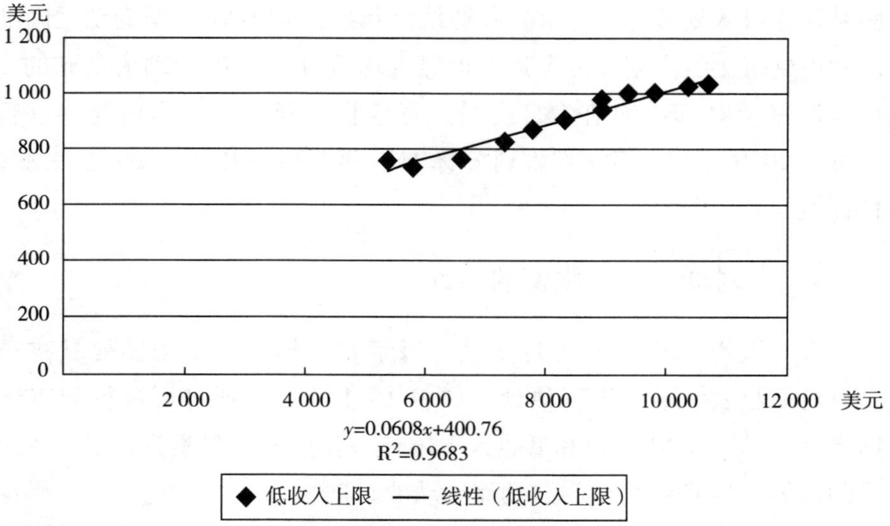

图 2-2　低收入上限 XY 散点分布及趋势曲线

趋势曲线，鉴于 XY 散点分布所对应趋势曲线的 R 值大于 0. 99，即该关系并不是与线性关系完全拟合，于是并未继续深入开展回归分析，但 R 值均在 0. 96 以上，证明两者之间还是存在明显的线性关系的，因此以可获得的线性方程来进行数据估计。

基于图 2 –2 所得出的结果，将 1962 年以来的世界人均 GNI 均值代入回归后的方程，可得低收入上限估计值，如表 2 –2 所示。

表 2 –2　　1962 ~1999 年和 2013 年低收入上限估计值　　单位：美元

年份	世界人均 GNI 均值	低收入上限估计值
1962	482. 13	430. 0734385
1963	507. 75	431. 631072
1964	543. 23	433. 7884106
1965	584. 32	436. 2869463
1966	626. 38	438. 8439063
1967	653. 79	440. 5101873
1968	701. 87	443. 4339325
1969	756. 45	446. 7520777
1970	803. 72	449. 6263111
1971	865. 60	453. 3882255
1972	971. 97	459. 8558043
1973	1 174. 18	472. 1500032
1974	1 376. 36	484. 4424053
1975	1 546. 06	494. 7604809
1976	1 628. 55	499. 7758851
1977	1 723. 79	505. 5666188
1978	1 934. 36	518. 3693735
1979	2 287. 13	539. 8175046
1980	2 614. 94	559. 7483595
1981	2 714. 84	565. 822272
1982	2 568. 87	556. 947296

续表

年份	世界人均 GNI 均值	低收入上限估计值
1983	2 446. 75	549. 5224
1984	2 490. 20	552. 16416
1985	2 572. 85	557. 18928
1986	2 839. 90	573. 42592
1987	3 302. 49	601. 551392
1988	3 893. 70	637. 49696
1989	4 063. 85	647. 84208
1990	4 208. 75	656. 652
1991	4 337. 78	664. 4967953
1992	4 650. 74	683. 5249545
1993	4 742. 95	689. 1314375
1994	4 939. 77	701. 0981653
1995	5 228. 61	718. 6593445
1996	5 461. 25	732. 8038708
1997	5 498. 93	735. 095221
1998	5 246. 48	719. 7462382
1999	5 254. 65	720. 2427933
2013	10 683. 26	1 050. 302243

资料来源：作者整理。

2. 1. 3 对上中等收入与下中等收入的分界值和高收入下限值的估计

与估计低收入上限值的方法类似，设世界人均 GNI 均值为自变量、每年收入划分标准为因变量进行观察，可对上中等收入与下中等收入的分界值和高收入下限值进行估计。2000～2012 年世界人均 GNI 均值以及上中等收入与下中等收入分界值、高收入下限值在世界银行发布的数据中可获得，详见表 2－3 和表 2－4。上中等收入与下中等收入分界值和高收入下限值与世界人均 GNI 均值的线性回归结果分别如图 2－3 和图 2－4 所示。

表 2－3　　2000～2012 年世界人均 GNI 均值、上中等收入与下中等收入分界值　　单位：美元

年份	世界平均水平	上中等收入与下中等收入分界值
2000	5 393. 37	2 995
2001	5 362. 53	2 975
2002	5 777. 43	2 935
2003	6 593. 46	3 035
2004	7 302. 91	3 255
2005	7 772. 64	3 465
2006	8 326. 15	3 595
2007	8 936. 68	3 705
2008	8 956. 20	3 855
2009	9 363. 71	3 945
2010	9 805. 31	3 975
2011	10 344. 17	4 035
2012	10 683. 26	4 085

资料来源：世界银行：《世界发展指标》，2002～2014 年，中国财政经济出版社。

表 2－4　　2000～2012 年世界人均 GNI 均值与高收入下限值　　单位：美元

年份	世界平均水平	高收入下限值
2000	5 393. 37	9 265
2001	5 362. 53	9 206
2002	5 777. 43	9 075
2003	6 593. 46	9 385
2004	7 302. 91	10 065
2005	7 772. 64	10 725
2006	8 326. 15	11 115
2007	8 936. 68	11 455
2008	8 956. 20	11 905
2009	9 363. 71	12 195
2010	9 805. 31	12 275
2011	10 344. 17	12 475
2012	10 683. 26	12 615

资料来源：世界银行：《世界发展指标》，2002～2014 年，中国财政经济出版社。

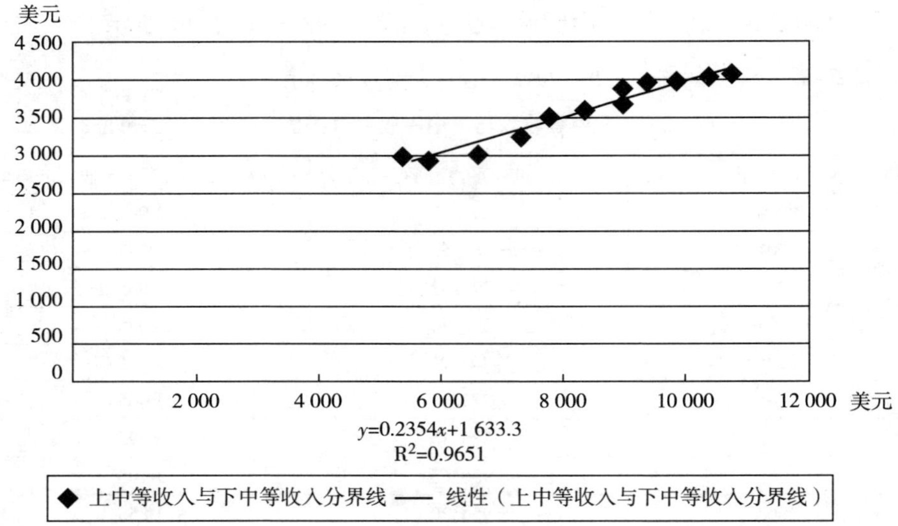

图 2－3 上下中等收入分界线 XY 散点分布及趋势曲线

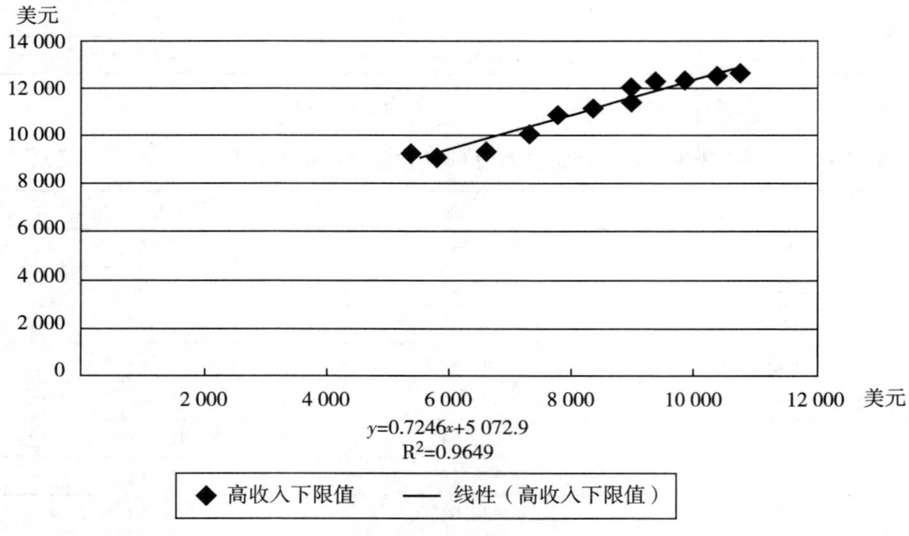

图 2－4 高收入下限值 XY 散点分布及趋势曲线

基于图 2－3 和图 2－4 所得出的结果，将 1962 年以来的世界人均 GNI 均值代入回归后的方程，可得上中等收入与下中等收入分界线估计值和高收入上限估计值，分别如表 2－5 和表 2－6 所示。

表 2－5　1962～1999 年和 2013 年上中等收入与下中等收入分界线估计值

单位：美元

年份	世界人均 GNI 均值	上中等收入与下中等收入分界线估计值
1962	482. 13	1 746. 793149
1963	507. 75	1 752. 823854
1964	543. 23	1 761. 176445
1965	584. 32	1 770. 850052
1966	626. 38	1 780. 749861
1967	653. 79	1 787. 201219
1968	701. 87	1 798. 521114
1969	756. 45	1 811. 368011
1970	803. 72	1 822. 496211
1971	865. 60	1 837. 061254
1972	971. 97	1 862. 101847
1973	1 174. 18	1 909. 701427
1974	1 376. 36	1 957. 294049
1975	1 546. 06	1 997. 242652
1976	1 628. 55	2 016. 660845
1977	1 723. 79	2 039. 080889
1978	1 934. 36	2 088. 649449
1979	2 287. 13	2 171. 690404
1980	2 614. 94	2 248. 856905
1981	2 714. 84	2 272. 373336
1982	2 568. 87	2 238. 011998
1983	2 446. 75	2 209. 26495
1984	2 490. 20	2 219. 49308
1985	2 572. 85	2 238. 94889
1986	2 839. 90	2 301. 81246
1987	3 302. 49	2 410. 706146
1988	3 893. 70	2 549. 87698
1989	4 063. 85	2 589. 93029

续表

年份	世界人均 GNI 均值	上中等收入与下中等收入分界线估计值
1990	4 208. 75	2 624. 03975
1991	4 337. 78	2 654. 412527
1992	4 650. 74	2 728. 084051
1993	4 742. 95	2 749. 79073
1994	4 939. 77	2 796. 122436
1995	5 228. 61	2 864. 114239
1996	5 461. 25	2 918. 87775
1997	5 498. 93	2 927. 749194
1998	5 246. 48	2 868. 322376
1999	5 254. 65	2 870. 244894
2013	10 683. 26	4 148. 139539

表 2－6　　1962～1999 年和 2013 年高收入下限估计值　　单位：美元

年份	世界人均 GNI 均值	高收入下限值
1962	482. 13	5 422. 250618
1963	507. 75	5 440. 814125
1964	543. 23	5 466. 524775
1965	584. 32	5 496. 301732
1966	626. 38	5 526. 774975
1967	653. 79	5 546. 633318
1968	701. 87	5 581. 477821
1969	756. 45	5 621. 022689
1970	803. 72	5 655. 277122
1971	865. 60	5 700. 110726
1972	971. 97	5 777. 189799
1973	1 174. 18	5 923. 70915
1974	1 376. 36	6 070. 207086
1975	1 546. 06	6 193. 175469
1976	1 628. 55	6 252. 947867

续表

年份	世界人均 GNI 均值	高收入下限值
1977	1 723. 79	6 321. 96046
1978	1 934. 36	6 474. 540658
1979	2 287. 13	6 730. 154405
1980	2 614. 94	6 967. 685613
1981	2 714. 84	7 040. 073064
1982	2 568. 87	6 934. 303202
1983	2 446. 75	6 845. 81505
1984	2 490. 20	6 877. 29892
1985	2 572. 85	6 937. 18711
1986	2 839. 90	7 130. 69154
1987	3 302. 49	7 465. 884254
1988	3 893. 70	7 894. 27502
1989	4 063. 85	8 017. 56571
1990	4 208. 75	8 122. 56025
1991	4 337. 78	8 216. 052663
1992	4 650. 74	8 442. 825757
1993	4 742. 95	8 509. 642494
1994	4 939. 77	8 652. 259121
1995	5 228. 61	8 861. 549096
1996	5 461. 25	9 030. 120211
1997	5 498. 93	9 057. 427979
1998	5 246. 48	8 874. 502438
1999	5 254. 65	8 880. 420264
2013	10 683. 26	12 813. 99061

2. 2　成功者的经济发展轨迹：组图与描述

2. 2. 1　基于第 1 章结论的拓展

如本书第 1 章所述，在世界银行团队系列研究成果的基础上，我们可以结合以上对经济格局研究方法的思考，对成功者进行一些基本认识。除毛里求斯和赤道几内亚以外，世界银行数据库中无法获得中国台湾的数据，因此，长期分析中我们只能对10个成功者自1960年以来的收入阶段进行相关分析（具体数据见本书附录1）。

2.2.2 亚洲地区：日本、以色列、韩国、新加坡、中国香港

以世界银行人均GNI数据及我们所估计的收入划分标准为基础，日本（如图2-5所示）晋级高收入组应在1978年，由于日本1962年已经步入中等收入组，所以我们无法准确计算日本在中等收入组的持续时间，但由于1962年低收入上限估计值为430美元而日本人均GNI为610美元，可见日本此时步入的是中等收入组的初始阶段。日本步入上中等收入阶段的年份为1971年，所以日本跨越“上中等收入陷阱”持续时间为8年。

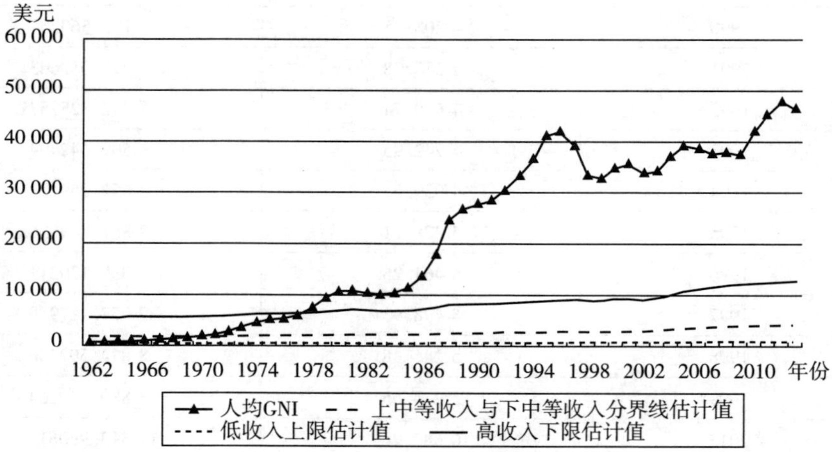

图2-5　日本人均GNI走势

以世界银行人均GNI数据及我们所估计的收入划分标准为基础，以色列（如图2-6所示）晋级高收入组应在1988年，由于以色列1962年已经步入中等收入组，所以我们无法准确计算以色列在中等收入组的持续时间。以色列步入上中等收入阶段的年份为1971年，所以以色列跨越“上中等收入陷阱”持续时间为18年。

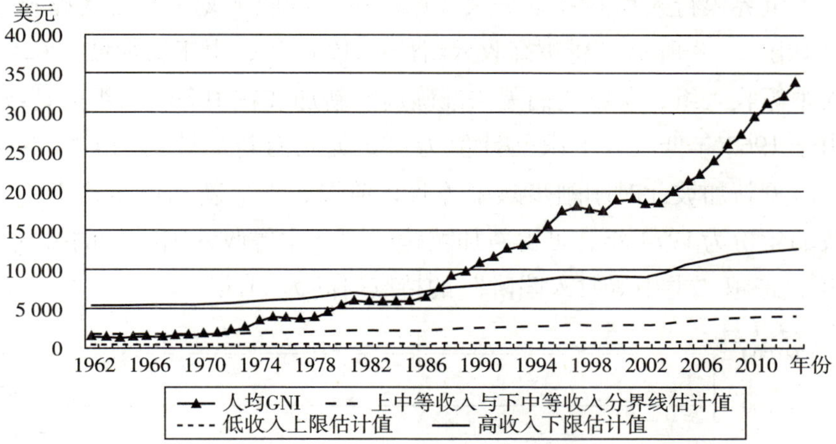

图 2－6 以色列人均 GNI 走势

以世界银行人均 GNI 数据及我们所估计的收入划分标准为基础，韩国（如图 2－7 所示）晋级下中等收入组的年份为 1974 年，晋级上中等收入组的年份为 1984 年，晋级高收入组的年份为 1993 年。由此看来，韩国跨越“下中等收入陷阱”的持续时间为 11 年，跨越“上中等收入陷阱”的持续时间为 10 年。

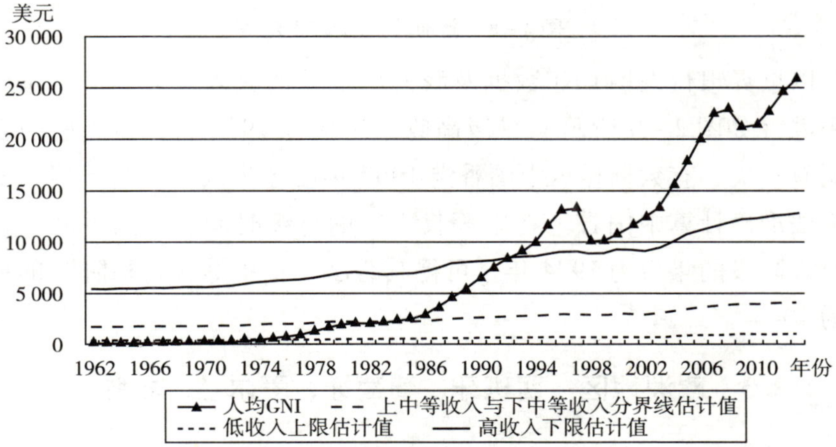

图 2－7 韩国人均 GNI 走势

以世界银行人均 GNI 数据及我们所估计的收入划分标准为基础，新加坡（如图 2－8 所示）晋级高收入组应在 1984 年，由于新加坡 1962 年已经步入中等收入组，所以我们无法准确计算新加坡在中等收入组的持续时间，但由于 1962 年低收入上限估计值为 430 美元而新加坡人均 GNI 为 490 美元，可见新加坡此时刚刚步入中等收入阶段，加之新加坡步入上中等收入阶段的年份为 1974 年，可得新加坡跨越“下中等收入陷阱”的持续时间为 13 年，跨越“上中等收入陷阱”的持续时间为 11 年。

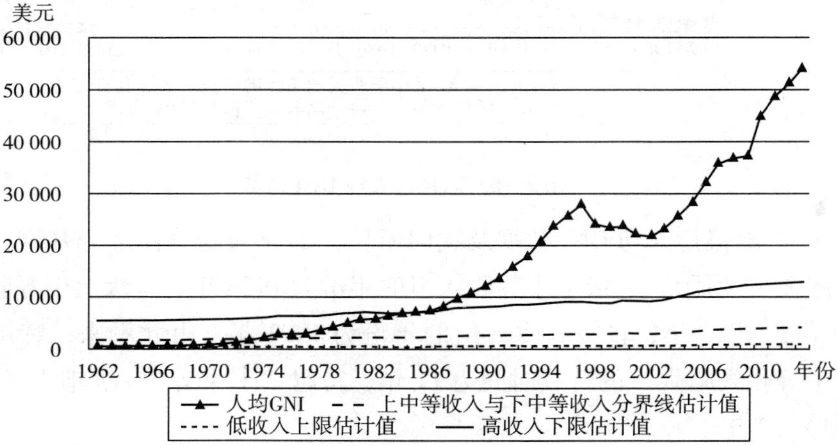

图 2－8　新加坡人均 GNI 走势

以世界银行人均 GNI 数据及我们所估计的收入划分标准为基础，中国香港（如图 2－9 所示）晋级高收入组应在 1986 年，由于中国香港的数据有缺失，有数据显示中国香港 1967 年已经步入中等收入组，所以我们无法准确计算中国香港在中等收入组的持续时间。中国香港步入上中等收入阶段的年份为 1974 年，可得其跨越“上中等收入陷阱”的持续时间为 13 年。

2.2.3　欧洲地区：西班牙、葡萄牙、爱尔兰、希腊

以世界银行人均 GNI 数据及我们所估计的收入划分标准为基础，西班牙（如图 2－10 所示）晋级高收入组应在 1988 年，由于其 1962 年已经步入中等收入组，所以我们无法准确计算西班牙在中等收入组的持续时间，

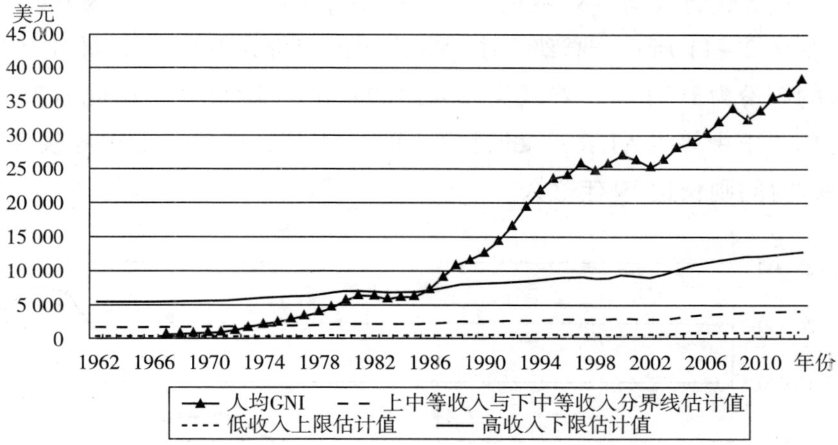

图 2－9　中国香港人均 GNI 走势

但由于 1962 年低收入上限估计值为 430 美元且西班牙仅为 500 美元，因此可将其视为刚刚步入中等收入阶段，加之西班牙步入上中等收入阶段的年份为 1973 年，可得其跨越“下中等收入陷阱”的持续时间为 12 年，跨越“上中等收入陷阱”的持续时间为 16 年。

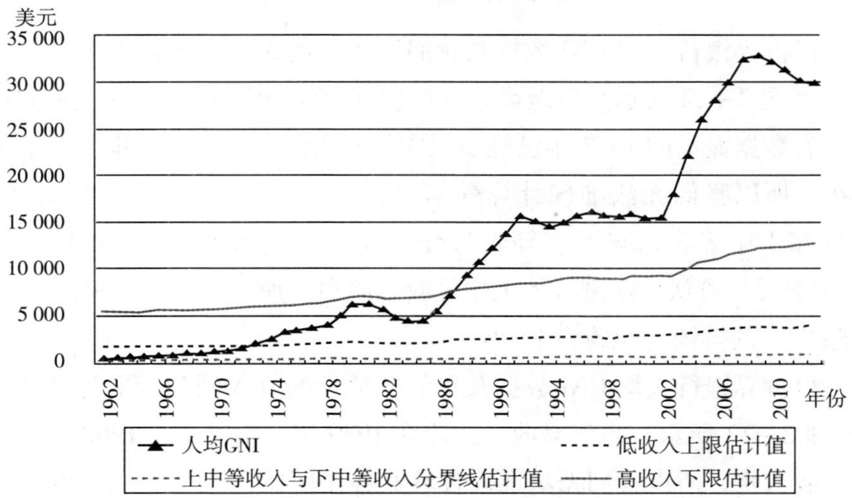

图 2－10　西班牙人均 GNI 走势

以世界银行人均GNI数据及我们所估计的收入划分标准为基础，葡萄牙（如图2-11所示）晋级下中等收入组的年份为1964年，晋级上中等收入组的年份为1974年，晋级高收入组的年份为1992年。由此看来，葡萄牙跨越“下中等收入陷阱”的持续时间为11年，跨越“上中等收入陷阱”的持续时间则长达19年之久。

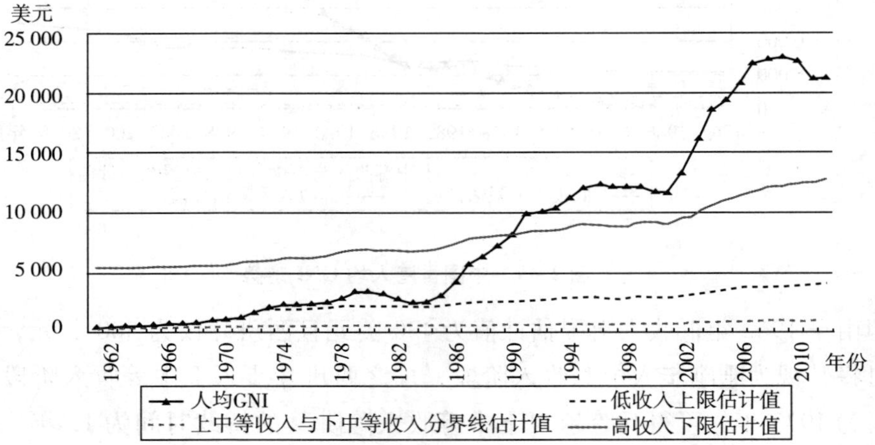

图2-11 葡萄牙人均GNI走势

以世界银行人均GNI数据及我们所估计的收入划分标准为基础，爱尔兰（如图2-12所示）晋级高收入组应在1988年，由于爱尔兰的数据有缺失，有数据显示的1972年已经步入中等收入组，甚至已经步入了上中等收入组，所以我们无法准确计算爱尔兰在中等收入组的持续时间，但由于1972年上中等收入与下中等收入分界线估计值为1 910美元且爱尔兰为2 070美元，可认为刚刚步入上中等收入阶段，所以爱尔兰跨越“上中等收入陷阱”的持续时间约为17年。

以世界银行人均GNI数据及我们所估计的收入划分标准为基础，希腊（如图2-13所示）晋级高收入组应在1989年，由于希腊1962年已经步入中等收入组，所以我们无法准确计算其在中等收入组的持续时间。希腊步入上中等收入阶段的年份为1972年，所以其跨越“上中等收入陷阱”持续时间为18年。

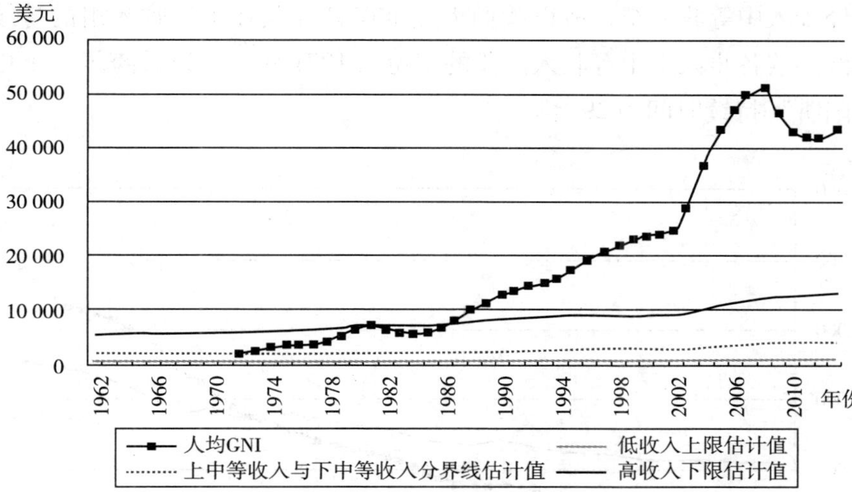

图 2－12　爱尔兰人均 GNI 走势

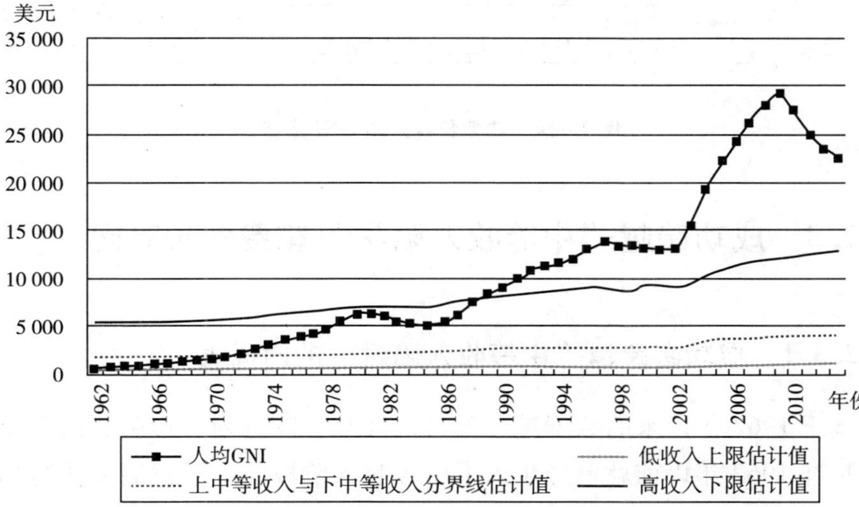

图 2－13　希腊人均 GNI 走势

2.2.4　北美洲地区：波多黎各

以世界银行人均 GNI 数据及我们所估计的收入划分标准为基础，波多黎各（如图 2－14 所示）晋级高收入组应在 1999 年，由于波多黎各 1962

年已经步入中等收入组，所以我们无法准确计算其在中等收入组的持续时间。波多黎各步入上中等收入阶段的年份为 1971 年，所以其跨越“上中等收入陷阱”持续时间为 29 年。

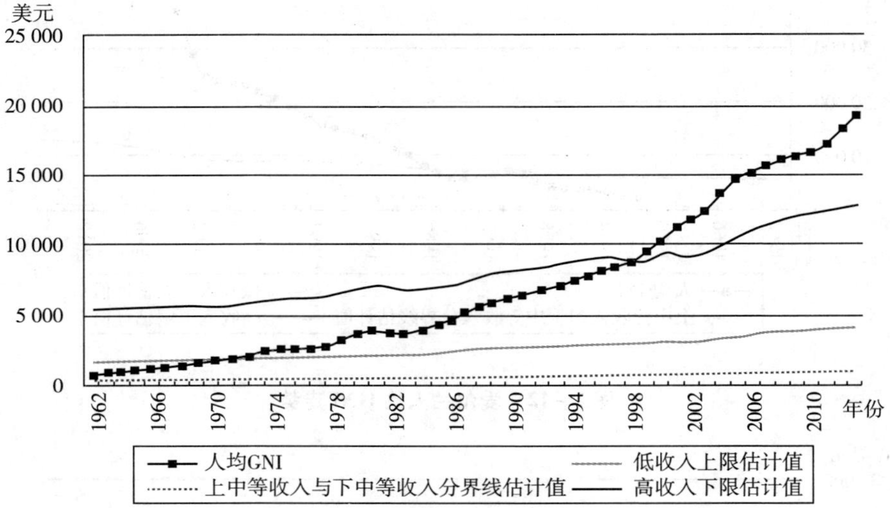

图 2－14　波多黎各人均 GNI 走势

2.3　成功跨越“中等收入陷阱”花费多长时间

2.3.1　成功者跨越“中等收入陷阱”的时间表

基于 1962 年以来的数据进行观察，日本、以色列、希腊和波多黎各四国早在 1962 年以前就已经步入了中等收入阶段，所以我们无法得出其跨越“下中等收入陷阱”的完整区间。试想如果我们研究基于的时间区间能够拉长一些，就能够得到更为合意的研究结果，但为了保证数据口径的统一，我们采用的数据均来自世界银行，而可供参考的数据起始时间便停留在 1962 年，难免遗憾。尽管如此，我们还是可以根据估计值较为清晰地判定大部分成功者（除中国香港和爱尔兰以外）脱离“下中等收入陷阱”的年份：日本为 1971 年、以色列为 1971 年、新加坡为 1974

年、西班牙为 1973 年、葡萄牙为 1974 年、希腊为 1972 年、波多黎各为 1971 年。与“下中等收入陷阱”不同，在我们选择的 1962 年以来的时间区间内，能够较为完整地看到成功者跨越“上中等收入陷阱”的时间表，其中最为重要的时间节点就是这些成功者结束上中等收入阶段的年份，这标志着此年份以后，这些国家和地区不再是中等收入国家和地区，而是晋级成为全球的高收入国家和地区。如上所述，根据我们的研究，成功者晋级高收入阶段的年份分别为：日本为 1978 年、以色列为 1988 年、韩国为 1993 年、新加坡为 1984 年、中国香港为 1986 年、西班牙为 1988 年、葡萄牙为 1992 年、爱尔兰为 1988 年、希腊为 1989 年、波多黎各为 1999 年。

如上所述，成功者跨越“下中等收入陷阱”和“上中等收入陷阱”的持续时间及相应时间区间可总结为表 2－7。从这些数据中，我们不难得出如下结论：第一，成功者跨越“下中等收入陷阱”的时间多集中在 20 世纪 70 年代，在有数据可考的 8 个成功者中，有 7 个都是在这一时间段成功跨越下中等收入阶段的。第二，成功者跨越“上中等收入陷阱”的时间多集中在 20 世纪 80 年代，10 个成功者中有 6 个都是在这一时间段成功跨越上中等收入阶段的。第三，从可观察到的完整时间区间来看，大多数成功者跨越“上中等收入陷阱”的时间集中于 10～20 年，10 个成功者中有 8 个都落在这一时间长度内。第四，从表 2－7 的数据看来，日本是这些成功者中的强者，因其属于最早步入上中等收入阶段的三个国家之一，而其跨越“上中等收入陷阱”的持续时间也最短，仅用了 8 年，成为全球成功者中最早步入高收入阶段的经济体。第五，跨越“上中等收入陷阱”的持续时间也可能非常漫长，如波多黎各，按照我们的估计值，它虽然是最早步入上中等收入阶段三个成功者之一，但却是最晚步入高收入阶段的国家，在上中等收入阶段持续了 29 年之久。第六，就全球范围内的成功者来看，平均跨越“上中等收入陷阱”的持续时间为 15.9 年，我们认为，这一结论对中国上中等收入阶段的发展具有十分重要的参考价值。

表 2－7　成功者跨越"中等收入陷阱"的时间

国家和地区	跨越"下中等收入陷阱"	跨越"上中等收入陷阱"
日本	1962～1971 年及以前	8 年，1971～1978 年
以色列	1962～1971 年及以前	18 年，1971～1988 年
韩国	11 年，1974～1984 年	10 年，1984～1993 年
新加坡	13 年，1962～1974 年	11 年，1974～1984 年
中国香港		13 年，1974～1986 年
西班牙	12 年，1962～1973 年	16 年，1973～1988 年
葡萄牙	11 年，1964～1974 年	19 年，1974～1992 年
爱尔兰		17 年，1972～1988 年
希腊	1962～1972 年及以前	18 年，1972～1989 年
波多黎各	1962～1971 年及以前	29 年，1971～1999 年
均值		15.9 年

资料来源：作者根据世界银行相关数据研究结论编制而成。

2.3.2　以怎样的 GDP 增长率来实现

基于表 2－7 所示的时间区间，以世界银行发布的 1962 年以来世界各经济体 GDP 增长率数据为基础，可得到成功者跨越"上中等收入陷阱"和"下中等收入陷阱"各年度 GDP 增长率具体数据（详见本书附录 2 和附录 3），从而可总结出表 2－8。特别值得注意的是，由于成功者跨越"上中等收入陷阱"的时间区间是在估计值基础上确定的，所以相应的 GDP 增长率也是确定的，而部分成功者跨越"下中等收入陷阱"的时间区间在 1962～2013 年这一时间跨度中是不确定的，但可以确定的是这些成功者在 1962 年伊始均正处于下中等收入阶段，所以自 1962 年起至晋级上中等收入年度止，这一时间区间内的 GDP 增长率也可在很大程度上反映其跨越"下中等收入陷阱"的 GDP 增长率，但这一值是大约值。

表 2－8　成功者跨越“中等收入陷阱”的 GDP 增长率　单位:%

国家和地区	跨越“下中等收入陷阱”的 GDP 增长率（约）	跨越“上中等收入陷阱”的 GDP 增长率
日本	9.30	4.58
以色列	8.91	4.81
韩国	8.78	9.14
新加坡	10.02	8.12
中国香港		7.75
西班牙	7.42	2.79
葡萄牙	7.88	3.20
爱尔兰		3.90
希腊	7.95	2.57
波多黎各	7.70	3.96
均值	8.50	5.08

资料来源：作者根据世界银行相关数据研究结论编制而成。

根据表 2－8 所示数据，我们不难看出全球成功者跨越“中等收入陷阱”过程中 GDP 增长率的特征：第一，从均值来看，成功者跨越“下中等收入陷阱”的 GDP 增长率均值为 8.50%，而跨越“上中等收入陷阱”的 GDP 增长率均值为 5.08%。第二，成功者跨越“下中等收入陷阱”的 GDP 增长率一般情况下都高于其跨越“上中等收入陷阱”的 GDP 增长率，尽管如本书前文所述，部分国家脱离下中等收入阶段的时间区间并不完整，但大致趋势并无异议。这些成功者中，除了韩国跨越“上中等收入陷阱”的 GDP 增长率略高于其跨越“下中等收入陷阱”的数值以外，其他成功者都显示出此特征，且这些国家跨越“下中等收入陷阱”的数值比跨越“上中等收入陷阱”的数值要高得多，这些在中等收入发展阶段前半段经济高速增长的经济体，到后半段的 GDP 增长率往往不足 4%，甚至不足 3%。第三，就下中等收入阶段而言，新加坡是经济增长速度最快的国家，其 GDP 增长率均值在此阶段内达到 10.02%；就上中等收入阶段而言，韩国是经济增长速度最快的国家，其 GDP 增长率均值在此阶段内达到 9.14%；就中等收入阶段综合而言，新加坡是全球成功者中名副其实的先行者，虽然经济总量小，但是经济增长速度是最快的，其 GDP 增长率均值在整个中等收入阶段达到了 9.07%，可以说经济增长从来没有停下过脚步，一路高歌地走完了整个中等收入阶段，从而成功晋级高收入经济体。

第3章　落入陷阱者的前车之鉴

3.1　认识中等收入发展阶段的经济体

3.1.1　正处于中等收入发展阶段的经济体有哪些

从世界银行2014年最新发布的2012年人均GNI数据来看（详见本书附录4），正处于下中等收入阶段的经济体有49个，正处于上中等收入阶段的经济体有48个。由于数量非常多，我们以大洲为单位将这些经济体进行分组，可将正处于下中等收入发展阶段和上中等收入发展阶段的经济体分别总结形成表3－1和表3－2。

表3－1　　2012年处于下中等收入发展阶段的经济体

所处大洲	经济体	个数
亚洲	东帝汶，亚美尼亚，印度尼西亚，格鲁吉亚，蒙古，西岸和加沙，菲律宾，斯里兰卡，不丹，乌兹别克斯坦，越南，印度，老挝，巴基斯坦，也门，吉尔吉斯斯坦	16
欧洲	科索沃，乌克兰，萨尔多瓦	3
非洲	佛得角，斯威士兰，埃及，摩洛哥，刚果（布），尼日利亚，赞比亚，加纳，苏丹，莱索托，科特迪瓦，圣多美和普林西比，喀麦隆，肯尼亚，毛里塔尼亚	15
北美洲	马绍尔群岛，萨尔瓦多，危地马拉，尼加拉瓜	4
南美洲	圭亚那，巴拉圭，玻利维亚，洪都拉斯	4
大洋洲	斐济，美属萨摩亚群岛，密克罗尼西亚，瓦努阿图，基里巴斯，巴布亚新几内亚，所罗门群岛	7

资料来源：作者根据世界银行数据编制而成，表中各大洲所包含的经济体顺序基于该经济体2012年人均GNI由高到低排列。

表 3－2　2012 年处于上中等收入发展阶段的经济体

所处大洲	经济体	个数
亚洲	土耳其，马来西亚，哈萨克斯坦，黎巴嫩，伊朗，阿塞拜疆，伊拉克，中国，马尔代夫，土库曼斯坦，泰国，约旦	12
欧洲	罗马尼亚，保加利亚，黑山，白俄罗斯，塞尔维亚，马其顿，波斯尼亚和黑塞哥维那，阿尔巴尼亚	8
非洲	塞舌尔，加蓬，毛里求斯，博茨瓦纳，南非，纳米比亚，阿尔及利亚，安哥拉，突尼斯	9
北美洲	墨西哥，巴拿马，哥斯达黎加，格林纳达，圣卢西亚，多米尼克，圣文森特和格林纳丁斯，多米尼加，牙买加，伯利兹	10
南美洲	委内瑞拉，巴西，苏里南，哥伦比亚，秘鲁，厄瓜多尔	6
大洋洲	帕劳，图瓦卢，汤加	3

资料来源：作者根据世界银行数据编制而成，表中各大洲所包含的经济体顺序基于该经济体 2012 年人均 GNI 由高到低排列。

3.1.2　中等收入经济体的分布特点

表 3－1 和表 3－2 展示了各大洲所包括的正处于中等收入阶段的经济体，但我们并不能武断地通过个数来判定关注点，主要原因是各个大洲和经济体的面积差异很大。然而如果不论各经济体面积的大小，而从数量上来看，它们的分布密度更多地与大洲的面积有关，从而我们可以知道，大洋洲和非洲是下中等收入经济体颇为密集的洲，亚洲的下中等收入经济体数量也较多，北美洲则是上中等收入经济体颇为密集的洲，亚洲、欧洲、非洲的上中等收入经济体数量也较多。结合本书第 1 章和第 2 章中的结论，自 1950 年以来，仅有 12 个经济体成功跨越了“中等收入陷阱”，而自 1950 年步入中等收入阶段的其他经济体，则均可视为落入了“中等收入陷阱”。

3.2　全面解析落入“上中等收入陷阱”的经济体

3.2.1　已经在“上中等收入陷阱”里挣扎了多久

按照前文对晋级高收入组成功者的分析方法，我们可对正处于上中等收入阶段的经济体进行相关分析，从而得到“中等收入陷阱”的事实判断。以世界银行人均 GNI 数据和我们所估计的 1962 年以来每年的收入划分标准为基础，对目前正处于上中等收入阶段的 47 个经济体（除中国以外）进行分析，可总结出表 3－3。基于此，我们得出结论：目前正处于上中等收入阶段的经济体中，有 20 个经济体在此收入阶段的持续时间已超过 16 年，可视为已落入“上中等收入陷阱”。这些国家及相应持续时间为委内瑞拉（39 年）、塞舌尔（31 年）、巴西（27 年）、土耳其（24 年）、帕劳（至少 23 年）、加蓬（41 年）、马来西亚（24 年）、墨西哥（26 年）、黎巴嫩（22 年）、巴拿马（31 年）、毛里求斯（24 年）、苏里南（36 年）、哥斯达黎加（23 年）、博茨瓦纳（25 年）、南非（36 年）、格林纳达（18 年）、保加利亚（至少 34 年）、圣卢西亚（26 年）、多米尼克（23 年）、牙买加（17 年），并由此可得落入“上中等收入陷阱”的经济体在该组别持续时间均值为 27.5 年。以上国家中，若将墨西哥也归为加勒比海沿岸，那么拉丁美洲和加勒比海沿岸的此类经济体数量共有 10 个之多，占落入上中等收入陷阱经济体总量的一半。

表 3－3　　上中等收入组经济体收入阶段现状

国别	晋级上中等收入阶段的年度	持续时间
委内瑞拉（拉美）	1974 年	39 年
塞舌尔（非洲）	1985 年	31 年
巴西（拉美）	1989 年	27 年
土耳其（亚洲）	1992 年	24 年
帕劳（大洋洲）	1993 年（此为数据起始时间）	至少 23 年
加蓬（非洲）	1975 年	41 年
马来西亚（亚洲）	1992 年	24 年
哈萨克斯坦（亚洲）	2006 年	10 年
墨西哥（北美洲）	1990 年	26 年
黎巴嫩（亚洲）	1994 年	22 年
巴拿马（北美洲）	1985 年	31 年
毛里求斯（非洲）	1992 年	24 年
苏里南（拉美）	1980 年	36 年
哥斯达黎加（北美洲）	1993 年	23 年
罗马尼亚（欧洲）	2005 年	11 年

续表

国别	晋级上中等收入阶段的年度	持续时间
博茨瓦纳（非洲）	1991 年	25 年
南非（非洲）	1980 年	36 年
格林纳达（北美洲）	1998 年	18 年
保加利亚（欧洲）	1982 年（此为数据起始时间）	至少 34 年
哥伦比亚（拉美）	2007 年	9 年
黑山（欧洲）	2005 年	11 年
圣卢西亚（北美洲）	1990 年	26 年
多米尼克（北美洲）	1993 年	23 年
伊朗（亚洲）	2008 年	8 年
白俄罗斯（欧洲）	2007 年	9 年
圣文森特和格林纳丁斯（北美洲）	2000 年	16 年
阿塞拜疆（亚洲）	2008 年	8 年
伊拉克（亚洲）	2009 年	7 年
塞尔维亚（欧洲）	2005 年	11 年
秘鲁（拉美）	2010 年	6 年
图瓦卢（大洋洲）	2004 年	12 年
纳米比亚（亚洲）	2006 年	10 年
多米尼加（北美洲）	2007 年	9 年
马尔代夫（亚洲）	2006 年	10 年
土库曼斯坦（亚洲）	2010 年	6 年
厄瓜多尔（拉美）	2008 年	8 年
泰国（亚洲）	2010 年	6 年
牙买加（北美洲）	1999 年	17 年
阿尔及利亚（非洲）	2008 年	8 年
马其顿（欧洲）	2008 年	8 年
约旦（亚洲）	2010 年	6 年
波黑（欧洲）	2007 年	9 年
安哥拉（非洲）	2011 年	5 年
伯利兹（北美洲）	2000 年	16 年
阿尔巴尼亚（欧洲）	2008 年	8 年
汤加（大洋洲）	2012 年	4 年
突尼斯（非洲）	2008 年	8 年

资料来源：作者据世界银行数据编制而成。

3.2.2 经济增长经历怎样的演变

接下来，本书非常关注的是，在如此长的时间内，这些落入“上中等收入陷阱”的经济体，其经济增长究竟经历了怎样的演变。以经济总量为观察基点，我们可通过收入阶段趋势和GDP增长率两个总量特征来观察落入“上中等收入陷阱”的经济体。

如图3－1所示，委内瑞拉1962年以来逐步经历了下中等收入发展阶段和上中等收入发展阶段，且在由下中等收入阶段向上中等收入阶段迈进的过程中，经历了“晋级—退出—再晋级”的反复（1974年晋级，1989年退出，1992年晋级，1994年退出，1995年晋级）。基于世界银行相关数据进行计算，自1974年首次晋级上中等收入阶段以来，委内瑞拉的GDP增长率均值为2.36%。

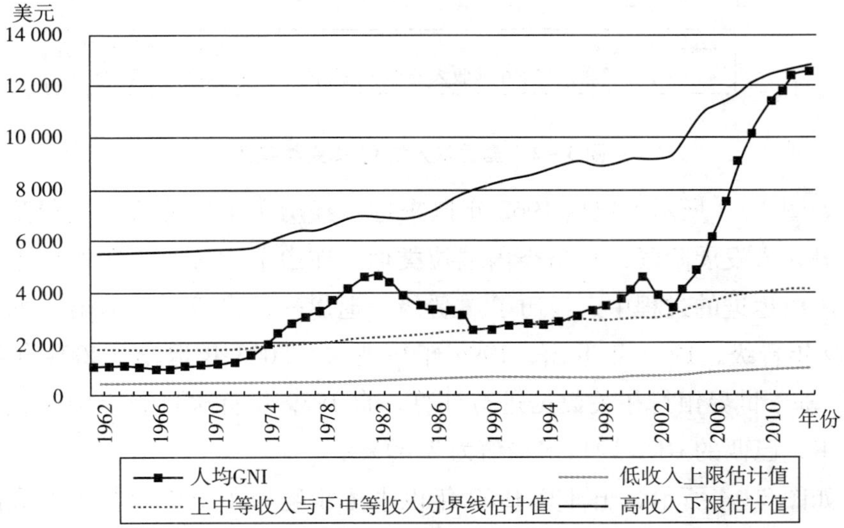

图3－1 委内瑞拉人均GNI变动趋势

如图3－2所示，塞舌尔1962年以来逐步经历了下中等收入发展阶段和上中等收入发展阶段，与委内瑞拉类似，塞舌尔在晋级上中等收入组时也出现了反复（1982年晋级，1983年退出，1985年再晋级）。特别值得注意的是，塞舌尔曾在2005年晋级高收入组，但于2008年退出，在摆脱

“上中等收入陷阱”的过程中也经历了“晋级—退出”的反复。基于世界银行相关数据进行计算，自 1982 年首次晋级上中等收入阶段以来，塞舌尔的 GDP 增长率均值为 3.80%。

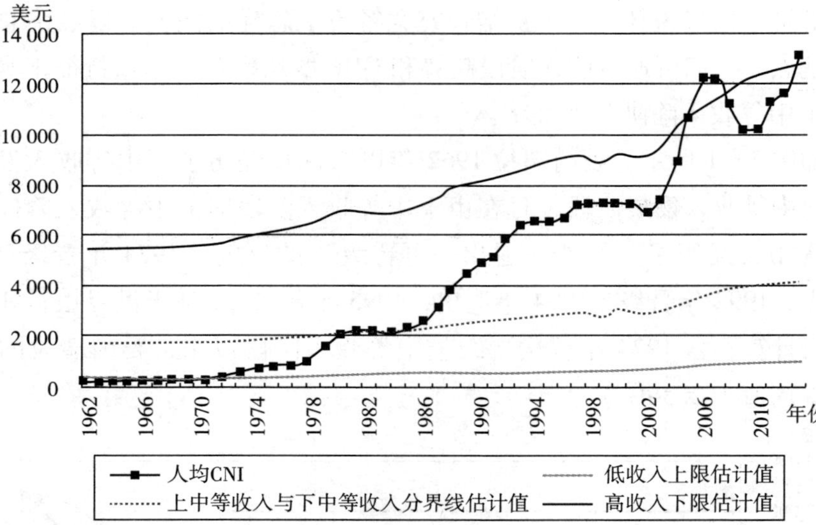

图 3－2 塞舌尔人均 GNI 变动趋势

如图 3－3 所示，巴西 1962 年以来逐步经历了下中等收入发展阶段和上中等收入发展阶段，且与委内瑞拉类似，在由下中等收入阶段向上中等收入阶段迈进的过程中，经历了“晋级—退出—再晋级—再退出”的反复（1989 年晋级，1993 年退出，1994 年再晋级，2003 年退出，2004 年再晋级）。基于世界银行相关数据进行计算，自 1989 年首次晋级上中等收入阶段以来，巴西的 GDP 增长率均值为 2.69%。

如图 3－4 所示，土耳其 1962 年以来逐步经历了下中等收入发展阶段和上中等收入发展阶段，且在由下中等收入阶段向上中等收入阶段迈进的过程中，经历了“晋级—退出—再晋级”的反复（1992 年晋级，1994 年退出，1996 年再晋级）。基于世界银行相关数据进行计算，自 1992 年首次晋级上中等收入阶段以来，土耳其的 GDP 增长率均值为 4.17%。

如图 3－5 所示，马来西亚 1962 年以来逐步经历了低收入阶段、下中等收入发展阶段和上中等收入发展阶段，从人均 GNI 曲线来看，虽然有一

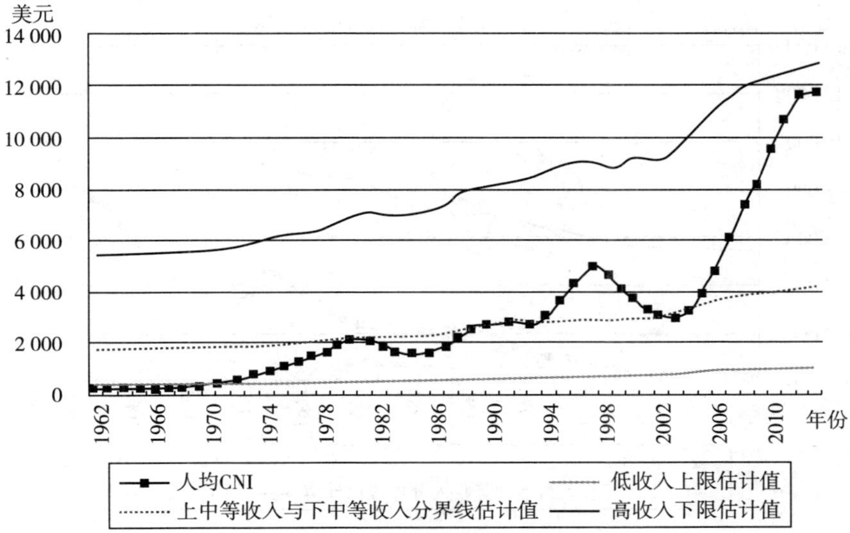

图 3－3　巴西人均 GNI 变动趋势

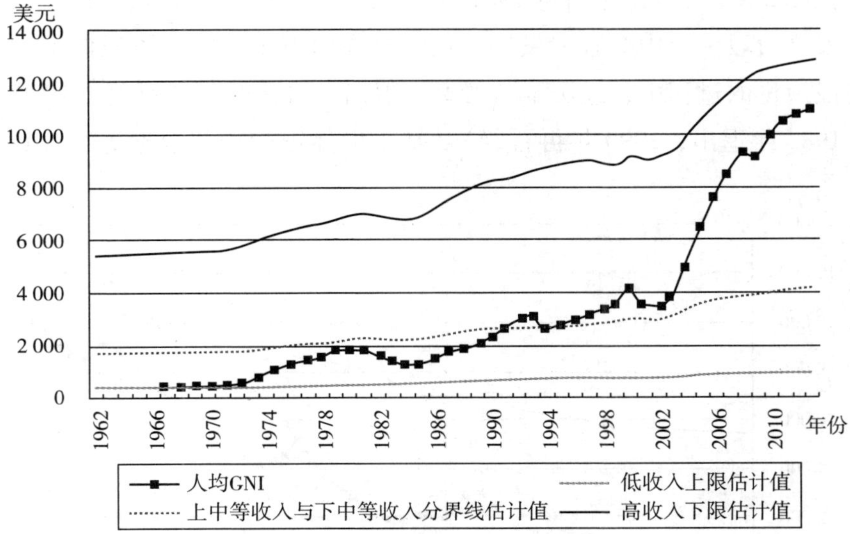

图 3－4　土耳其人均 GNI 变动趋势

次较大起伏，但中间并没有退出的过程，该国在下中等收入和上中等收入阶段的持续时间都很长。基于世界银行相关数据进行计算，自 1992 年晋级上中等收入阶段以来，马来西亚的 GDP 增长率均值为 5.67%。

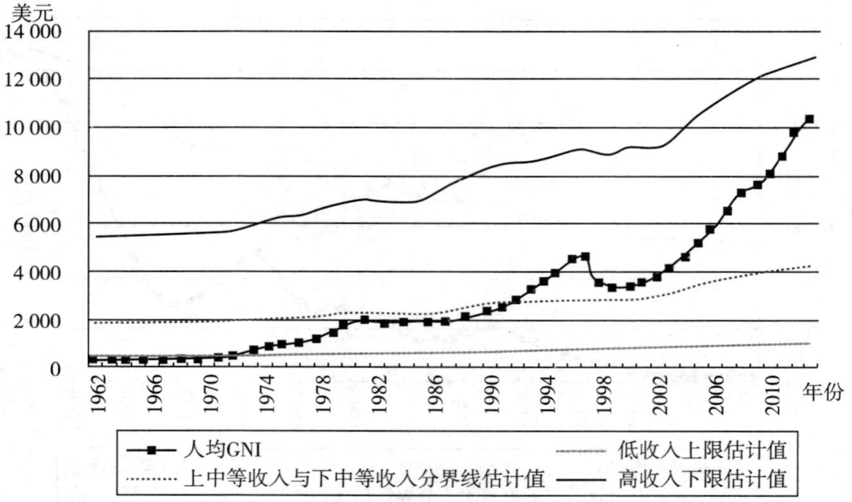

图 3－5　马来西亚人均 GNI 变动趋势

如图 3－6 所示，墨西哥 1962 年以来逐步经历了低收入阶段、下中等收入发展阶段和上中等收入发展阶段，且在由下中等收入阶段向上中等收入阶段迈进的过程中，经历了“晋级—退出—再晋级”的反复（1980 年晋级，1983 年退出，1990 年再晋级）。基于世界银行相关数据进行计算，自

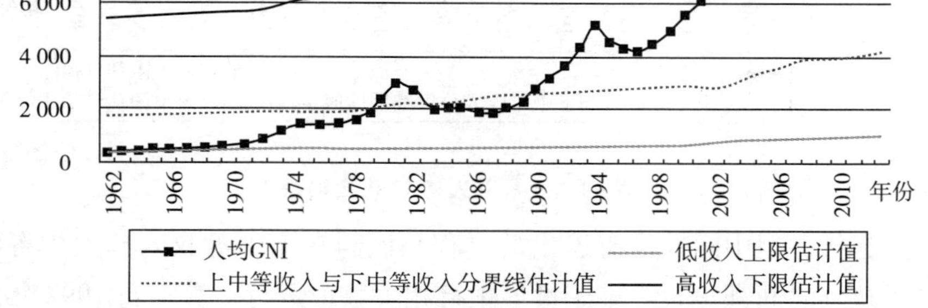

图 3－6　墨西哥人均 GNI 变动趋势

1980 年首次晋级上中等收入阶段以来，墨西哥的 GDP 增长率均值为 2.70%。

如图 3-7 所示，帕劳 1993 年有 GNI 起始数据起就已经步入上中等收入阶段，且至今仍处于上中等收入阶段，这意味着帕劳在“上中等收入陷阱”中的持续时间至少为 23 年，还可能更长。基于世界银行有记载的数据起始时间开始计算，帕劳的 GDP 增长率均值为 1.47%。

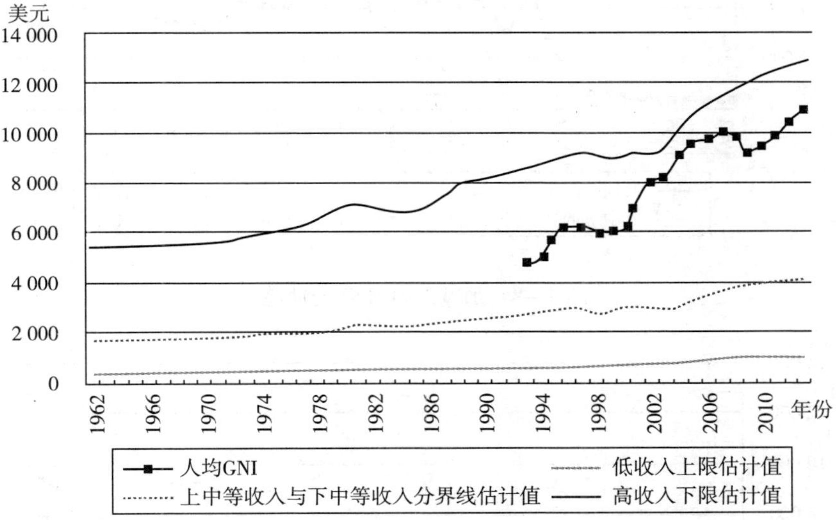

图 3-7　帕劳人均 GNI 变动趋势

如图 3-8 所示，加蓬 1962 年以来逐步经历了下中等收入发展阶段和上中等收入发展阶段，从人均 GNI 曲线来看，虽然有几次跌宕起伏，但中间并没有退出的过程，而是始终沉溺在“上中等收入陷阱”中。基于世界银行相关数据进行计算，自 1975 年晋级上中等收入阶段以来，加蓬的 GDP 增长率均值为 2.53%。

如图 3-9 所示，黎巴嫩自有数据年份以来，逐步经历了下中等收入发展阶段和上中等收入发展阶段。基于世界银行相关数据进行计算，自 1994 年晋级上中等收入阶段以来，黎巴嫩的 GDP 增长率均值为 4.31%。

如图 3-10 所示，巴拿马 1962 年以来逐步经历了低收入阶段、下中等收入阶段和上中等收入阶段，且在由下中等收入阶段向上中等收入阶段迈

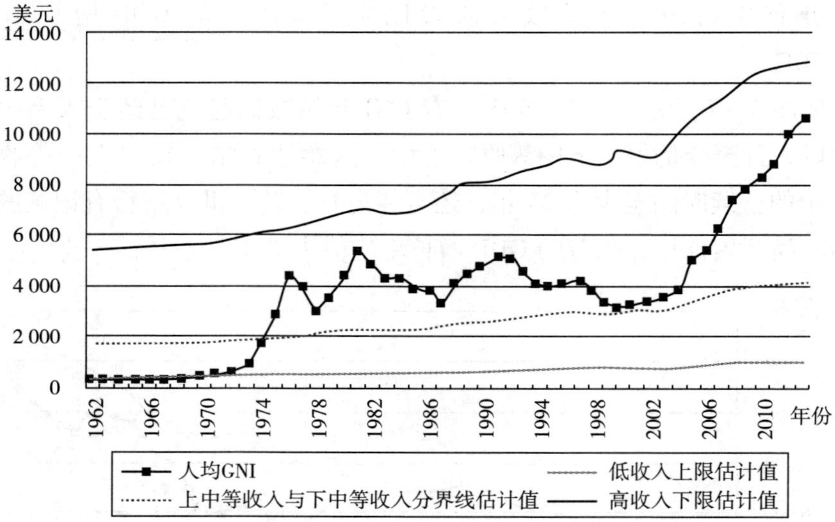

图 3－8　加蓬人均 GNI 变动趋势

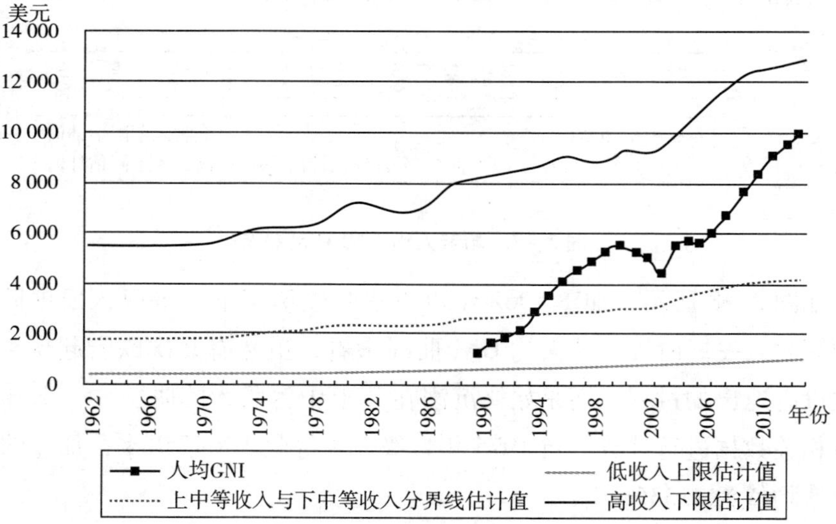

图 3－9　黎巴嫩人均 GNI 变动趋势

进的过程中，经历了“晋级—退出—再晋级”的反复（1985 年晋级，1988 年退出，1996 年再晋级）。基于世界银行相关数据进行计算，自 1985 年晋级上中等收入阶段以来，巴拿马的 GDP 增长率均值为 4.99%。

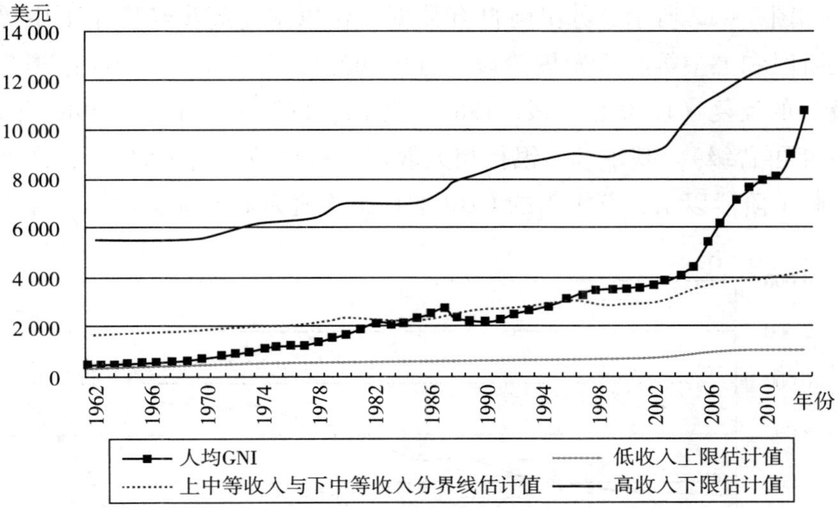

图 3－10　巴拿马人均 GNI 变动趋势

如图 3－11 所示，毛里求斯自有数据年份以来，逐步经历了下中等收入发展阶段和上中等收入发展阶段。基于世界银行相关数据进行计算，自 1992 年晋级上中等收入阶段以来，毛里求斯的 GDP 增长率均值为 4.41%。

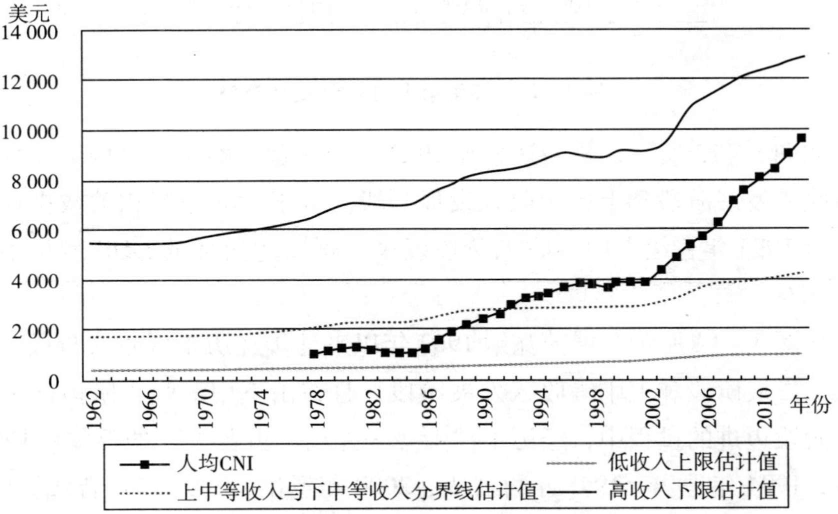

图 3－11　毛里求斯人均 GNI 变动趋势

如图 3-12 所示，苏里南自有数据年份以来，逐步经历了下中等收入发展阶段和上中等收入发展阶段，且中间经历了“晋级—长时间退出—再晋级”的反复（1980 年晋级，1987 年退出，1988 年再晋级，1989 年退出，2006 年再晋级）。基于世界银行相关数据进行计算，自 1980 年首次晋级上中等收入阶段以来，苏里南的 GDP 增长率均值为 1.60%。

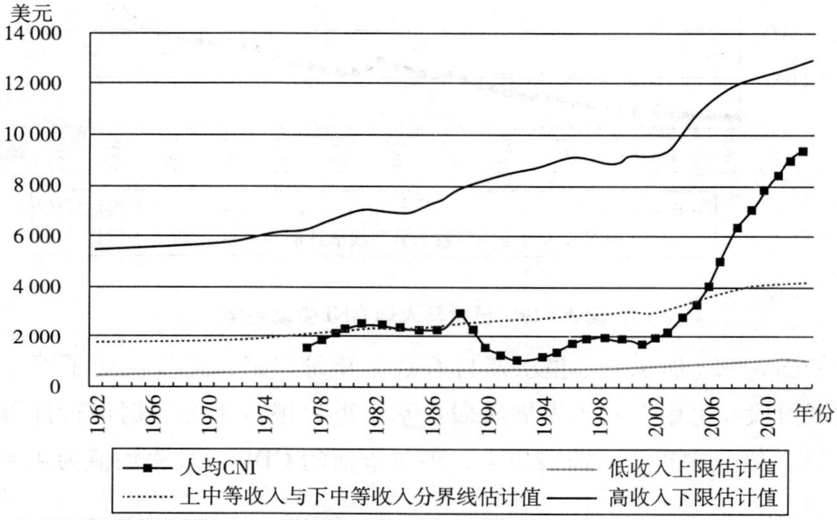

图 3-12　苏里南人均 GNI 变动趋势

如图 3-13 所示，哥斯达黎加 1962 年以来逐步经历了低收入阶段、下中等收入发展阶段和上中等收入发展阶段。基于世界银行相关数据进行计算，自 1993 年晋级上中等收入阶段以来，哥斯达黎加的 GDP 增长率均值为 4.67%。

如图 3-14 所示，博茨瓦纳 1962 年以来逐步经历了低收入阶段、下中等收入发展阶段和上中等收入发展阶段，且在由下中等收入阶段向上中等收入阶段迈进的过程中，经历了“晋级—退出—再晋级”的反复（1991 年晋级，1994 年退出，1995 年再晋级，2000 年退出，2001 年再晋级）。基于世界银行相关数据进行计算，自 1991 年首次晋级上中等收入阶段以来，博茨瓦纳的 GDP 增长率均值为 4.57%。

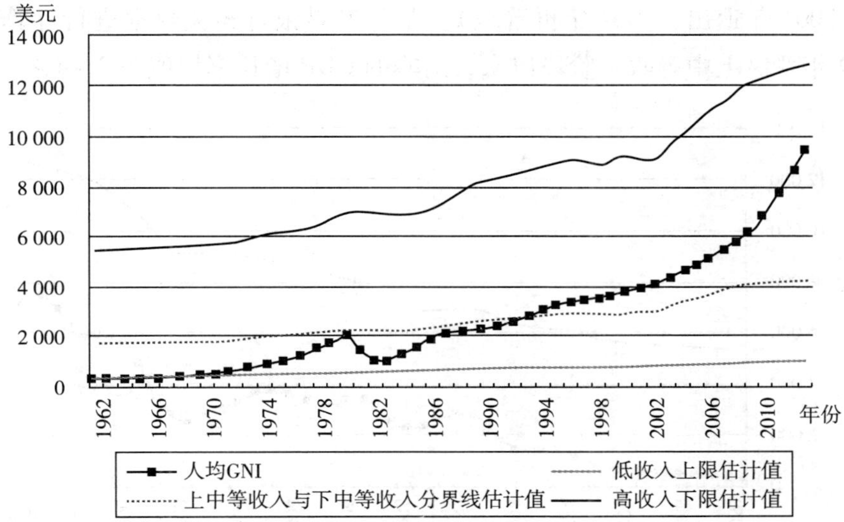

图 3－13　哥斯达黎加人均 GNI 变动趋势

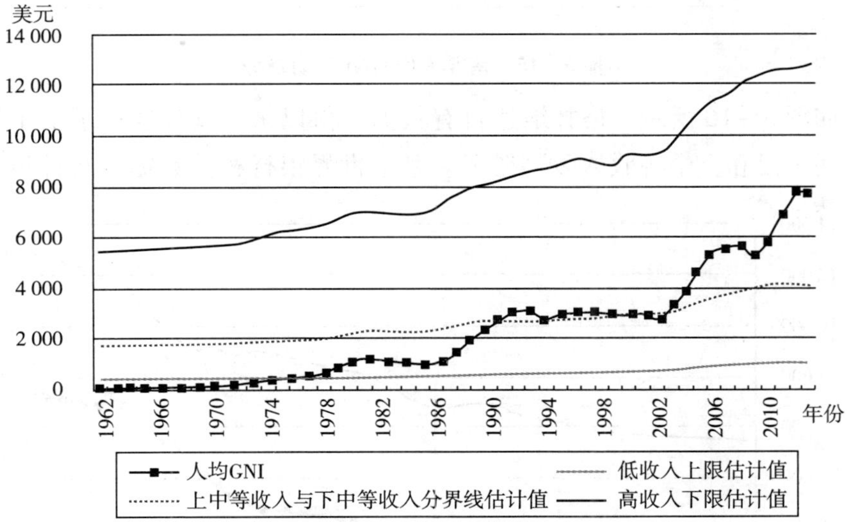

图 3－14　博茨瓦纳人均 GNI 变动趋势

如图 3－15 所示，南非 1962 年以来逐步经历了低收入阶段、下中等收入发展阶段和上中等收入发展阶段，且在由下中等收入阶段向上中等收入阶段迈进的过程中，经历了“晋级—退出—再晋级”的反复（1980 年晋级，2001 年退出，2004 年再晋级）。基于世界银行相关数据进行计算，自1980 年晋级上中等收入阶段以来，南非的 GDP 增长率均值为 2.44%。

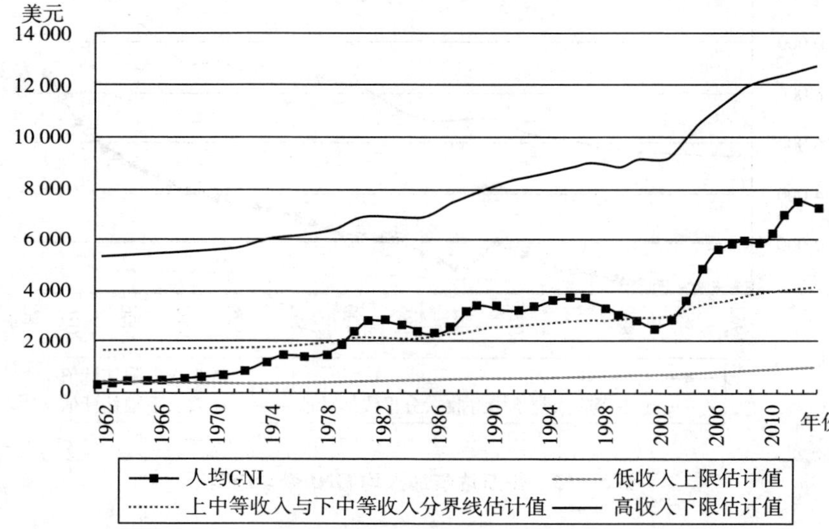

图 3－15　南非人均 GNI 变动趋势

如图 3－16 所示，格林纳达自有数据年份以来，逐步经历了下中等收入发展阶段和上中等收入发展阶段。基于世界银行相关数据进行计算，自

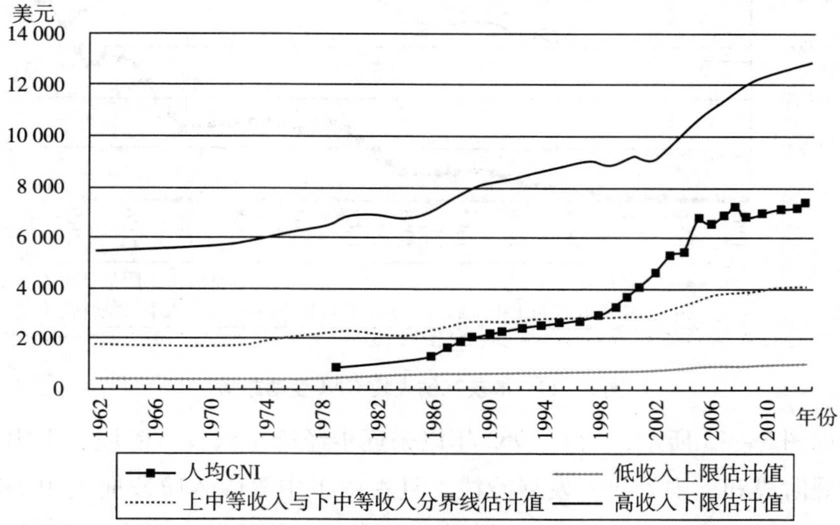

图 3－16　格林纳达人均 GNI 变动趋势

1998 年晋级上中等收入阶段以来，格林纳达的 GDP 增长率均值为 2.50%。

如图 3-17 所示，保加利亚自有数据年份以来，逐步经历了下中等收入发展阶段和上中等收入发展阶段，且中间经历了“晋级—长时间退出—再晋级”的反复（1982 年晋级，1983 年退出，1987 年再晋级，1990 年退出，2005 年再晋级）。基于世界银行相关数据进行计算，自 1982 年有数据显示保加利亚晋级上中等收入阶段以来，其 GDP 增长率均值为 1.78%。

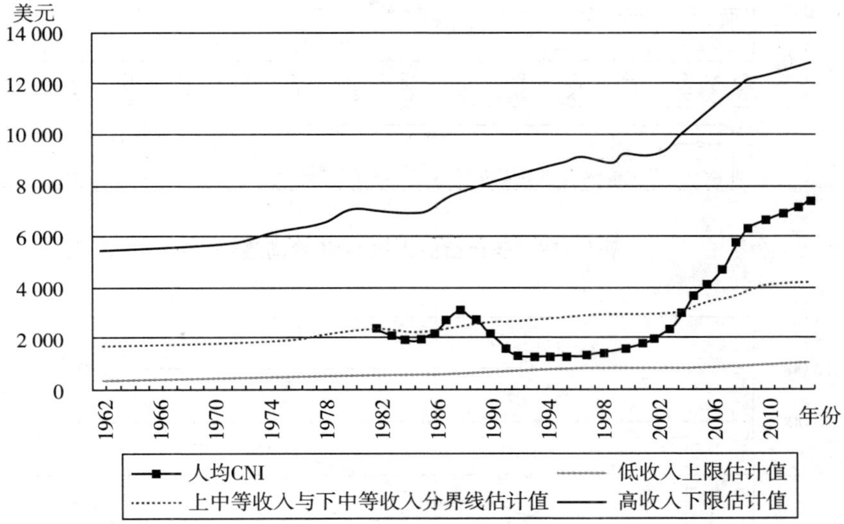

图 3-17　保加利亚人均 GNI 变动趋势

如图 3-18 所示，圣卢西亚自有数据年份以来，逐步经历了下中等收入发展阶段和上中等收入发展阶段。基于世界银行相关数据进行计算，自 1990 年晋级上中等收入阶段以来，圣卢西亚的 GDP 增长率均值为 3.21%。

如图 3-19 所示，多米尼克自有数据年份以来，逐步经历了下中等收入发展阶段和上中等收入发展阶段。基于世界银行相关数据进行计算，自 1993 年晋级上中等收入阶段以来，多米尼克的 GDP 增长率均值为 1.94%。

如图 3-20 所示，牙买加自有数据年份以来，逐步经历了下中等收

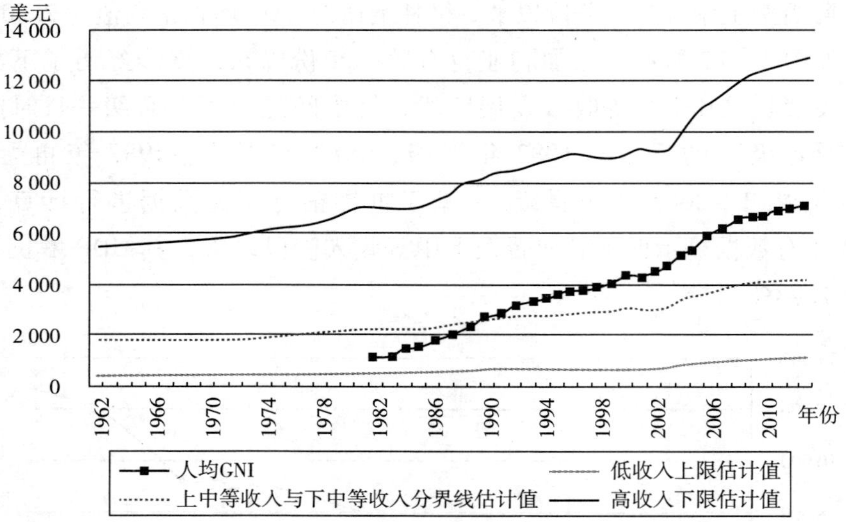

图 3－18　圣卢西亚人均 GNI 变动趋势

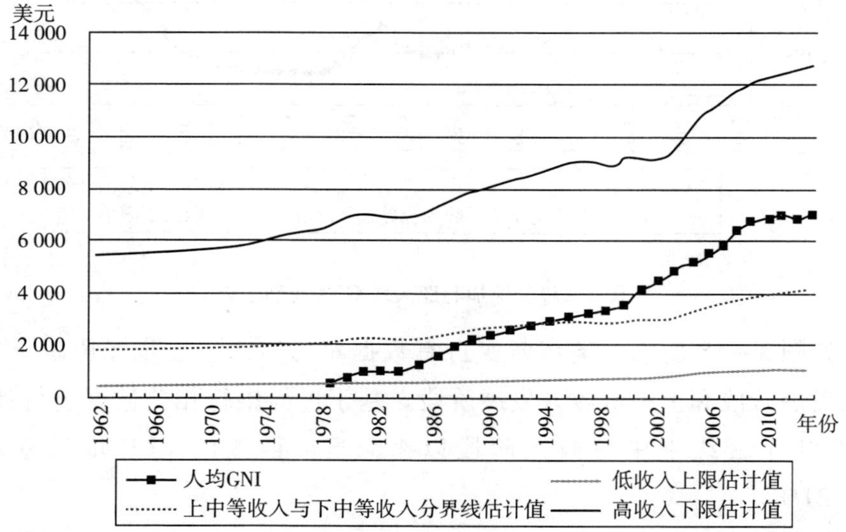

图 3－19　多米尼克人均 GNI 变动趋势

入发展阶段和上中等收入发展阶段。基于世界银行相关数据进行计算，自 1999 年晋级上中等收入阶段以来，牙买加的 GDP 增长率均值为 0.18%。

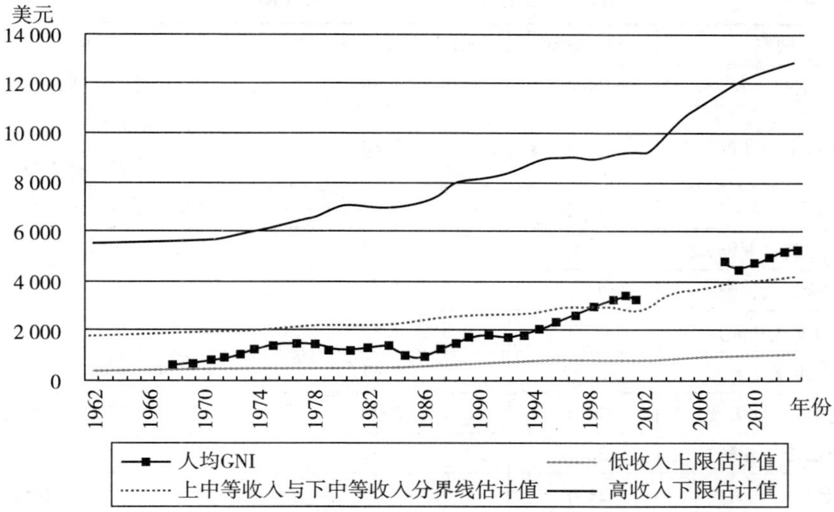

图 3-20 牙买加人均 GNI 变动趋势

3.2.3 跨越陷阱非一蹴而就或一劳永逸

基于以上样本分析，我们不难得到落入“上中等收入陷阱”经济体的总量特征（详见表 3-4），这些经济体在“上中等收入陷阱”中可观察的持续时间均值为 28.15 年、GDP 增长率均值为 3.10%。我们认为更为有价值的结论有两个：第一，从 GDP 平均增长率的区间来看，最高点出现在 5.67%（马来西亚），这一点至少从总量方面告诫我们，即使 GDP 平均增长率在此高位，也未能幸免落入“上中等收入陷阱”；第二，目前已落入“上中等收入陷阱”的经济体，其收入阶段变动趋势告诉我们，并非一朝晋级就能够一劳永逸，这些经济体在摆脱“下中等收入陷阱”和“上中等收入陷阱”的过程中，都不乏出现“晋级—退出—再晋级”的反复，更有些经济体不止经历一次这样的反复，塞舌尔更是曾经幸运晋级高收入组，而后又退回到上中等收入阶段，这些现象都告诉我们，在直面“中等收入陷阱”这一问题的同时，还应注意到摆脱其实际上对经济体发展态势的“高标准、严要求”。

表 3-4 落入“上中等收入陷阱”的经济体特征

国家	持续时间	GDP 平均增长率（%）	其他
委内瑞拉（拉美）	39 年	2.36	晋级上中等收入组有反复
塞舌尔（非洲）	34 年	3.80	晋级上中等收入组有反复，曾晋级高收入组
巴西（拉美）	27 年	2.69	晋级上中等收入组有反复
土耳其（亚洲）	24 年	4.17	晋级上中等收入组有反复
帕劳（大洋洲）	至少 23 年	1.47	
加蓬（非洲）	41 年	2.53	
马来西亚（亚洲）	24 年	5.67	
墨西哥（北美洲）	36 年	2.70	晋级上中等收入组有反复
黎巴嫩（亚洲）	22 年	4.31	
巴拿马（北美洲）	31 年	4.99	晋级上中等收入组有反复
毛里求斯（非洲）	24 年	4.41	
苏里南（拉美）	36 年	1.60	晋级上中等收入组有反复
哥斯达黎加（北美洲）	23 年	4.67	
博茨瓦纳（非洲）	25 年	4.57	晋级上中等收入组有反复
南非（非洲）	36 年	2.44	晋级上中等收入组有反复
格林纳达（北美洲）	18 年	2.50	
保加利亚（欧洲）	至少 34 年	1.78	晋级上中等收入组有反复
圣卢西亚（北美洲）	26 年	3.21	
多米尼克（北美洲）	23 年	1.94	
牙买加（北美洲）	17 年	0.18	
均值	28.15 年	3.10	

3.3 以拉美经济为例对落入陷阱原因的泛谈

3.3.1 历史制度遗留

早在 16 世纪初期，以葡萄牙侵占巴西、西班牙，统治除巴西以外的其他拉美地区为起点，整个拉美地区进入了长达 300 年之久的殖民统治时期。当时，宗主国在拉美实行重商主义政策，强迫并仅限拉美殖民地公民生产能在当时的国际市场中牟取暴利的几种十分有限的农矿产品，这种政策导致拉美各国逐步形成单一产品制，并大量削减了拉美地区的资源储备，严重扭曲了整个经济发展。直至 20 世纪中期，拉美所有地区才全部完成独立，因此，这种历史制度遗留因素后来一直被看做是拉美 20 世纪 80 年代以来经济停滞、落入“中等收入陷阱”的重要原因之一。

3.3.2　民族和种族多样化

整个拉美地区的人口由十分复杂的民族和种族构成，主要民族来自拉美当地土著印第安人、后来到达拉美的西班牙人和葡萄牙人、再后来到达拉美的意法德乌及巴尔干半岛的欧洲移民以及殖民时期作为奴隶从非洲运到拉美的黑人；主要种族包括蒙古利亚人种、欧罗巴人种和尼格罗人种；还有少数是后来移民至拉美的日本人、印度人及华人。在经历几个世纪的发展后，20 世纪拉美地区的纯血统居民已相当少，一半甚至一半以上都是混血。拉美国家使用的语言有西班牙语、葡萄牙语、荷兰语、英语、法语及多种印第安语，仅印第安语的方言就有 1700 多种，包括纳华特语、瓜拉尼语、玛雅语、克丘亚语等。这样复杂的民族和种族构成，加之复杂语种所构成的交流障碍和风俗文化的隔阂，也被认为是拉美经济增长受到严重阻碍的原因之一。

3.3.3　发展战略失误

这种观点是 20 世纪 90 年代以林毅夫为代表的中国经济学者对“拉美化”进行分析时提出的，他们认为拉美的错误在于把经济发展战略定位为“进口替代工业化战略（ISI）”，即希望以本土生产的工业制成品来满足本国公民的需求，从而取代所有进口工业制成品。更进一步地，这种观点认为“进口替代工业化战略”的核心失误在于认为优先发展重工业是其必经阶段，而未考虑本土资源禀赋，盲目追求重工业优先增长，其本质是一种经济赶超。然而，在以林毅夫为代表的经济学者看来，经济赶超是一种扭曲产品和要素相对价格的办法，甚至以计划来代替市场机制以求经济增长，他们主张一切合理的经济增长都以比较优势战略而非经济赶超战略为基础。

3.3.4 政治动荡不安

政治不稳定是拉美各经济体的普遍特征，主要源自民主政体与威权政体之间的不断更替，加之民粹主义政策与正统宏观政策之间的更替，这种政体与政策的不断变换，导致拉美始终不能够稳定在一种发展方向上，同时严重影响了本土和外来投资者的信心，为不稳定的经济雪上加霜。其中，更为值得重视的是，在拉美选举中，被选举人往往利用扭曲的、不切实际的民粹主义政策对正统的宏观政策进行比较和抨击，以此来笼络民心，同时也靠此成为当权者，进而落实选举时发表的民粹主义政策，这种忽视长期宏观经济发展的短期政治方针指导下的各项政策，使摇摇欲坠的经济继续负重前行、一蹶不振。

3.3.5 不当的福利赶超

福利赶超的直接原因是为了缓解由于社会收入差距不断拉大而造成的社会不稳定，加之过早、过急地照搬发达国家已经实施的社会福利制度，于是造成在经历马尔萨斯均衡、步入经济赶超阶段且经历了一定时期的发展后，没有继续坚持下去、没有持续稳定发展、没有合理选择继续发展路径、没有成功解决社会矛盾、没有考虑宏观经济的长期可持续发展，而是选择了简单、机械地照搬发达国家福利制度的方式来试图解决国内收入差距不断拉大带来的各项社会问题，想在经济赶超阶段进行所谓的“福利赶超”，因而掏空了经济发展的后劲和持续改进民生福利的基础，并触发了其后的社会矛盾激化与不稳定局面。

这种福利赶超的选择不是一方造就的：第一方，拉美国家经历了一段时期经济的高速增长后，社会收入差距不断扩大，导致社会各个阶层对福利的要求意愿增强，影响着社会经济生活；第二方，所有公民都有“福利赶超”这样的心态，公民最直接、最关心、最期待的就是增加收入，增加津贴、奖金、实际收入，提高购买力和生活水平，形成一种“大众情感的政治主张”，即所谓“民粹主义”倾向；第三方，虽然从宏观经济尤其是国家经济发展水平、国家财力水平、国民收入等发展与积累的理性角度来考虑，不应盲目地、一味地去迎合公民对上述福利无限的渴望，但是拉美国家政治上的不稳定加上为了迎合选民的意愿而推崇民粹主义政策的政治领袖当权，导致选民的这种非理性意愿不断地、简单地、不计后果地被政治领袖所迎合与满足。在第一方的影响下，第二方对福利的追求开始产生并不断增强，第三方为了迎合第二方的意愿从而掌握政权，因此无限制满足第二方对福利的要求。在一段时间里，这种民粹主义基础上对福利的强烈意愿和政治领袖当权的强烈意愿，双方互相激荡、互相加强，共同造就了拉美不当的福利赶超，即所谓“民粹主义基础上的福利赶超”。

尽管导致拉美经济落入“中等收入陷阱”的因素由历史制度遗留、民族和种族多样化、发展战略失误、政治动荡不安和不当的福利赶超等共同构成，这些因素也囊括了不同层面、不同维度、不同视角的分析，但是笔者认为因拉美政治领袖意愿和民众意愿双方激荡和加强而形成的“民粹主义基础上的福利赶超”是直接拖垮拉美经济并导致其停滞不前的最重要因素。

3.4　民粹主义作用下的福利赶超

3.4.1　一些总括性认识

拉美福利赶超最为直接的原因是应对三十年黄金增长期带来的社会收入差距扩大。这一点是值得深思的，任何经济体在高速工业化进程中都有可能出现的社会收入差距扩大问题，为何在拉美引发了强烈的福利赶超，甚至最终将拉美经济拖入“中等收入陷阱”呢？笔者认为，答案恰恰在于拉美社会收入差距的内部特殊性和阶段特殊性。内部特殊性主要表现在两个方面，即历史原因和民族种族原因。拉美在经历了长期殖民地生活加之民族和种族十分多样始终对平等问题非常敏感，加上遗留下来的历史制度早已导致国家非常落后，工业化和城市化进程本已举步维艰，创造就业和解决城乡问题就更加困难，导致短期内想靠经济增长来有效缓解社会收入差距扩大问题非常困难，此外，还存在多语种、多信仰等人口结构问题，不断催化收入差距矛盾。阶段特殊性表现在三个方面，即外部发达国家的榜样效应、当权阶层的贪婪和内部公民对福利的无限渴求。外部发达国家的榜样效应本来是经济赶超的前提，落后经济体发起后发优势对发达经济体进行技术学习和制度优化而实行赶超，是中等收入经济赶超阶段的合理路径。然而，拉美后来的赶超路径并没有沿着学习技术和长久有效制度体系而继续推进经济赶超的方向来进行，而是扭曲地转向了忽略本土财政约束、机械照搬发达国家福利水平和福利体制的方向。当时的发达国家已经经历了几轮的“经济迅速增长—工资福利上涨—经济继续迅速增长”，在经济发展水平达到一定高位且逐步稳定后，才进入“工资福利上涨—建立福利保障体系”的转变，又经历了一定时期的福利覆盖面扩大和福利水平提高，才终于逐步建成福利国家体制。因此，拉美这样的落后经济体过早地照搬发达经济体历经发展才得以推行的体制，只能是力不从心、适得其反。

3.4.2 民粹主义作用下的城市化与工业化矛盾

拉美的城市化在民粹主义的影响下过度发展，而与之相伴的是工业化发展的严重滞后，两者成为中等收入经济赶超阶段拉美经济增长过程中的主要矛盾。拉美在工业化方面实行“进口替代工业化战略”，这项战略的实质却是以扭曲要素和市场价格来抵御出口、保护本土产业为代价，从而严重阻碍了拉美的工业化发展，导致拉美 1980 ~ 2000 年工业化水平整体偏低并伴随着倒退现象。

与此同时，拉美民粹主义积极推进城市化进程，以此来迎合民众意愿、赢得选举。民粹主义城市化与滞后工业化的矛盾为拉美带来一种特殊的、畸形的解决方向，即非正规部门的大量涌现和长久存在。民粹主义城市化为城市带来了过量流动人口，导致城乡人口比例严重失调；滞后工业化所能够容纳的劳动力十分有限，加之过量涌入的流动人口，还有过于迅猛城市化所带来的劳动力就业的结构性问题，导致大量劳动力无处可去。这种突出的发展矛盾、扭曲的劳动力市场及漏洞百出的制度催生了大批非正规部门。在下文中，本书还要阐述这些非正规部门怎样在后续的福利赶超过程中继续被催化而不断发展壮大。

3.4.3　民粹主义作用下的国有化与外资矛盾

拉美的民粹主义国有化浪潮与深入其骨髓的外资依赖成为限制拉美经济发展的另一个重要矛盾。如前文所述，早在 16 世纪初拉美就被葡萄牙和西班牙侵占，开始了长达几个世纪的殖民地历史，在这一段历史发展过程中，拉美的本土经济完全受到其宗主国的摆布，或者我们可以这样认为，拉美作为殖民地时期的经济发展史就是外资独霸一方的发展史，这样的历史背景导致拉美经济一直处于过分依赖外资的形势中。

第二次世界大战（以下简称二战）前，拉美大部分地区尚未民族独立，在殖民地进行的所谓“外商投资”其实是一种变相的国内投资而已；二战后，拉美开始强调民族独立，力争摆脱外资依赖，开展“进口替代工业化战略”和“国有化战略”，试图通过国有化浪潮来替代所有进口工业商品，为此不惜扭曲要素价格和产品价格，造成整个市场扭曲，工业化进程步履维艰。拉美而后推行的金融自由化，更助推本国外资占比由 33% 上升至 47%。

按照经济增长路径的理性分析，拉美这样的落后经济体在经济赶超阶段应当在政府控制水平内果断借助外国丰富的资本来发展本国经济，这样才能够在相对短期内实现经济增长，拉动整个经济体内的经济发展。然而，拉美的殖民历史成为了民粹主义政客操纵政权的重要工具，这些政客利用民粹主义情绪将外资扭曲为另一种类型的“侵略”，转而将抵制外资、大力推行国有化作为迎合民众意愿的筹码。这种手段在 20 世纪七八十年代曾盛极一时，后稍有缓解，但随着 20 世纪 90 年代左右拉美金融自由化的到来，这种手段卷土重来，激起了新一轮的民粹主义国有化浪潮，严重制约了拉美的经济增长。

3.4.4　民粹主义作用下由经济赶超转向福利赶超

福利本来应是随中等收入经济赶超阶段的不断深化和发展而逐步提高

的，然而，拉美的民粹主义将福利赶超作为了经济赶超最为重要的目的，掏空了经济发展的后劲和持续改进民生福利的基础，其微观与宏观上主要表现为劳动就业和社会性支出两个方面。

从微观上来讲，拉美福利赶超将重点投向劳动就业。拉美劳工立法由四大主要部分组成：保护就业和劳动条件的立法、集体谈判制度、劳资纠纷处理程序和社会保障制度，其中，保护就业和劳动条件的立法又细致涵盖了就业保护、工时保护、工资保护、解雇赔偿、劳工休假、劳动安全等方面。拉美这种劳工立法至少带来三个方面的后果：第一，提高雇主的劳动力成本导致失业率上升。拉美的劳工立法在就业保护、解雇赔偿及劳工休假等方面，的确为广大劳工带来了福利，但是后来不断提高的社会保障税成为雇主的沉重负担，无论是国有企业雇主、外资企业雇主还是个体工商户雇主都要缴纳大量的社会保障税，有数据表明，20 世纪 80 年代后期，拉美许多国家的社会保障税一度达到 40% ~50%，与欧洲国家齐平甚至超过了欧洲国家，这种社会保障的提高显然是迎合大多数民意的，但是短期激化发展会显著提高雇主的劳动力成本，导致雇主寻求其他更为经济的资本要素来代替劳动要素，降低了就业率，进而导致众多追随高社会保险和全社会保障的劳工失业。第二，劳动力市场流动性差导致结构性问题。已经缴纳的大比率的社会保障税加上解雇赔偿金，使劳动力的流动成本很高，削减了劳动力市场自主配置资源的力量。第三，非正规部门的不断扩大。非正规部门出现的直接原因如前文所述，即民粹主义城市化与滞后工业化之间的矛盾，而其不断扩大正是由于民粹主义基础上的福利赶超，劳工立法的规定导致正规部门背负高社会保障税，而非正规部门不受高社会保障税的压力，与此同时，正规部门雇主的成本不断升高，导致雇主寻求其他资本要素来代替劳动要素，失业的劳工大都也流入了非正规部门，根据哈佛大学经济学院的统计数据，拉美地区 1950 年非正规部门平均就业率为 10% 左右，到 1970 年仅上升了两个百分点，而发展到 1990 年，非正规部门平均就业率在 40% 左右，近 20 年以来还在不断攀升。

从宏观上来讲，拉美福利赶超将重点放在了扩大社会性支出。一国财政支出的两大基本方向为生产性支出和社会性支出，而拉美 20 世纪 80 年代以后为迎合民粹主义的需要不惜将财政支出着力于扩大社会性支出方面，甚至在财力严重不足的情况下扩大赤字来满足社会性支出。扩大社会性支出集中表现在其占 GDP 的比重和占总支出的比重不断攀升，如表 3－5 所示。

表 3－5　1990～2000 年拉美社会性支出占 GDP 的比重　单位:%

国家	1990～1991	1992～1993	1994～1995	1996～1997	1998～1999	2000～2001
阿根廷	19.3	20.1	21.1	20.0	20.8	21.6
巴西	18.1	17.7	19.3	17.3	19.3	18.8
巴拉圭	3.1	6.2	7.0	8.0	8.5	8.5
巴拿马	18.6	19.5	19.8	20.9	21.6	25.5
秘鲁	4.0	5.3	6.7	7.1	7.7	8.0
玻利维亚	—	—	12.4	14.6	16.3	17.9
多米尼加	4.3	5.9	6.1	6.0	6.6	7.6
厄瓜多尔	5.5	5.8	7.4	8.2	8.1	8.8
哥伦比亚	6.8	8.1	11.5	15.3	14.0	13.6
哥斯达黎加	15.6	15.2	15.8	16.8	16.4	18.2
洪都拉斯	7.9	8.1	7.8	7.2	7.5	10.0
墨西哥	6.5	8.1	8.8	8.5	9.2	9.8
尼加拉瓜	11.1	10.9	12.2	11.3	13.0	13.2
萨尔瓦多	—	3.1	3.4	3.8	4.1	4.2
危地马拉	3.4	4.1	4.1	4.3	6.0	6.2
委内瑞拉	8.5	8.9	7.6	8.3	8.4	11.3
乌拉圭	16.9	18.9	20.3	21.3	22.8	23.5
智利	11.7	12.4	12.3	13.0	14.7	16.0
平均水平	10.1	10.9	11.7	12.1	12.8	13.8

资料来源：ECLAC，Social Expenditure Database。

由表 3－5 中数据不难看出，整个拉美地区各个国家自 1990 年至 2000 年社会性支出占 GDP 的比重不断上升，平均比重更是从 10% 左右上升至接近 14%，整个拉美地区社会性支出占公共支出的平均比重更是由 41.8% 上升至 47.8%，个别国家社会性支出占公共支出的比重高达 60%～70%。随着金融自由化后民粹主义的又一轮回归，可以预测社会性支出的比重还将进一步扩大。

3.5 福利赶超与落入“中等收入陷阱”

3.5.1 福利赶超初期经济的虚假繁荣

福利赶超第一阶段的主要表现是：民粹主义政府在经济赶超的背景下实施福利赶超，经济产出水平和实际工资水平在一开始得到普遍提高，同时，由于出台了劳工立法，能够保持合意就业率，并迎合民众意愿，提高社会保障水平，经济呈现出一片欣欣向荣的景象。

然而，这种表象后面存在着种种隐形问题：第一，隐形财政赤字问题。民粹主义政策在这一阶段充分迎合民众意愿，不顾本国财力水平的制约，甚至不惜一味扩大财政赤字来达到民粹主义追求，于是表现出财政赤字扩大，财政收入出现以扩大赤字为代价的提高，以此来拉动国内总需求，促进就业上升。与此同时，民粹主义政府严格控制物价，从而提高民众工资的实际购买水平。第二，隐形国际收支问题。拉美各国国内商品短缺依靠进口来弥补，从而导致大量外汇用于进口，同时还实行物价控制，因此，每花费一笔外汇用于从国外进口商品，就意味着还要再附加一笔财政开支来控制该进口商品的物价，导致隐形国际收支问题严重，外汇短缺问题逐步显露。第三，隐形劳动市场问题。在这一阶段，民粹主义的主张逐步彰显，劳工实际工资很高，整个劳动市场的就业率也保持在合意水平，民众从劳工立法中得到实惠，但随着民粹主义进一步深化，劳工立法中对社会保障制度的要求提高，雇主企业必须缴纳的社会保障税随之提高，种种矛盾都隐性潜伏而尚未显现。

3.5.2 经济增长初遇瓶颈制约

由于第一阶段属于纯消耗阶段，而没有什么积累，所以进一步的发展就遇到了瓶颈制约。第二阶段出现了第一阶段中存在的隐形问题：一方面，以扩大财政赤字为主的财政收入增加造成对国内商品的巨大需求，这种巨大需求与生产供给不足严重对立，因此，更多的商品要依赖通过外汇购买进口，与此同时，已经非常吃力的财政还要维持所谓的“高福利”，要赶超欧美、简单机械照搬欧美福利制度，更使财政雪上加霜；另一方面，由于大笔外汇前一阶段已经用于进口，导致外汇越来越短缺，即使现阶段需要更多的商品，也没有更多的外汇再去进口来满足需求。这种典型的供给矛盾导致民粹主义政府控制物价的行为无法继续，只能施行价格调整、本币贬值、外汇管制、产业保护。这一阶段，根据民粹主义的主张，民众工资增长很快，但是通货膨胀增长更快，导致实际购买力开始下降。

3.5.3　经济发展遭受全面短缺

第二阶段产生的问题只是冰山一角，种种问题在第三阶段全面爆发。第一，这一阶段外汇缺口越来越大，政府只能通过不断贬值来试图稳定经济，但是国内混乱的局面导致贬值效果很小，加之国内不断恶化的经济形势，导致国内资本外逃及经济的去货币化。第二，财政政策只能选择降低税收来刺激经济，但是税收的减少直接导致财政收入减少，而经济所需的补贴成本却不断攀升，进而导致预算赤字不断扩大甚至恶化，政府努力减少赤字，于是经济政策无法运行、不可持续。第三，由于通货膨胀率急剧上升，民众的实际工资大幅下降，供求矛盾逐步尖锐，民众对福利的追求还没来得及实现就落入了比赶超福利之前更加凄惨的局面，民粹主义更加妄谈实现，政府完全束手无策。

3.5.4　民粹主义政府最终破产：落入陷阱

经历了前三个阶段的发展后，前一任民粹主义政府必然破产倒台，新一任政府将出面主持大局，实施正统宏观政策下的稳定计划，或借助国际货币基金组织（IMF）等国际机构的援助，继续维持本国经济发展。此时，国内民众的实际工资已出现大幅下降，低于民粹主义政府当政之前的水平，并将在很长一段时期维持在这样的低水平下，经济增长缓慢、停滞不前，甚至出现倒退，落入所谓的“中等收入陷阱”。这是一轮民粹主义政府实施福利赶超所带来的严重后果，如前文所述，自 20 世纪 90 年代拉美实施金融自由化之后，民粹主义情绪再次高涨，新一轮的回归箭在弦上，这种一轮又一轮的民粹主义福利赶超使拉美经济落入“中等收入陷阱”后难以自拔。

第4章　发展阶段视角下的中国经济研判

4.1　中国更应直面“中等收入陷阱”：与拉美的相似性

4.1.1　经济都历经高速增长期

自1978年改革开放以来，中国宏观经济步入高速增长时期，增长率一度保持在两位数水平，甚至成为世界经济增长的引擎。从全球范围看，实际上，拉美地区也曾经历过经济黄金增长时期。1950～1980年，拉美地区经济持续三十年高速增长，在这三十年期间，拉美在工业化和城市化发展方面取得了令人瞩目的成就，如表4－1所示；中国自1978年改革开放以来，也经历了三十年的经济高速增长阶段，农业、工业和第三产业的发展均取得显著成就，经济体制改革也向前迈进了一大步，如表4－2所示。对比表4－1和表4－2可以发现，中国三十年来的经济增长比拉美当年三十年黄金增长期势头还要迅猛，拉美人均GDP三十年平均翻了一番，而中国翻了两番。由于拉美和中国的三十年高增长期处于不同的历史阶段，其中当然不乏本国通货膨胀、硬通货本身通货膨胀及全球经济水涨船高等因素影响，但是这种类似的经济增长态势和增长势头迅猛程度的大趋势仍是可以清晰观察到的。

表4－1　　拉美人均GDP绝对额变动　　单位：美元

国家	1950年	1980年	增长率（%）
阿根廷	1 877	3 209	71
巴西	637	2 152	237.8
巴拉圭	885	1 753	98.1

续表

国家	1950 年	1980 年	增长率（%）
巴拿马	928	2 157	132.4
秘鲁	953	1 746	83.2
玻利维亚	762	1 114	46.2
多米尼加	719	1 564	117.5
厄瓜多尔	638	1 556	143.9
哥伦比亚	949	1 882	98.3
哥斯达黎加	819	2 170	165
洪都拉斯	680	1 031	51.6
墨西哥	1 055	2 547	141.4
尼加拉瓜	683	1 324	93.9
萨尔瓦多	612	899	46.9
危地马拉	842	1 422	71.3
委内瑞拉	1 811	3 647	101.4
乌拉圭	2 184	3 269	49.7
智利	1 416	2 372	67.5
平均增长率	—	—	101

资料来源：Cardoso 和 Fishlow（1989），按 1975 年美元计。

表 4－2　　中国 GDP 绝对额变动

指标	1978 年	2007 年	增长率（%）
GDP（亿元）	3 645.2	249 529.9	674.5
人均 GDP（元）	381	18 934	487

资料来源：2008 年《中国统计年鉴》。

4.1.2　存在经济飞速发展过后的相似负面问题

中国和拉美地区在经历较长时期的经济飞速发展后，在经济社会中存在相似的负面问题。这些负面问题主要有：外资企业比重加大、贫富差距拉大、劳动市场结构性问题显著、钻体制空子的现象层出不穷等，这些负面问题是拉美在 20 世纪 80 年代后经济逐渐陷入“中等收入陷阱”，停滞徘徊甚至出现倒退的部分原因，加之我国的高速增长期势头较拉美当年更为迅猛，这不得不让人担心，当年拉美出现的突出问题是否会在中国重演。

这其中，尤其是贫富差距过大的问题，近年来已经成为中国经济发展过程中的重要问题之一。在研究社会贫富差距的时候，通常采用最穷的10%人口和最富的10%人口作为比较对象，观察他们的收入占总收入的百分比。可以想象，在收入绝对平均的情况下，人口的百分比与收入所占百分比应相同，而若最穷的10%人口所占收入越低于最富的10%人口所占收入，那么这个社会的贫富差距就越大。如表4－3所示，世界范围内典型的发达国家数据显示，最穷的10%人口所占收入的百分比为2%～3%，最富的10%人口所占收入的百分比则为20%～30%；而中国的数据则显示，最穷的10%人口所占收入的百分比仅为1.6%，最富的10%人口所占收入的百分比则为34.9%。这意味着，发达国家最穷的与最富的10%人口所占收入的差距为10倍左右，而中国最穷的与最富的10%人口所占收入的差距则为20倍甚至更多，足见中国收入分配不公问题的严峻性。然而，事实却并非仅此而已，早在2007年，王小鲁等学者就曾指出，如果以家庭而不是以个人为单位，用城镇20%的最高收入家庭和农村20%的最低收入家庭作比较，那么最高和最低两组之间的收入差距则约为55倍，而不仅仅是20倍。由此可见，中国收入分配的差距比传统总量数据所显示的更大。

表4－3　中国与发达国家10%人口所占收入百分比数据对比

国家	最低10%	最高10%	基尼系数（%）
中国	1.6	34.9	47
美国	2.0	20.0	45.0
英国	2.1	28.5	34.0
加拿大	2.6	24.8	32.1
韩国	2.7	23.7	35.1

资料来源：CIA，World Factbook，2011。

据国家统计局数据显示，2012年全国城镇非私营单位就业人员年平均工资为46 769元，同比名义增长11.9%，扣除物价因素实际增长9.0%，而私营单位就业人员年平均工资为28 752元，同比名义增长17.1%，扣除物价因素实际增长 14.0%。虽然收入普增，但在不同行业、不同单位工作，收入差距还是很明显的。数据显示，私营单位就业人员年平均工资仅为非私营单位平均工资水平的 61.5%。不同行业工资差距仍较大。从非私营单位职工年平均工资看，最高的是金融业，为 89 743 元，是该类别全国平均水平的 1.92 倍；而最低的是农林牧渔业，为 22 687 元，仅是全国平均水平的 49%。从私营单位职工年平均工资看，最高的是信息传输、软件和信息技术服务业，为 39 518 元，是该类别全国平均水平的 1.37 倍；最低的是农林牧渔业，为 21 973 元，是全国平均水平的 76%。最高与最低行业年平均工资之比是 3.96:1，比 2011 年的 4.17:1 差距有所缩小。

收入差距衡量的是财富流量的不平等，由于居民间的收入流动性一般较低，这就使得收入差距会沿着流量变化的方向累积，进而导致居民间财富不平等的扩大。而且因为累积效应，越富裕的人群储蓄和投资能力越强，从而使得财富存量不平等的扩大速度通常快于收入不平等。有关部门估算，目前中国城市家庭总资产均值约为 247 万元，中位值约为均值的 1/6。这意味着中国城镇家庭财富占有高度不均。这在很大程度上解释了为什么在大多数人并不富裕的情况下，中国出现了一线城市房价不断高企，2011 年 70% 的瑞士名表为中国人所购买，世界豪华跑车生产商专门为中国消费者量身设计车型等一系列“反常”消费现象。收入差距的扩大使社会阶层间流动不畅，成为浮躁心态或消极态度的温床，并导致社会维稳压力不断攀升。以国际经验来观察，过大的收入分配差距还将可能导致社会阶层矛盾对立、仇官仇富、社会丑恶现象、投机、不劳而获、好逸恶劳、价值观混乱、诚实劳动受到轻视等一系列负面效应。

4.1.3　相似的文化渊源

拉美与中国具有相似的文化渊源。两者都具有悠久的历史，无论是拉美的玛雅文化还是中国的四大发明，都彰显着祖先的聪明才智和盛极一时的古代文明，这种深刻的文化渊源也可以被看做中国更重视研究“拉美化”的原因之一。在悠久的历史背景下，如前文所述，整个拉美地区人口具有十分复杂的民族和种族构成，主要民族来自拉美当地土著印第安人、后来到达拉美的西班牙人和葡萄牙人、再后来到达拉美的意法德乌及巴尔干半岛的欧洲移民以及殖民时期作为奴隶从非洲运到拉美的黑人；主要种族包括蒙古利亚人种、欧罗巴人种和尼格罗人种，还有少数是后来移民至拉美的日本人、印度人及华人。虽然中国并不以人种而论，但是广袤国土上五十六个民族共同生活，各民族的风俗、习惯、文化、传统等迥异，如何在较长时期内把握住稳定问题，拧成一股绳一鼓作气地贯彻经济建设这一中心，是我们以拉美地区为前车之鉴而必须思考的问题。

4.1.4 民粹主义情愫

作为一个中性词汇，“民粹”本无争议。然而，在现代经济发展过程中，民粹主义在拉美地区、俄罗斯等肆意发展、变异，与方方面面的意识形态相结合，甚至对公共政策造成绑架，不得不引起全球范围内的重视，而中国，也难以幸免。不仅拉美地区遭受民粹主义之苦而最终落入“中等收入陷阱”，西方发达国家也曾在特定时期饱尝反对全球化、反对工业化、反对全球变暖、反对环境污染、反对“中国制造”等花样百出的民粹主义情愫左右的社会动荡。与此同时，我们还不得不注意到，民粹主义情愫随着社会贫富差距的扩大有愈演愈烈之势。

4.2 认识中国经济收入阶段变动趋势及现状

4.2.1 中国已经成功跨越“下中等收入陷阱”

以世界银行人均 GNI 数据及本书第 2 章所估计的收入划分标准为基础，中国（如图 4 - 1 所示）晋级中等收入组应在 1997 年，而晋级上中等收入阶段的年份为 2010 年，所以其跨越“下中等收入陷阱”持续时间为 14 年。

中国在跨越“下中等收入陷阱”的过程中，GDP 增长率各年度数值如表4 - 4所示。不难看出，中国在跨越“下中等收入陷阱”时期的 GDP 增长率（9.87%）高于均值（8.50%），与成功者相比，仅次于新加坡（10.02%）。

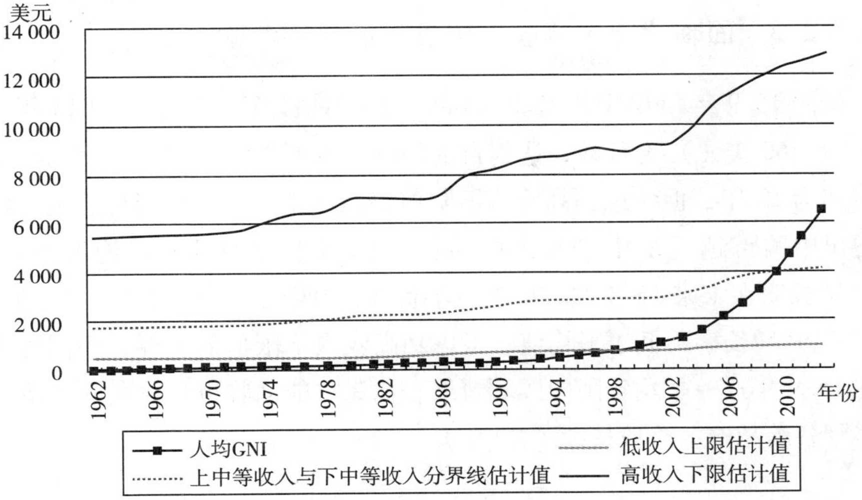

图 4－1　中国人均 GNI 变动趋势

表 4－4　　中国跨越"下中等收入陷阱"的 GDP 增长率

年份	GDP 增长率（%）
1997	9.30
1998	7.83
1999	7.62
2000	8.43
2001	8.30
2002	9.08
2003	10.03
2004	10.09
2005	11.31
2006	12.68
2007	14.16
2008	9.63
2009	9.21
2010	10.45
均值	9.87

资料来源：世界银行官方网站。

4.2.2 面临“上中等收入陷阱”的严峻考验

按照15.9年和GDP增长率5.08%的平均值计算，以中国2013年人均GNI（6 560美元）为基数，达到目前的高收入下限值（12 814美元）所需的时间为13年，但考虑到高收入下限值仍在逐年增长，我们从总量方面不难得出中国跨越“上中等收入陷阱”之路将十分艰难的结论：一方面，GDP增长率在未来15年左右应至少不低于5.08%这一平均值；另一方面，即使GDP增长率不低于平均值，考虑到高收入下限值的上浮，中国可能很难在15.9年这一平均年限中顺利晋级，而是可能面临更长时期的考验（如波多黎各跨越这一阶段持续了29年）。

4.3 增加一个观察维度：城镇化水平

4.3.1 成功者在跨越“上中等收入陷阱”期间的城镇化水平

基于本书第2章的研究结论，为了对中国经济发展阶段作进一步判断，在GDP增长率的基础上，我们进一步对10个成功跨越“上中等收入陷阱”经济体的城镇化水平进行了研究。其中，新加坡最为特殊，由于国体、政体、财税体制等多方面制度的作用以及国土面积、人口数量等体量都较小，加之伟人效应对经济增长和发展的巨大影响，新加坡政府经济作用下的城镇化水平自1961年以来表现出稳定的100%。鉴于其特殊性，对我们比较研究的意义非常小，所以本书将在成功者城镇化水平的研究中忽略新加坡，特此说明。

——日本

按照我们的估计值，日本于1971年步入上中等收入发展阶段，1978年成功晋级高收入发展阶段，其在此期间的城镇化水平如表4-5所示，而日本在此期间的城镇化水平平均为74.83%。从1961年以来的发展趋势来看，日本城镇化水平逐年走高，截至脱离中等收入阶段的时间节点，这一数值达到75.99%。

表 4－5　日本城镇化水平

年份	城镇化水平（%）
1961	64. 1908
1962	65. 1096
1963	66. 0284
1964	66. 9472
1965	67. 866
1966	68. 6682
1967	69. 4704
1968	70. 2726
1969	71. 0748
1970	71. 877
1971	72. 6448
1972	73. 4126
1973	74. 1804
1974	74. 9482
1975	75. 716
1976	75. 8078
1977	75. 8996
1978	75. 9914
跨越上中等收入陷阱期间的城镇化水平均值	74. 8251

资料来源：作者根据世界银行城镇人口数量除以总人口数量计算所得。

——以色列

数据显示，以色列于 1971 年步入上中等收入发展阶段，1988 年成功晋级高收入发展阶段，其在此期间的城镇化水平如表 4－6 所示，而以色列在此期间的城镇化水平平均高达 88. 01%。从 1961 年以来的发展趋势来看，以色列城镇化水平逐年走高，截至脱离中等收入阶段的时间节点，这一数值达到 90. 15%。

表 4－6　　　以色列城镇化水平

年份	城镇化水平（%）
1961	77. 6664
1962	78. 4848
1963	79. 3032
1964	80. 1216
1965	80. 94
1966	81. 591
1967	82. 242
1968	82. 893
1969	83. 544
1970	84. 195
1971	84. 6846
1972	85. 1742
1973	85. 6638
1974	86. 1534
1975	86. 643
1976	87. 031
1977	87. 419
1978	87. 807
1979	88. 195
1980	88. 583
1981	88. 832
1982	89. 081
1983	89. 33
1984	89. 579
1985	89. 828
1986	89. 9342
1987	90. 0404
1988	90. 1466
跨越上中等收入陷阱期间的城镇化水平均值	88. 0070

资料来源：作者根据世界银行城镇人口数量除以总人口数量计算所得。

——韩国

按照我们的估计值，韩国于 1984 年步入上中等收入发展阶段，1993 年成功晋级高收入发展阶段，其在此期间的城镇化水平如表 4－7 所示，而韩国在此期间的城镇化水平平均为 70. 62%。从 1961 年以来的发展趋势来看，韩国城镇化水平逐年走高，截至脱离中等收入阶段的时间节点，这一数值达到 76. 48%。

表 4－7　　韩国城镇化水平

年份	城镇化水平（%）
1961	28. 6382
1962	29. 5664
1963	30. 4946
1964	31. 4228
1965	32. 351
1966	34. 0216
1967	35. 6922
1968	37. 3628
1969	39. 0334
1970	40. 704
1971	42. 1698
1972	43. 6356
1973	45. 1014
1974	46. 5672
1975	48. 033
1976	49. 7704
1977	51. 5078
1978	53. 2452
1979	54. 9826
1980	56. 72
1981	58. 3512
1982	59. 9824

续表

年份	城镇化水平（%）
1983	61.6136
1984	63.2448
1985	64.876
1986	66.6696
1987	68.4632
1988	70.2568
1989	72.0504
1990	73.844
1991	74.723
1992	75.602
1993	76.481
跨越上中等收入陷阱期间的城镇化水平均值	70.6211

资料来源：作者根据世界银行城镇人口数量除以总人口数量计算所得。

——中国香港

按照我们的估计值，中国香港于1974年步入上中等收入发展阶段，1986年成功晋级高收入发展阶段，其在此期间的城镇化水平如表4-8所示，而中国香港在此期间的城镇化水平平均高达91.44%。从1961年以来的发展趋势来看，中国香港城镇化水平逐年走高，截至脱离中等收入阶段的时间节点，这一数值达到94.24%。

表4-8　　中国香港城镇化水平

年份	城镇化水平（%）
1961	85.4444
1962	85.6888
1963	85.9332
1964	86.1776
1965	86.422
1966	86.6834

续表

年份	城镇化水平（%）
1967	86. 9448
1968	87. 2062
1969	87. 4676
1970	87. 729
1971	88. 1222
1972	88. 5154
1973	88. 9086
1974	89. 3018
1975	89. 695
1976	90. 0516
1977	90. 4082
1978	90. 7648
1979	91. 1214
1980	91. 478
1981	91. 7664
1982	92. 0548
1983	92. 3432
1984	92. 6316
1985	92. 92
1986	94. 2394
跨越上中等收入陷阱期间的城镇化水平均值	91. 4443

资料来源：作者根据世界银行城镇人口数量除以总人口数量计算所得。

——西班牙

按照我们的估计值，西班牙于 1973 年步入上中等收入发展阶段，1988 年成功晋级高收入发展阶段，其在此期间的城镇化水平如表 4 - 9 所示，而西班牙在此期间的城镇化水平平均为 72. 27%。从 1961 年以来的发展趋势来看，西班牙城镇化水平逐年走高，截至脱离中等收入阶段的时间节点，这一数值达到 74. 90%。

表4－9　西班牙城镇化水平

年份	城镇化水平（%）
1961	57.5092
1962	58.4514
1963	59.3936
1964	60.3358
1965	61.278
1966	62.23
1967	63.182
1968	64.134
1969	65.086
1970	66.038
1971	66.7444
1972	67.4508
1973	68.1572
1974	68.8636
1975	69.57
1976	70.2138
1977	70.8576
1978	71.5014
1979	72.1452
1980	72.789
1981	73.0738
1982	73.3586
1983	73.6434
1984	73.9282
1985	74.213
1986	74.4406
1987	74.6682
1988	74.8958
跨越上中等收入陷阱期间的城镇化水平均值	72.2699

资料来源：作者根据世界银行城镇人口数量除以总人口数量计算所得。

——葡萄牙

按照我们的估计值，葡萄牙于 1974 年步入上中等收入发展阶段，1992 年成功晋级高收入发展阶段，其在此期间的城镇化水平如表 4－10 所示，而葡萄牙在此期间的城镇化水平平均为 44.45%。从 1961 年以来的发展趋势来看，葡萄牙城镇化水平总体较为平稳，1961 年这一数值为 35.34%，截至脱离中等收入阶段的时间节点，这一数值仅达到 49.19%，总体增长幅度很小，在成功者中较为特殊。

表 4－10　　葡萄牙城镇化水平

年份	城镇化水平（%）
1961	35.3372
1962	35.7194
1963	36.1016
1964	36.4838
1965	36.866
1966	37.2536
1967	37.6412
1968	38.0288
1969	38.4164
1970	38.804
1971	39.199
1972	39.594
1973	39.989
1974	40.384
1975	40.779
1976	41.1802
1977	41.5814
1978	41.9826
1979	42.3838
1980	42.785
1981	43.2876
1982	43.7902

续表

年份	城镇化水平（%）
1983	44.2928
1984	44.7954
1985	45.298
1986	45.8214
1987	46.3448
1988	46.8682
1989	47.3916
1990	47.915
1991	48.5538
1992	49.1926
跨越上中等收入陷阱期间的城镇化水平均值	44.4541

资料来源：作者根据世界银行城镇人口数量除以总人口数量计算所得。

——爱尔兰

按照我们的估计值，爱尔兰于1972年步入上中等收入发展阶段，1988年成功晋级高收入发展阶段，其在此期间的城镇化水平如表4－11所示，而爱尔兰在此期间的城镇化水平平均为54.98%。从1961年以来的发展趋势来看，爱尔兰城镇化水平逐年走高，截至脱离中等收入阶段的时间节点，这一数值达到56.65%。

表4－11　　爱尔兰城镇化水平

年份	城镇化水平（%）
1961	46.3994
1962	46.9768
1963	47.5542
1964	48.1316
1965	48.709
1966	49.3116
1967	49.9142
1968	50.5168

续表

年份	城镇化水平（%）
1969	51. 1194
1970	51. 722
1971	52. 1044
1972	52. 4868
1973	52. 8692
1974	53. 2516
1975	53. 634
1976	53. 9738
1977	54. 3136
1978	54. 6534
1979	54. 9932
1980	55. 333
1981	55. 5214
1982	55. 7098
1983	55. 8982
1984	56. 0866
1985	56. 275
1986	56. 4012
1987	56. 5274
1988	56. 6536
跨越上中等收入陷阱期间的城镇化水平均值	54. 9754

资料来源：作者根据世界银行城镇人口数量除以总人口数量计算所得。

——希腊

按照我们的估计值，希腊于 1972 年步入上中等收入发展阶段，1989 年成功晋级高收入发展阶段，其在此期间的城镇化水平如表 4 – 12 所示，而希腊在此期间的城镇化水平平均高达 57. 06%。从 1961 年以来的发展趋势来看，希腊城镇化水平逐年走高，截至脱离中等收入阶段的时间节点，这一数值达到 58. 76%。

表 4－12　希腊城镇化水平

年份	城镇化水平（%）
1961	43.8186
1962	44.7462
1963	45.6738
1964	46.6014
1965	47.529
1966	48.524
1967	49.519
1968	50.514
1969	51.509
1970	52.504
1971	53.0646
1972	53.6252
1973	54.1858
1974	54.7464
1975	55.307
1976	55.7924
1977	56.2778
1978	56.7632
1979	57.2486
1980	57.734
1981	57.8754
1982	58.0168
1983	58.1582
1984	58.2996
1985	58.441
1986	58.5214
1987	58.6018
1988	58.6822
1989	58.7626
跨越上中等收入陷阱期间的城镇化水平均值	57.0577

资料来源：作者根据世界银行城镇人口数量除以总人口数量计算所得。

——波多黎各

按照我们的估计值，波多黎各于 1971 年步入上中等收入发展阶段，1999 年成功晋级高收入发展阶段，其在此期间的城镇化水平如表 4 - 13 所示，而波多黎各在此期间的城镇化水平平均为 72. 30%。从 1961 年以来的发展趋势来看，波多黎各城镇化水平逐年走高，1961 年这一数值仅为 45. 94%，而截至脱离中等收入阶段的时间节点，这一数值高达 93. 14%。与其他成功者不同的是，波多黎各在上中等收入发展阶段城镇化水平得到全面提升，1971 年步入上中等收入阶段时，这一数值为 59. 21%，脱离上中等收入阶段时则飙升至 93. 14%，增长了 33. 93 个百分点。

表 4 - 13　　波多黎各城镇化水平

年份	城镇化水平（%）
1961	45. 9392
1962	47. 3344
1963	48. 7296
1964	50. 1248
1965	51. 52
1966	52. 8812
1967	54. 2424
1968	55. 6036
1969	56. 9648
1970	58. 326
1971	59. 2144
1972	60. 1028
1973	60. 9912
1974	61. 8796
1975	62. 768
1976	63. 597
1977	64. 426
1978	65. 255
1979	66. 084
1980	66. 913
1981	67. 3608
1982	67. 8086

续表

年份	城镇化水平（%）
1983	68.2564
1984	68.7042
1985	69.152
1986	69.7558
1987	70.3596
1988	70.9634
1989	71.5672
1990	72.171
1991	75.163
1992	78.155
1993	81.147
1994	84.139
1995	87.131
1996	88.6342
1997	90.1374
1998	91.6406
1999	93.1438
跨越上中等收入陷阱期间的城镇化水平均值	72.2973

资料来源：作者根据世界银行城镇人口数量除以总人口数量计算所得。

4.3.2 中国与成功者步入上中等收入阶段的城镇化水平比较

根据世界银行发布的数据，中国自1961年以来的城镇化水平如表4－14所示。

表4－14 中国城镇化水平

年份	城镇化水平（%）
1961	16.5796
1962	16.9562
1963	17.3328
1964	17.7094
1965	18.086
1966	17.9488

续表

年份	城镇化水平（%）
1967	17.8116
1968	17.6744
1969	17.5372
1970	17.4
1971	17.4
1972	17.4
1973	17.4
1974	17.4
1975	17.4
1976	17.7916
1977	18.1832
1978	18.5748
1979	18.9664
1980	19.358
1981	20.0612
1982	20.7644
1983	21.4676
1984	22.1708
1985	22.874
1986	23.5876
1987	24.3012
1988	25.0148
1989	25.7284
1990	26.442
1991	27.3458
1992	28.2496
1993	29.1534
1994	30.0572
1995	30.961
1996	31.9442
1997	32.9274
1998	33.9106
1999	34.8938

续表

年份	城镇化水平（%）
2000	35.877
2001	37.206
2002	38.535
2003	39.864
2004	41.193
2005	42.522
2006	43.8628
2007	45.2036
2008	46.5444
2009	47.8852
2010	49.226
2011	50.5008
2012	51.7756
跨越下中等收入陷阱期间的城镇化水平均值	
上中等收入阶段的城镇化水平均值	

资料来源：作者根据世界银行城镇人口数量除以总人口数量计算所得。

据上文所述，我们试图通过将中国和成功者步入上中等收入阶段的时间节点上的城镇化水平进行比较，来观察中国在上中等收入阶段可能面临的挑战，详见表4－15。

表4－15　中国和成功者步入上中等收入阶段时点的城镇化水平

步入上中等收入阶段的年份	国家和地区	城镇化水平（%）
2010	中国	49.2260
1971	日本	72.6448
1971	以色列	84.6846
1984	韩国	63.2448
1974	中国香港	89.3018
1972	西班牙	68.1572
1974	葡萄牙	40.4840
1972	爱尔兰	52.4868
1972	希腊	53.6252
1971	波多黎各	59.2144

资料来源：作者根据本书相关研究结论编制而成。

由表 4 – 15 不难看出，就步入上中等收入阶段的时间节点上各个经济体的城镇化水平而言，中国的城镇化水平（49.23%）仅高于葡萄牙（40.48%），而低于其他所有成功者在同期的城镇化水平。本书在下文中还将详细论述成功者路径，但此处亦可先作简要说明，即日本和韩国作为典型的后发追赶—赶超跨越“上中等收入陷阱”的国家，对中国现阶段经济发展具有很大程度的借鉴意义，但就城镇化水平这一数值来看，中国在步入上中等收入阶段的时点明显落后于日本和韩国。结合本书第 2 章对成功者的描述，这些经济体的 GDP 增长速度普遍在下中等收入阶段增长较快，而在上中等收入阶段增长较慢。因此，我们可以得出如下结论：日本和韩国在步入上中等收入阶段时，其城镇化水平已经达到一个较为合意的高水平，所以即使其经济增长速度放缓，城镇化水平还是在良好的基础上稳步达到了较高水平，或者成功实现了工业化；相比之下，中国在起点上的城镇化水平比较低，从趋势上定性判断，我们认为若想成功跨越“上中等收入陷阱”，中国尚不能承受过低的经济增长所带来的压力，应当在经济增长“新常态”的背景下发挥制度红利，实现技术赶超，从而焕发经济活力，这样才可能在城镇化水平指标的表现上逐步缩小与成功者的差距。

4.4　先行者为后来者带来的负面效应

4.4.1　先进技术与行业发展规模

赶超战略下城市化进程中，发展中国家可以利用后发优势从发达国家学习先进技术。从后发优势相关理论脉络梳理中不难看出，后来者通过技术的模仿、学习、追赶、转移和创新等方式而获得的积极影响，是具有基本共识的。然而，在此前提下，特别值得关注的是，多种方式引进的先进技术在与后来者经济发展阶段中各行业对接之时，与其行业发展规模之间往往是存在矛盾的。

由于行业发展成熟度没有达到一定水平，先行者最尖端的先进技术不能为后来者所用。也就是说，虽然后来者可以通过后发优势学习到最尖端的先进技术，实现“蛙跳”或者是技术转移、模仿，但是行业规模却不是一蹴而就的，加之与此领域相关层面可能出现的科研断层、优化问题以及人才储备等多方面因素的制约，可能使舶来的先进技术无用武之地。以我国为例，在城市化进程中，产业结构重心逐渐向第三产业倾斜，而未来第三产业主导的现代物流业势必成为发展的核心。就目前来看，虽然近年来有主要运营B2C的京东和淘宝等集团公司开始转而重视物流行业，但即使将目前引以为豪的、已开始向海外拓展业务的顺丰快递纳入考虑，我国物流业仍然是以基础运输为主，而与储存、装卸、搬运、包装、流通加工、配送、信息处理等多种功能通过运筹和系统工程耦合在一起的国际先进的物流管理体系相比，还相距甚远。然而，如日本7－11便利店这样看似是微型实体而实际通过一流物流系统成功实现零售业庞大连锁发展的零售商，其先进技术与中国目前微型零售业的行业规模发展是不匹配的，在中国基本无用武之地。

这种矛盾主要会产生两个负面影响：第一，由于存在巨大的差距，对创新追求的原动力往往保留在先行者一方。第二，后来者若尝试将适合自己发展阶段的、相对滞后的技术进行引进，也面临着一定的风险：（1）相对滞后的技术已经被先行者淘汰而无迹可循；（2）即使学到手，由于受到全球化的影响，这种技术在开放的市场上也已无竞争力，后来者将始终处于弱势；（3）市场份额已被先进技术支持下的新兴行业挤占，后来者发展滞后同时面临着在垄断（如7－11便利店在亚洲对便利店零售行业的垄断）中求生存的窘境。

4.4.2 福利与增长

居民福利本是发展的出发点与归宿，但其应是随后来者在经济赶超阶段的不断升级而逐步提高的，这就势必导致后来者在赶超先行者的城市化进程中始终面临福利与增长之间的矛盾，对极易滋生民粹主义情愫的后来者而言，一旦不能够理智地处理不当的福利赶超，很容易落入增长陷阱。20世纪拉美地区的代表性国家在多种因素作用下产生的“民粹主义基础上的福利赶超”，就因其不可持续性而半途夭折，并把国民经济的赶超拖入了“中等收入陷阱”。

拉美福利赶超的主要表现是民粹主义的劳工保护和社会性支出的盲目扩大。第一，随着经济高速增长，拉美国家城乡收入差距逐步扩大，农民工不断由乡村涌向城市，致使城市劳动力市场供过于求，从而工资不断降低，进而导致收入差距问题日趋严重。在高失业风险与发达国家福利体制的“榜样效应”的双重作用下，简单照搬美国式“选举”民主政治，民粹主义情愫愈发凸显，多方促成拉美国家盲目设立高就业保护与高福利保障，成为宏观经济发展的沉重负担。第二，拉美国家为迎合民粹主义取向，在 20 世纪 70 年代以后将财政支出主要着力于扩大社会性支出，整个拉美地区各个国家从 1990 年至 2000 年社会性支出占 GDP 的比率不断上升，个别国家社会性支出占公共支出的比重高达 60% ~70%，甚至在财力严重不足的情况下仍然继续盲目扩大赤字来满足社会性支出，从而彻底拖垮了宏观经济。

由民粹主义基础上的福利赶超导致经济赶超失败从而落入中等收入陷阱的逻辑规律可以被纳入“民粹主义宏观经济学”（多恩布什·鲁迪格和塞巴斯蒂安·爱德华兹，1989）。其逻辑路径大致为：宏观政策初战告捷—经济增长遇到瓶颈—经济发展全面短缺—民粹主义政府破产。

第一阶段的主要表现是：民粹主义社会基础所支持的政府在经济赶超中实施福利赶超，经济产出水平和实际工资水平在一开始得到普遍提高，同时由于出台了劳工立法，能够保持合意就业率，并迎合民众意愿提高社会保障水平，经济呈现一片欣欣向荣景象。但由于第一阶段属于纯消耗阶段，没有什么积累，所以进一步的发展就遇到了瓶颈制约。第二阶段使第一阶段存在的隐形问题显性化：一方面，以扩大财政赤字为主的财政支出规模增加造成对国内商品的巨大需求，而这种巨大需求与生产供给不足严重对立，因此，更多的商品要依赖运用外汇购买进口，与此同时，已经非常吃力的财政还要维持“高福利”，简单机械照搬欧美福利制度并要赶超欧美，更使财政雪上加霜；另一方面，由于大笔外汇用于进口，导致外汇越来越短缺，即使需要更多的商品，也没有更多的外汇再去进口来满足需求。这种典型的供给矛盾在第三阶段上导致政府控制物价的行为无法继续，只能施行价格调整、本币贬值、外汇管制、产业保护。这一阶段，民众的工资增长很快，但是通货膨胀增长更快，导致实际购买力开始下降。经历了前三个阶段的发展后，前一任民粹主义社会基础所支持的政府在种种矛盾激化局面下必然破产倒台，新一任政府出面主持大局，不得不实施正统宏观政策下的稳定计划，或借助 IMF 等国际机构的援助，以求继续维持本国经济发展。此时，国内民众实际工资已出现大幅下降，低于民粹主义政府当政之前的水平，并将在很长时期内处于这样的低水平，经济增长停滞不前，甚至出现倒退，即落入所谓的“中等收入陷阱”。这样的民粹主义基础上实施的福利赶超所带来的严重后果，使拉美经济落入“中等收入陷阱”难以自拔。由此可知，虽然福利赶超是归宿，但是若没有强有力的经济赶超作为可持续的支持，则无法最终达成所追求的福利目标。

4.4.3 制度进口与制度供给

发达国家有许多相对先进的制度，但是后来者对先行者从制度进口走到制度供给，实际需经历较长的历程。且不论已经空转多年但至今仍阻力重重、仅开通试点的物业税，就说城市化进程中已经有一些呼吁多发挥非政府组织、慈善机构等第三方机构作用的观点，这种看似先进的、科学的、有效的制度，目前想走到我国制度供给的层面，还有很多障碍。原因是以美国为代表的发达国家，其第三方机构的资金来源大都与遗产和赠与税相关，大部分社会财富的绝对拥有者都由于非常高额的遗产和赠与税的存在而选择直接成立基金会，或将遗产捐赠给基金会，且在这种遗产和赠与税制度的影响下，美国大部分富豪都更加尊重该税种对国家、社会、企业与子女未来发展的多重积极因素，从而反对这种税收的减免或取消。而我国尚没有形成遗产与赠与的税收机制，在此阶段即使对第三方机构相关制度产生青睐，落实过程中却缺乏相关的下行制度对接，因而过早地强调我国第三方机构的作用，将有可能或成为政府的负担，或无法生存而消亡。

4.4.4 福利与制度供给

我国城市化进程中，户籍制度一度饱受非议，但究其本质，终究只是

“乱花渐欲迷人眼”，实质是户籍制度固化的福利制度确实与城市化息息相关。对于全国范围内的福利水平，我国目前最强调的是托好“基本公共服务均等化”这个底，这种思路在发达国家是经过实践证明可行的，“现代的发达国家，在历史上，公共产品与服务的供给基本上都是首先偏向于最迫切需要得到帮助的贫困人口，然后在此基础上逐渐实现公共产品与服务提供的均等化”（迈克尔·希尔，2003）。然而，后来者的制度供给往往受到行政区划界限的制约，导致制度供给统筹性较弱；相反，先行者的制度体系经过多年摸索、磨合和动态优化，已经相对成熟，其提供某些福利的相关制度往往超越了行政区划的界限，政府间关系、财权与事权的划分也相对科学并可持续。

4.4.5　榜样效应与要素禀赋制约

不同领域的学者从不同角度观察，都注意到我国目前城市发展存在相似性，无论要素禀赋怎样，城市化似乎只有一个标准，笔者认为机械化的道路恰恰在某种程度上来自先行者带动后来者的榜样效应。尽管在一定程度上和某些方面，榜样效应为整个国家的发展带来了源源不断的增长动力，本地区实现迅速发展，但是也极有可能会带来忽略要素禀赋的机械模仿恶果。我国地缘广袤，东南沿海的发达省份（辽宁、天津、山东、江苏、上海、浙江、福建、广东）与西部的十二个省、自治区、直辖市（重庆、四川、陕西、甘肃、青海、云南、贵州、广西、内蒙古、宁夏、新疆、西藏）要素禀赋迥异，或可直言不讳，东南沿海省份几乎不适合成为西部发展的榜样，并且天然的地理条件决定着相对的发展速度和发达程度。

4.4.6　政策同步与政策效用

在一国范围内，如果同时存在现代化的先行者和后来者，那么应当注重看似基于公平的考虑而盲目追求政策同步所导致的政策失效问题。先进的政策必须对应先进的发展阶段，我国幅员辽阔，各省、自治区、直辖市及经济发展区域的发展阶段也不尽相同，现代化程度、城市化程度迥异，政策同步与政策效用发挥之间存在矛盾。例如，我国鼓励知识产权申报的相关政策，以同样的起点开始落实，长江三角洲、珠江三角洲等相对发达的地区能够很快实现政策的落实与对接，并在相对短期内取得成效，而云贵高原和西北边陲地区，政策启动战线长，政策效果反应慢。经过多方调研，同样一项政策，在江浙地区已经利用完毕、准备转型的时点，云贵地区才初见成效。此时，国家转向政策要求全国政策同步势必大大降低政策的效用，甚至引发马太效应。

4.5　跨越陷阱的追赶中后来者的应对策略

4.5.1　做实行业规模，拔得技术头筹

贯彻赶超战略的实质不是逾越任何的发展阶段和环节，做实行业规模便是其中的硬环节之一，这种规模本来依靠的是行业自身发展与成长，由于受到全球化的催化而有了加快生长的可能，加之后来者对先行者先进技术的学习，对后来者的行业规模提出了更高的要求。与此同时，为了避免创新的原动力始终停留在相对发达的先行者一方，通过赶超实现真正的崛起，后来者必须一方面做实行业规模，另一方面在可学习的技术水平上，动用可动用的力量，付出艰辛的努力，锲而不舍地进行技术创新，拔得技术头筹，只有这样才能突出重围式地实现向“微笑曲线”两端移动的目标。三星和苹果之间的对战就是最好的实例，在苹果这一先行者几乎垄断全球智能手机市场的情况下，三星在吸收苹果技术成果的前提下，通过独立创新的屏幕技术实现超越苹果的目标，从而与苹果平起平坐，靠实力分到市场的一杯羹。

4.5.2　提防民粹主义，引导良性发展

由于受到先行的发达国家普遍高福利水平的影响，后来的发展中国家发展战略不同程度地受到民粹主义情愫的绑架，“拉美化”问题便是民粹主义绑架政策驱使宏观经济盲目追逐福利赶超而落入“中等收入陷阱”的典型负面案例。在这种情况下，后来者应当力求避陷阱、求坦途，始终坚

持以经济建设为中心，全面贯彻赶超战略，引导经济发展在良性轨道上运转。

4.5.3　细化制度进口，注重制度对接

后来者对先行者的制度进口过程中，往往缺乏对所进口政策的立体认识，究其原因，是未对进口政策进行深入研究和细化分析，所以，在注重政策实效的同时，还应特别注重政策的理论基础、历史脉络、法理支撑、实施细节及所在政策体系框架。在对进口制度进行本土制度供给转化的过程中，后来者应当按照细化的研究成果，特别注重与此核心制度相关的上下游制度对接体系。为了对制度设计进行保障，在制度设计的过程中还应注重发挥问责机制的作用，这是至关重要的。因地制宜地讲，在我国中国式“纵向民主”（约翰·奈斯比特，2009）的背景下，顺应改革的潮流，问责机制可谓一把“双刃剑”：问，会影响中国式民主下制度的创新性和灵活性；不问，则劣制度频出，且一旦落地，扭转起来相对困难。然而，考虑到权力与权力之间制衡的必要性和必然性，依托于科学制度下的问责机制的建立，从我国制度供给的长期来看，仍然具有非常重大的意义。

4.5.4　打破行政界限，统筹制度供给

福利方面强调的托底是“基本公共服务均等化”，在这方面，后来者应当注重清理“死角”，真正把实惠做实。而在制度供给层面，必然要考虑到行政区划界限对福利制度供给的制约。最为典型的案例是，廊坊的大学城由于与北京市地处两个行政区划而无法解决如此近距离的公共交通问题，从而导致整个大学城运营失败。主要担负市政功能的美国“特别区”政府制度，为我国城市化进程中打破行政区划界限、统筹福利制度供给提供了可供探寻的路径。然而，需要注意的是，美国“特别区”政府虽然通常只承担一项（极个别承担多项）职能，但是由于带有“矩阵型”管理的特质，可能会与行政区划下的州（state）政府及市（city）、县（county）政府决策产生冲突，而冲突解决的唯一途径就是相关立法规定，因此，这也对后来者学习该制度提出了较高的司法制度要求。

4.5.5 注重要素禀赋，推动多样发展

正如美国这样的发达国家也很难做到全国城市化水平趋同一样，后来者在发展的过程中应当特别注重考虑现实中要素禀赋的差异，推动多样化发展。

4.5.6 落实差别政策，调控协同发展

鉴于不同政策在不同发达程度的地区所达到的政策效果的不同，应当更加注重落实差别政策，“差别”的方法可以有：新政策同时颁布实施，但按照发展阶段和发达情况有区别地收回政策；升级政策颁布实施，可考虑延长欠发达地区的启动时间，保持政策的延续性、良好的过渡性及保障政策效果。

特别值得注意的是，在全球经济一体化的现代化经济背景下，讨论现代化先行者与现代化后来者并不是为了割裂两者的关系，而恰是为了帮助现代化后来者在全球化进程中寻求合作共赢。所谓“合作共赢”，就是指多方共同承担同一项交易活动或共担同一项任务而实现参与方共同收益，落实到本书探讨的层面，就是指在现代化进程中，先行者与后来者实现共同收益。为了尽快实现国家和民族的伟大复兴，我国作为现代化的后来者，应当一方面遵循经济增长的比较优势和递进发展的客观规律，另一方面积极发挥后发优势，贯彻现代化赶超战略。然而，如前文所述，后来者在贯彻赶超战略的过程中，可能会遇到各种问题，而对这些问题的认识与反思恰恰能够帮助后来者通过贯彻经济赶超战略而最终实现崛起的过程中各项政策的科学细化，从而使这一战略更加合理化，使经济发展的步伐也更加稳健。

第 5 章　中国经济发展的时代元素与基本国情

5.1　上下行因素对冲的中国“升级版”增长平台

5.1.1　多维解读“新常态”

纵观近 10 年来中国的 GDP 增速，2004 年为 10.5%、2005 年为 10.8%、2006 年为 13.3%、2007 年为 14.6%、2008 年为 10.1%、2009 年为 8.3%、2010 年为 10.2%、2011 年为 8.7%、2012 年为 8.1%、2013 年为 7.4%、2014 年上半年为 7.4%①，已在经济发展高速增长后呈现了明显的经济增长率回落，尤其是 2012 年、2013 年和 2014 年上半年三个数据，表现得尤为明显。2014 年 5 月，习近平总书记在河南考察时指出：“经济增速恐怕回不去了！我国发展仍处于重要战略机遇期，我们要增强信心，从当前我国经济发展的阶段性特征出发，适应新常态，保持战略上的平常心态”，“进一步增强信心，适应新常态，共同推进经济持续健康发展”。宏观经济“新常态”已然成为全面深化改革各项措施推进落实的最重要背景。

改革开放 30 多年来，中国 GDP 增速只有 3 次连续 2 ~ 3 年低于 8%：第一次是 1979 ~ 1981 年，第二次是 1989 ~ 1990 年，第三次是 1998 ~ 1999 年，而这三次经济增速的回落都是受到外部短期因素的干扰，并且很快就又回归高速增长的轨道。继 2014 年 5 月提出“新常态”后，《人民日报》

---

① 数据来源：中国国家统计局：《中国统计年鉴》，2 ~ 4 页，北京，中国统计出版社，2013。

2014年8月4日发表特别报道“新常态　平常心”。国家统计局中国经济景气监测中心潘建成直言：“这次，恐怕是回不去了！这次不是景气循环周期的下行区间，而是经济增长阶段的根本性转换，中国经济可能要告别过去的高速度了。”[①] 文中对“新常态”作出了试解读：从字面上看，“新”就是“有异于旧质”；“常态”就是时常发生的状态。新常态就是不同以往的、相对稳定的状态。这是一种趋势性、不可逆的发展状态，意味着中国经济已进入一个与过去30多年高速增长期不同的新阶段。

针对经济“新常态”的特征，多方就增速、结构、增长动力和未来挑战等方面给予了高度关注。王一鸣认为：“从速度层面看，经济增速换挡回落、从过去10%左右的高速增长转为7%～8%的中高速增长是新常态的最基本特征。美国等发达国家服务业已占GDP的80%以上，新常态下，中国服务业比重上升将是长期趋势。”而在世界范围内，这种增速调整也并非中国独有，正如国家信息中心首席经济师范剑平所说，“不少国家的经济增速都是从8%以上的‘高速挡’直接切换到4%左右的‘中速挡’，而中国经济有望在7%～8%的‘中高速挡’运行一段时间。”与此同时，正如国务院发展研究中心对外经济研究部部长赵晋平所说，经济新常态下，中国经济增长驱动力也必将发生很大变化，“制造业的持续艰难表明，随着劳动力、资源、土地等价格上扬，过去依靠低要素成本驱动的经济发展方式已难以为继，必须把发展动力转换到科技创新上来。”国家统计局新闻发言人盛来运说，在“新常态”下，中国经济增长结构在持续改善，增长质量有所提高，经济内生的新动力有所集聚，新经济成分在茁壮成长，中国经济正向好的预期发展。

2014年8月5日、6日、7日，《人民日报》连续三天在头版刊登“新常态下的中国经济”系列评论——经济形势闪耀新亮点、经济运行呈现新特征和经济发展迈入新阶段，继续深入解读经济“新常态”。新常态的新亮点主要表现在三个方面[②]：第一，稳中有进，增速虽然放缓，发展质量却上台阶；第二，调控创新，经济增速换挡回落，宏观调控上要彻底摆脱

① 田俊荣、吴秋余：《新常态，新在哪？》，载《人民日报》，2014－08－04。

② 《经济形势闪耀新亮点——新常态下的中国经济（上）》，载《人民日报》，2014－08－05。

"速度情结""换挡焦虑"，保持"平常心"，转变增长方式；第三，改革红利，通过全面深化改革来补上政府职能转换不到位、市场体系不完善、企业改革不彻底等体制机制"短板"。新常态的经济运行新特征主要表现在三个方面①：第一，增速虽然放缓，实际增量可观，追求的是就业和收入增加的增长、实实在在没有水分的增长、质量和效益提高的增长和节能环保的增长；第二，调整虽然艰难，升级已成大势，经济结构正在发生深刻变化，进入新常态，也就进入了转型升级的关键时期，是打造中国经济升级版的时期，也是阵痛期；第三，调控虽然平稳，经济活力增强，深化改革带来简政放权、减税让利的大力推进，从根本上说，经济新常态就是要动力、要助力、要潜力，要激活力，要补短板，要强实体。新常态的发展阶段中，做到科学认识新常态、辩证看待新常态和积极适应新常态②。

2014年10月，新华网从转变增长方式的角度发表时评，认为与改革开放30多年来接近两位数的高速增长相比，中国经济步入以中高速增长为标志的"新常态"，不仅意味着经济增速的放缓，更意味着经济增长动力的转换和经济发展方式的转变③。同月，《人民日报》也发表评论文章，提出"面对新常态，保持心常态，一个基本的出发点就是强化常态思维，深怀'为民'之情，常思'担当'之责，戒除'贪腐'之念"的认识。

2014年12月11日，《人民日报》发表评论员文章，认为"新常态"背景下经济发展方向为"增进福祉，发展成果更多惠及百姓"，"深化改革，顺应美好生活新期待"，"激发活力，让劳动者更有奔头"，并总结式地提出"经济增长降速、民生改善提速，这一降一提的鲜明对比，成为2014年中国经济进入新常态后的一大亮点"④，强调发展为了人民、发展依靠人民、发展成果由人民共享。同月14日，在《人民日报》发表的《主动适应经济发展新常态——二论贯彻落实中央经济工作会议精神》的评论员文章中，提出应主动适应经济发展新常态，认为中国经济呈现速度变化、结

---

① 《经济运行呈现新特征》，载《人民日报》，2014-08-06。

② 《经济发展迈入新阶段——新常态下的中国经济（下）》，载《人民日报》，2014-08-07。

③ 《"新常态"中有新亮点——三评经济"新常态"之一》，见新华网，2014-10-21。

④ 《主动适应经济发展新常态——二论贯彻落实中央经济工作会议精神》，载《人民日报》，2014-12-14。

构优化、动力转换三大特点，“认识新常态，适应新常态，引领新常态，是当前和今后一个时期中国经济发展的大逻辑，也是做好经济工作的基本前提。新常态带来经济运行新特征、新规律、新要求，只有主动适应，科学把握，积极作为，才能抢占先机，推动经济发展提质增效升级。反之，如果被动应对甚至逆势而动，就可能错失良机，付出代价。”

何谓新常态?《经济日报》评论员文章认为，新常态之“新”，意味着不同以往；新常态之“常”，意味着相对稳定。因此，中央以“新常态”一词作为对当前中国经济形势的特征判断，并且以战略高度来提出，表明了中央对目前中国经济增长所处阶段的变化规律的深刻认识，并且这样的认识也将对中国未来中长期的宏观政策选择产生方向性和决定性的重大影响。《经济日报》发表的钟经文的署名文章则认为，中国经济发展的新常态不能简单归纳为经济增长速度下降几个百分点的表象，而是需要从经济结构的再平衡和增长动力的转变等多方面的表现来共同反映。国务院发展研究中心刘世锦也称，与中国增长速度放缓相适应的是，中国经济结构目前即将和已经发生的重大的转折性变化。

按照习近平总书记 2014 年 11 月 9 日的讲话精神，可以将“新常态”的特点概括成三个关键词：中高速增长、结构升级、创新驱动。伴随着经济增速的放缓，中国经济的多项关键指标都发生了明显变化，尽管经济增长速度不是新常态唯一的表征和最关键的指标，但首先需对应的还是中国潜在经济增长率“下台阶”且 GDP 指标减速下行的问题。这就需要正确处理和对待目前经济增长“探底”过程，将过去的发展状态与现在进入新阶段的演变和应取得的相对稳定的新常态衔接好。新常态在实现结构优化、质量提升基础上，应能落在一个尽可能长时期展开的、中高速增长的平台上，实现 2020 年全面小康目标，并对接于 2050 年实现中国梦伟大民族复兴的历史过程。

决策层关于“新常态”基本内涵的判断是中国当前和未来一段时期所面临的经济运行状态的阶段性改变，即从原来的状态向一种新的相对稳定的常态的转变。尽管经济增长速度不是其唯一的表征，但首先需要应对的，还是国内学术界和其他相关方面已经共同讨论了相当一段时间的，关于中国潜在经济增长率“下台阶”的问题。在过去的三十年中，中国年均 GDP 增长率处于 9.8% 左右的高水平，邓小平“南方谈话”后的二十余年，更是在两位数以上，而目前不论是国内还是国外的学者，大多都认为这一高增长速度不可能再维持下去，很可能要下降到相对较低的区间。但关于这个新的增长速度区间的量值，目前还没有形成一个基本的共识。譬如，宏观调控当局所设定的年增长速度的相关表述，应该反映了相关管理部门所判断的区间中值；而在学术界，以林毅夫教授为代表的一些学者认为，如果中国能够处理好当前的基本问题，把需要做好的改革等事情做到位，那么还将有望继续实现二十年 8% 左右的增长速度；而以刘世锦研究员为代表的另外一些学者则强烈反对这一提法，认为中国目前的增长模式不可持续，增长速度很可能很快会降到 7% 以下；花旗银行等机构的预测更是认为未来中国经济的所谓“新常态”将放缓至 5% ~6% 的增长速度。

2014 年 12 月 5 日，习近平总书记主持召开的中央政治局会议对 2015 年经济工作进行的分析认识中，明确指出：中国进入经济发展新常态，经济韧性好、潜力足、回旋空间大，为 2015 年和今后经济持续健康发展提供了有利条件。同时，也要看到，经济发展新常态下出现的一些趋势性变化使经济社会发展面临不少困难和挑战，要高度重视、妥善应对。

2014 年 12 月 9 日至 11 日召开的中央经济工作会议要求，坚持稳中求进的工作总基调，保持经济运行合理区间，把转方式、调结构放到更加重要的位置，更是对“准确把握经济发展新常态”作出九大方面详细解读：第一，模仿型排浪式消费阶段基本结束，个性化、多样化消费渐成主流；第二，基础设施互联互通和一些新技术、新产品、新业态、新商业模式的投资机会大量涌现；第三，中国低成本比较优势发生了转化，高水平引进来、大规模走出去正在同步发生；第四，新兴产业、服务业、小微企业作用更凸显，生产小型化、智能化、专业化将成为产业组织新特征；第五，人口老龄化日趋发展，农业富余人口减少，要素规模驱动力减弱，经济增长将更多依靠人力资本质量和技术进步；第六，市场竞争逐步转向质量型、差异化为主的竞争；第七，环境承载能力已达到或接近上限，必须推动形成绿色低碳循环发展新方式；第八，经济风险总体可控，但化解以高杠杆和泡沫化为主要特征的各类风险将持续一段时间；第九，既要全面化解产能过剩，也要通过发挥市场机制作用探索未来产业发展方向。会议还要求，要坚持发展、主动作为。经济发展进入新常态，没有改变中国发展仍处于可以大有作为的重要战略机遇期的判断，改变的是重要战略机遇期的内涵和条件；没有改变中国经济发展总体向好的基本面，改变的是经济发展方式和经济结构。会议还提出了八个“更加注重”：要更加注重满足人民群众需要，更加注重市场和消费心理分析，更加注重引导社会预期，更加注重加强产权和知识产权保护，更加注重发挥企业家才能，更加注重加强教育和提升人力资本素质，更加注重建设生态文明，更加注重科技进步和全面创新。

5.1.2 新常态的“三期叠加”

2014 年“两会”召开前夕，《站在复兴大业更高起点——十八大以来习近平同志关于经济工作的重要论述》一文出现在 2 月 22 日《瞭望》杂志和新华社通稿列表中，以习近平为总书记的党中央作出“三期叠加”的重要判断：经济增长速度换挡期、结构调整阵痛期、前期刺激政策消化期。所谓经济增长速度换挡期，就是中国经济已处于从高速换挡到中高速的发展时期；所谓结构调整阵痛期，就是说结构调整刻不容缓，不调就不能实现进一步的发展；所谓前期刺激政策消化期，主要是指在国际金融危机爆发初期，我们实施了一揽子经济刺激计划，现在这些政策还处于消化期①。2014 年 6 月，李克强总理在伦敦对英国两大智库发表演讲时指出，中国经济运行总体平稳，不采取强刺激措施，而是进一步创新宏观调控思路和方式，实行区间调控和定向调控相结合，加强预调微调。确保经济增长不突破保就业的下限，CPI 不突破防通胀的上限，使经济运行始终处于合理区间。

全面理解“三期叠加”判断的科学依据，是做好经济工作的前提。针

---

① 戚义明：《站在复兴大业更高起点——十八大以来习近平同志关于经济工作的重要论述》，载《瞭望》，2014（2）。

对“三期叠加”，易纲撰文作了全面解读①：第一，经济发展规律决定中国经济增长速度换挡。改革开放 30 多年来，中国 GDP 保持年平均近 10% 的高速增长，2013 年经济总量达到 56.88 万亿元人民币。中国已是世界第二大经济体，经济总量巨大，保持高速增长面临生产要素供给约束。以劳动力要素为例，中国人口结构和劳动力供求状况已发生根本变化，2012 年首次出现劳动力数量和占比双降，人口老龄化趋势还将进一步加剧，难以支撑两位数的高速增长。从国际经验看，经济发展到一定阶段后，各国经济增长速度都出现不同程度回落。例如，第二次世界大战后日本、韩国先后经历了 23 年和 36 年的高速增长时期，GDP 年均增速分别为 9.7% 和 8.02%，其后经济增速约下降一半。面对经济增长速度换挡，我们必须深入研究和自觉遵循经济发展规律，在经济增速换挡中把握好调整的合理区间，提高经济发展的质量和效益。第二，加快经济结构战略性调整是应对经济形势深刻变化的迫切需要。长期以来，制造业是中国经济发展的“火车头”，为创造中国经济奇迹提供了重要支撑。但中国制造业的发展模式总体上较为粗放，带来了一系列问题。例如，产能过剩问题突出。2013 年前三季度工业企业产能利用率处于 2006 年以来的历史低位，也低于国际公认的正常水平。其中，钢铁、水泥、电解铝、焦炭、船舶、光伏等行业主要产品产能利用率不到 50%。制造业产能过剩，导致资本回报率下降和边际产出下降。同时，制造业粗放发展还带来大量资源、生态、环境问题，单位 GDP 能源消耗较高，水、大气、土壤污染严重，生态环境恶化。如果现在不拿出壮士断腕的决心和勇气，将来付出的代价就会更大。面对发展形势的深刻变化，我们必须加快推进经济结构战略性调整，把经济发展与结构调整、改善民生、生态文明建设有机结合起来，实现可持续发展。第三，消化前期刺激政策是维护国家经济金融安全的必然要求。前几年，为应对国际金融危机冲击，中国出台一揽子刺激政策，为中国经济稳健增长和世界经济复苏作出重大贡献。但大规模刺激政策也产生了一些负面效应，如金融资本脱实向虚、企业债务偏高、地方融资平台等部分领域和环节潜

① 易纲：《深刻认识中国经济发展新趋势——深入学习贯彻习近平同志关于经济发展新常态的重要论述》，载《人民日报》，2014-11-03。

在风险积聚等。高负债率、高杠杆率条件下的发展不仅意味着对未来的透支，而且会给经济可持续发展埋下风险隐患。面对这种情况，我们必须牢牢把握经济发展主动权，妥善处理保增长和防风险的关系，推动经济实现更有效率、更有质量的发展。

2014 年 7 月，据国家统计局中国经济景气监测中心的第二季度中国百名经济学家信心调查结果显示，近四分之三的经济学家认为“三期叠加”对中国经济的影响会持续三年以上的时间。中国经济景气监测中心潘建成表示，必须认识到“三期叠加”对中国经济的影响不会是短期的，要有足够的心理准备。潘建成认为①，“经济增速换挡”说的是一方面经济增长客观上因潜在增长率的回落而放缓，另一方面决策层主动换挡与之相适应；“结构调整”事实上就是治病的过程，是调整跑步方式从而跑起来更协调、更顺畅的过程；而“前期政策的消化”会是一个艰苦的过程，尤其是对很多产业严重过剩产能的消化困难非常大。

针对“三期叠加”的经济发展阶段性特征，国务院发展研究中心副主任张军扩认为，“三期叠加”时期是一个化解矛盾和为下一步增长奠定基础的时期，是一个为新常态奠定基础的时期，“三期叠加”是中国经济发展目前最为突出的特征，经济转型的任务还没有完成，产能过剩、房地产泡沫、财政金融风险等问题比较突出，新的增长动力和新的模式也有待形成，这样的背景下经济增长还不能获得牢固和稳定的基础，仍然面临着一定的下行压力②。国务院参事、国务院发展研究中心金融研究所名誉所长夏斌认为，中国经济“三期叠加”的底线思维归纳来讲，是政府在实施各项调控基础上必须牢牢确保就业稳定和不爆发系统性风险的大局，如果确实做到这两点，稳住了基本就业，稳住了不爆发系统性风险，在这个前提之下，GDP 增速可以再低一点，改革可以再加快③。国务院参事室特约研究

① 《中国经济“三期叠加”寻求改革与增长的平衡》，http：//finance. people. com. cn/n/2014/0721/c1004－25307506. html，2014－07－21。

② 张军扩：《“三期叠加”是中国当前经济最主要特征》，2014 城市中国峰会上的讲话，2014－11－23。

③ 夏斌：《中国经济“三期叠加”的底线思维是保就业、避风险》，第十届中国（深圳）国际期货大会上的讲话，2014－12－05。

员姚景源认为，当前中国经济面临“三期叠加”的冲击，但需理性面对，勿过分悲观。“三期叠加”中的“经济增长速度换挡”是逐步降速，7%左右的增速需要维持一段时间，然后再慢慢降速；“经济结构调整阵痛期”，更应该注重产业结构调整，充分认识到农业薄弱、工业大而不强的现状，着力创新，注重高端服务业的发展；“刺激政策副作用消化期”，解决高货币存量的办法不能过激，需要在保持适度货币增速基础上通过利率市场化、人民币国际化等手段来化解政策积累的负面冲击。2014 年 12 月 14 日，《人民日报》发表的评论员文章中特别提到，“三期叠加”，经济发展速度必然会下降，但不会无限下滑；结构调整有阵痛，却是不得不过的关口；前期政策消化是必需的，但可以通过有效引导减缓各类风险的影响。目前，中国经济增速从高速转向中高速，增长结构由中低端转向中高端，发展动力从传统增长点转向新增长点。①

5.1.3　“全面改革”攻坚克难推进期

习近平在河南考察时强调，中国经济发展的基本面没有改变，要坚持稳中求进工作总基调，继续处理好稳增长、促改革、调结构、惠民生、防风险的关系，深化改革，发挥优势，创新思路，统筹兼顾，确保经济持续健康发展和社会和谐稳定②。实际上，自启动全面深化改革以来，决策层就已在“微刺激”的大思路下采取了一系列“微动作”：2004 年 1 月 8 日，国务院常务会议决定推出进一步深化行政审批制度改革的三项措施；同月 22 日，国务院常务会议部署推进文化创意和设计服务与相关产业融合发展；3 月 25 日，国务院常务会议部署进一步促进资本市场健康发展，确定深化医药卫生体制改革重点工作；4 月 2 日，国务院常务会议研究扩大小微企业所得税优惠政策实施范围，部署进一步发挥开发性金融对棚户区改造的支持作用，确定深化铁路投融资体制改革、加快铁路建设的政策措施；4 月 16 日，国务院常务会议部署落实 2014 年深化经济体制改革重点任务，

① 《主动适应经济发展新常态——二论贯彻落实中央经济工作会议精神》，载《人民日报》，2014 - 12 - 14。

② 《习近平视察河南提出稳增长促改革跳结构惠民生防风险》，载《河南日报》，2014 - 05 - 12。

确定金融服务“三农”发展的措施，决定延续并完善支持和促进创业就业的税收政策；4月23日，国务院常务会议确定进一步落实企业投资自主权的政策措施，决定在基础设施等领域推出一批鼓励社会资本参与的项目，部署促进市场公平竞争维护市场正常秩序工作；4月30日，国务院常务会议部署支持外贸稳定增长和优化结构有关工作，确定进一步促进高校毕业生就业创业的政策措施；5月14日，国务院常务会议部署加快生产性服务业重点和薄弱环节发展促进产业结构调整升级；5月15日，国务院办公厅发布《国务院办公厅关于支持外贸稳定增长的若干意见》；6月6日，国务院总理李克强在中南海主持召开部分省市经济工作座谈会，北京、河北、山西、黑龙江、江苏、浙江、广东、四川等省市政府主要负责人在会上汇报了贯彻落实党中央国务院决策部署的情况和下一步打算。2014年6月，经济学家厉以宁在接受新浪财经专访时也谈到，在“新常态”背景下，“微刺激”实质上就是微调，并强调借此机会调整经济结构的重要性：“我们以前的宏观经济调控吃过亏，造成了产能过剩等问题。只要能调整好经济结构，把产能压下去，那么微调也是可行的。”

本书认为，在“新常态”概念下，特别需要指出的是，中国经济运行的下一阶段的表现，可以认为是要完成一个以增长速度为代表的运行态势的探底过程。如上所述，关于这一探底过程中中国所面临的现实状态，中央已经有了“三期叠加”（经济增长速度换挡期、结构调整阵痛期和前期刺激政策消化期）的提法。事实上，这几个期间的客观存在都是无可否认的，但我们认为，在“三期叠加”之上，更需要注意到的是“改革攻坚克难的推进期”的又一重叠加。这意味着在正确处理和对待目前的探底过程中，将过去的状态与相对稳定的新常态衔接时，我们能够选择的最关键变量即为制度供给变量。而在选择制度供给变量，并伴随着打造中国经济“升级版”的一系列努力，即优化结构、提高质量，达成“稳增长、惠民生、调结构、促改革”。其中的“促改革”，无疑是尤其值得执政管理者看重、选择和把文章做足的关键事项。如果能够处理好“促改革”的问题，就将有望相对顺利地趋稳，并通过结合调动各种上行因素来对冲下行因素的努力，完成“蓄势”，进而迈入追求一个长期次高经济增长速度区间的阶段。

关于次高增长速度区间，尽管目前并没有一个研究主体可以拿出全套的模型处理实证数据进行预测而得到一个较为精确的、能够形成共识的判断，但中国应当有望在改革取得实质性进展的情况下，于 7% 以上的经济增长速度区间运行相当长的一个时期。这主要基于以下的分析认识：现阶段中国在城镇化和老龄化等大的演进趋势面前，所具有的潜力、活力的释放空间依旧是清晰可见的。譬如，在经历此前若干轮的建设与升级换代改造后，中国的基础设施目前依然存在着较为迫切的进一步换代升级的需求。从中国高铁客运经常面对的"一票难求"的旺盛需求，或者其他领域不鲜见的"局部短缺"，我们不难观察到未来通过进一步激发产能的利用能力、增长空间和需求释放以后，由供给的回应所能够形成的支撑经济继续增长的条件。中国经济未来增长的潜在空间包括多个方面：新型城镇化的发展空间；实体经济技改换代空间；基础设施多轮升级空间；服务业成为长期增长新引擎的空间；与科技、信息等因素结合的农业现代化空间；环保产业应运而生的增长和支撑作用空间；地区间的梯度推移空间；消费占比低的调整和人均收入增长空间；以巨额外汇储备支持"走出去"的对外投资空间；等等。但所有这些空间的打开、潜力的释放，莫不需要以改革来"激活"，以制度供给来提供放大"乘数"。与此联通的"新常态"下所强调的创新驱动，实际上就是通过制度创新所激发出的管理创新和技术创新。因此，制度创新、管理创新和技术创新，应可作为创新驱动最为重要的三个组成。

总之，中国在人口红利消失、劳动力成本上升、常规投资活动边际收益下降的过程中，依然具备通过改革释放制度供给红利的巨大潜力。通过改革来放松供给约束，以制度供给来激活供给潜力，是目前最值得争取的未来增长前景。通过改革来达到经济增长"趋稳""蓄势"，将"新常态"和需要调动的"新动力"，以及全面深化改革背景下以制度供给为核心的"新供给"有机结合，应是使未来中国进入长期次高增长速度区间状态的最重要着眼点，也是真正通过全面深化改革释放制度红利而达成宏观经济"新常态"大背景下、"三期叠加"基础上"全面改革"攻坚克难推进期阶段“稳增长、促改革、调结构、惠民生、防风险”目标的重中之重。

5.2　“上中等收入陷阱”压力下的时代元素与基本国情

5.2.1　产业革命加速更迭

每一次产业革命后，世界经济格局都会产生重要变化。爆发于18世纪中叶的第一次产业革命（工业革命）直至19世纪中期结束，以纺织业为起点，因机械化大生产而带动相关产业链条上的冶金工业、煤炭工业、运输业（主要是铁路和海运）和制造业的发展，使英国一跃成为“世界工厂”。而后，19世纪六七十年代，以美国为中心，全球爆发第二次产业革命（电气革命），围绕重化工业这一核心，房地产、汽车制造、钢铁工业、化学工业和电力等产业得以迅速发展，至20世纪初，美国进入经济发展的“黄金时代”。乘势而上，美国进一步主导了20世纪50年代之后的第三次产业革命（信息技术革命），以最前沿的原子能技术和电子计算机与互联网技术，稳固成就全球经济霸主地位。在此过程中，德国、日本、法国等国家纷纷崛起，技术水平的提高不断提升全要素生产率，从而帮助这些经济体实现了经济长期增长。

我国作为发展中国家，更应以产业革命是某一经济体经济腾飞重大契机的视角来理智看待“后发优势”。若从经济赶超的视角来看，产业革命更迭的时间区间也恰是后来赶超者实现超越的时间区间，若在上一次产业革命阶段没能由技术后发优势而实现崛起，被动进入下一次产业革命阶段后，势必要发起和实现新一轮赶超，才有可能达到崛起目标。然而，从三次产业革命兴起的时间来看（详见表5－1），我们不难发现其更迭在不断加速，从工业革命爆发到电气革命爆发，期间经历了约120年，而从电气革命爆发到信息技术革命爆发，期间仅经历了约80年。从我们目前所处的信息技术时代发展态势来看，人工智能等新技术革命的到来已隐约可见，产业革命的加速更迭使后进赶超者的发展时间更加紧迫，这种压力是中国经济发展直面“中等收入陷阱”所面临的第一个现实问题，越紧迫则越容易追赶不上，越容易落入“中等收入陷阱”。

表 5-1　产业革命时间表

产业革命	发源地	兴起时间
工业革命	英国	18 世纪 60 年代
电气革命	美国	19 世纪 70 年代
信息技术革命	美国	20 世纪 40～50 年代

与此同时，另一个特别值得注意的问题，就是在充分发挥后发优势、贯彻经济赶超过程中，中国还必须将新技术方面基于创新的战略储备提上日程。一方面，就国外现状来看，美国、日本等位于全球技术高地的国家已经全面实现产业化，其凝结在全面推向市场的产品中的核心技术，虽然已经是全球范围内的领先水平甚至是最高水平，但往往并不代表这些国家技术的真实水平。以日本的汽车制造技术和液晶电视制造技术为例，其产业技术水平已经领先目前市场出售产品的核心技术两代、三代，而出于继续攫取高额利润等考虑，这些高端核心技术目前仅处于蓄势待发的状态，实际上形成强有力的技术战略储备。这意味着，对于后发国家而言，赶超的实现可能并非仅仅是追平目前技术水平，而是至少要追平技术战略储备水平。另一方面，就中国自身情况来看，作为一个科技爆发时代的发展中国家，不同领域的科技研发水平是参差不齐的，客观而论，中国虽然已有一些技术在全球范围内处于领先水平，甚至有的已是最高水平，但由于配套技术相对落后等原因，这些技术的应用往往并不广泛和充分。结合成功跨越“中等收入陷阱”经济体的经验，我们应当特别注重在这类技术成果方面充分“扬长”，对于达到领先水平的技术，无论是否能够迅速“接地气”，都要首先纳入技术战略储备梯队，积累、结合于利用“后发优势”赶超发达经济体主流技术的升级过程中。

5.2.2　全球经济发展格局的钳制

比较而言，先行者一般具有更易得、更开阔的发展空间，以 19 世纪的英国为例，在开创性地实现机械化大生产之后，英国作为当时最大的工业制品供给国和原棉进口国，一方面享受全球各地源源不断供给而来的优质原材料，另一方面享受向全球各地源源不断地出口工业制成品的比较优势，取而代之的美国也是如此。占尽先机的先行者往往也是全球经济发展格局的主导者，它们能够按照自己的意愿发展经济。而对于后发追赶者来说，经济发展的环境往往更为险峻，先进经济体和“霸主”在贸易摩擦中的打压，以及需要按照先行者制定的“游戏规则”来发展，使后发赶超者的发展势必于全球经济发展格局中承受先行者的压力和排挤。中国目前的经济总量尽管在绝对数量上无法与美国相比，但在排序上已然跃至“世界老二”，作为一个正处于中等收入发展阶段的“世界老二”，全球经济发展格局的钳制已今非昔比，种种摩擦、制约因素接踵而至。随着国际竞争进入新阶段，除“老大”压制外，“老三”以下者有更多的怨怼因素和麻烦制造行为，原来的“穷兄弟”们也容易离心离德。这一阶段的特定情境处理不好，极易在多面夹击下落入“中等收入陷阱”。

5.2.3 能源资源与生态环境制约

经济学所强调的资源稀缺性与生态环境的制约在中等收入发展阶段更具有特殊意味。以成功跨越“中等收入陷阱”、步入高收入阶段的日本为例，其在经济赶超的过程中曾出现由引以为豪的重化工业转向加工组装型产业，主要原因是不得不面对“石油危机”所带来的严重资源制约。从中国的基本国情出发，在资源、能源方面由于“胡焕庸线”所表达的基本国情——“半壁压强型”和资源禀赋客观形成的以对环境压力最大的煤为基础能源绝对主力的格局，以及前面三十年外延为主的粗放发展阶段，合成了资源、环境压力异乎寻常的“三重叠加”①。作为国土面积世界第三、人口世界第一、经济总量世界第二的超级大国，中国经济发展布局沿“胡焕庸线”这一中部主轴呈现突出的空间发展不均衡，所形成的能源消耗、环境压力的“半壁压强型”这一基本国情，对中国在“十三五”期间及中长期经济社会发展中引发的负面因素绝不容忽视：若不能从以重化工业为主要支撑的压缩型——密集式外延、粗放发展模式较快进入集约式增长的

① 贾康、苏京春：《胡焕庸线：从中国基本国情看“半壁压强型”环境压力与针对性能源、环境战略策略——供给管理的重大课题》，载《财政研究》，2015（4）。

“升级版”，能源资源和生态环境制约势必成为中国经济发展的桎梏，从而导致经济发展停滞；若积极转变发展模式，则势必要经历十分艰难痛苦的转型期，并且要以技术超越和制度变革的成功为基础：一方面在资本投入边际效益递减的同时通过技术水平、制度供给有效性的提高保障全要素生产率的提高，从而对冲下行因素、缓解制约，在较长时期内实现经济较快速增长，另一方面在通过制度变革激发管理创新的同时，降低劳动力之外的经济运行成本，提高经济综合效率，从而更优地实现资本积累以保障长期发展。

在基本的发展战略思路上，面对能源资源和生态环境“半壁压强型”之上“三重叠加”的制约这一基本国情，我们不得不更为侧重较复杂的供给管理，以非常之策求破非常之局。只有处理得当，中国经济才有望实现长足进步和发展，一旦处理不好而“碰壁”（既可能是碰到能源资源导致的发展硬约束，也可能是碰到生态环境导致的发展硬约束，还可能是碰到转型不成功导致的发展硬约束），就极有可能落入“中等收入陷阱”。在“十三五”规划中，供给管理思路极有必要得到最充分的重视。

5.2.4　人口基数与结构的挑战

除了资源环境这一基本国情之外，中国在“十三五”及中长期所必须面对的另外一个很现实的基本国情，就是人口众多和老龄化，已成“未富先老”之势。人口方面，大体有如下几个突出问题：首先，中国人口总量世界第一，从以人均指标为标准而划分不同经济发展阶段这一标准来看，中国步入高收入阶段注定是“路漫漫其修远兮”。按照世界银行 2013 年发布的数据，中国人均 GDP 仅为 6 807 美元，与全球人均 GDP 10 613 美元相差 3 806 美元，与高收入国家人均 GDP 12 616 美元相差 5 809 美元，与美国人均 GDP 53 042 美元相差 46 235 美元，而从总量来看，位居世界第二的中国 GDP 已达到 9. 24 亿美元，这意味着：若想让中国人均 GDP 达到全球人均 GDP，中国的 GDP 总量需要达到 14. 19 亿美元，与美国 GDP 总量 16. 8 亿美元相差无几；若想让中国人均 GDP 达到高收入国家水平，中国的 GDP 总量需要达到 16. 79 亿美元，即追平美国 GDP 总量；而若想让中国人均

GDP 达到美国目前人均 GDP，中国的 GDP 总量则需要达到 69.35 亿美元，即高出美国 GDP 总量许多倍。人均指标如迟迟不能达到高收入标准，中国经济就会停留在中等收入发展阶段，即落于陷阱之内。其次，中国人口结构已呈现明显的老龄化。有学者测算，人口老龄化对于中国整个养老体系形成公共支出压力的高峰，约出现于 2030 ~ 2033 年间，从现在算起，已不到 20 年。在高峰期出现以后，这种压力的缓慢下降还要有几十年的过程。在这个很长的历史阶段内，中国养老体系从硬件到服务必然有一系列的压力性质的要求，这势必会为经济发展带来很大负担与拖累。最后，由于教育结构不合理而导致的劳动力供给结构问题，也是我们直面“中等收入陷阱”所必须考虑的不利因素。从成功跨越“中等收入陷阱”的经济体经验来看，以色列和日本是亚洲平均受教育年限最高的国家。颇有针对性、优质的高等教育为以色列的科技进步奠定了良好的劳动力基础，以色列是全球工业国家里平均学历程度位居第三的国家，仅次于美国和荷兰。而日本除了教育的普及和具有较高水平的高等教育以外，还特别重视社会教育的作用，且在其企业制度中特别重视人才培育，一直不断促进并保持着高水平的科技研发能力。总体而言，中国目前教育模式培养出的劳动力与经济发展所需的人力资本现实需求还存在着较明显的错配，被动摩擦已在影响就业水平和消费水平，处理不当就会严重制约中国未来经济社会的发展。

5.2.5 文化与“软实力”不足的影响

中国的深厚文化积淀如何转为国际竞争中的优势因素，一直是困扰中国人的难题。实际生活中，不少文化中的消极因素无形中制约着中国的创新力，人们往往不敢为天下先，不善于思辨和冒险创造，社会弥漫“官本位”的思想意识，善于遵循较为森严的等级制度而不敢、不能发表真知灼见。这些文化与传统意识特征，形成“软实力”的不足、感召力的欠缺，制约着全球信息科技革命日新月异变化中中国经济社会的发展。只有将文化积淀与意识、信仰转变为有利于经济发展的积极因子而非制约因子，中国大众创业、万众创新等政策才可能得到有效落实和发挥作用，“综合国力”中“硬实力”的上升才可能与“软实力”的打造相伴而行，使中国的现代化之梦不至于落空。这更是一种深刻的、综合性的挑战。

5.2.6　制度变革探索的成败

制度学派和新制度经济学早已告诉我们“制度”因素在微观经济中的不可或缺，而在经济发展的宏观视角下，制度供给更是最为重要的因素之一。以 18 世纪的英国为例，于 1776 年发明蒸汽机的瓦特在其 19 岁那年离乡从苏格兰的格里诺克到伦敦寻求仪器制造匠的培训，两年后进入格拉斯哥大学，成为一名“数学仪器制造师”，最终成就了蒸汽机的发明，引发了第一次产业革命的到来。这类案例表明，技术的发明和创造总体上绝非一个个“黑天鹅”事件，而是与专业化基础和经济组织下的制度结构密切相关的，换言之，在英国经济当时的专业化水平与经济组织所构造形成的经济制度运行结构和要素流动机制之下，引领世界技术潮流是迟早的必然事件。制度是造就人才、推动新技术产生的核心要素，可说是创新的最主要动力机制。在经济赶超阶段，制度更是经济运行有效与否的关键。从日本的“昭和遣唐使”政策到西方世界的“新公共管理运动”，都体现了制度变迁对经济发展的重要作用。以成功跨越“中等收入陷阱”的日本为例，除了技术模仿之外，日本还特别注重法治化市场经济基本制度的安排，进而学习成本管理、经营计划调查、职务分析等制度，不断提升企业管理和经济运行的现代化程度，从而有效降低运行成本和推动、激励技术模仿过程中的技术创新，从而大大提升了生产能力，成为经济发展的长足动力。其中，十分典型的是以生产工艺为对象的统计性品质管理，结合日本企业的特点，扩展为全公司范围的综合性全面质量管理（total quality control，TQC)，即促使公司内所有的劳动者为提高产品质量致力于发现问题和改良工作，这些实实在在地促进了从海外引入的技术在日本得以较充分发展，推动了技术从模仿到超越的实现。

“十三五”时期正是中国“全面深化改革”的攻坚克难时期，配之以在实现“全面小康”同时的“全面依法治国”和“全面以严治党”，制度创新的实质性推进成为进一步打开管理创新和技术创新空间的关键。立足于“十三五”时期，放眼中长期经济社会发展，在党的十八大和十八届三中、四中、五中全会之后关系到国家前途、民族命运的关键阶段，能否冲破利益固化的藩篱，克服既得利益的强大阻力和障碍，把“硬骨头”啃下来从而在制度变革的探索中获得解放生产力，进入新常态，打造“升级版”的成功，直接决定着中国经济社会是否能够相对顺利地跨越“中等收入陷阱”、跻身发达经济体之林。

第6章　赶超战略中“供给侧”发力的必然

6.1　“供给侧”理论争鸣之评价“萨伊定律”

6.1.1　萨伊定律的提出

19世纪初，萨伊在《论政治经济学，或略论财富是怎样产生、分配和消费的》一书中论及供给和需求的关系，认为“供给创造自己的需求”。尽管在书中并没有所谓“萨伊定律”或类似的定律性质的短语出现，但是经过李嘉图和穆勒的发展和总结，“萨伊定律”最终得以广为流传并对整个经济学思想史尤其是古典自由主义的发展具有重大影响。尽管在历史上对“萨伊定律”给予否定之说不绝于耳，但是凯恩斯在持批评态度时仍然作了这样的表述：“从萨伊及李嘉图以来，经典学派都说：供给会自己创造自己的需求（supply creates its own demand）……这种学说不再以如此简陋形式，在今日出现。不过它还是整个经济点学派理论之骨干；没有它，整个经典学派理论就要崩溃。”① 作为凯恩斯主义的集大成者，保罗·萨缪尔森也对“萨伊定律”在整个经济学思想史中的奠基作用给予充分肯定。他认为，在凯恩斯提出其宏观经济理论之前，至少在经济繁荣时期，主要的经济思想家所追随的，都是古典的经济学观点。……他们的分析都是围绕萨伊的市场定律（Say's Law of Markets）展开的。② 由此可见，“萨伊定律”在古典自由主义经济学中具有举足轻重的地位。

---

① 凯恩斯：《就业、利息与货币通论》，北京，商务印书馆，1987。

② 保罗·萨缪尔森、威廉·诺德豪斯：《经济学》，第18版，600页，北京，人民邮电出版社，2008。

从历史角度看，“萨伊定律”提出的意义主要有三：第一，“萨伊定律”为早期经济学家对工业革命中的劳动分工、资本积累、国际贸易的分析以及对商业周期的认识奠定了理论基础。大卫·李嘉图、约翰·斯图尔特·穆勒均对萨伊式的经济学认识给予了肯定与发扬。第二，“萨伊定律”开创了“供给侧”学派的先河。（这一观点在西方经济学严苛的学派和主义划分下其实一直没有得以体现。从保罗·萨缪尔森对“供给学派”评价时只字未提“萨伊定律”来看，尽管“供给学派”的部分代表人物打着复活“萨伊定律”的旗号，但是凯恩斯主义的追随者对此说法并不认同，或至少没有达成共识）我们坚持认为“萨伊定律”确实开创了“供给侧”学派的先河，主要是由于：“供给学派”的理论基础确实与“萨伊定律”的观察视角和逻辑起点一致。迄今为止，对“萨伊定律”的研究与剖析从未停止，尽管对其提炼出的认知看上去见仁见智，但是其启发性地引申出的理论和实践应用一直走在历史发展的道路上，并接受着历史的动态评价。张五常在谈及“供给侧”学派时曾明确表示，“究竟谁是供给学派的开山鼻祖呢？我认为是萨伊（Jean - Baptiste Say，1767～1832）。此君 1803 年提出足以历久传世的萨伊定律（Say's Law）。这一定律说：供应创造自己的需求。不是浅学问，因为有好几个不同的版本，我有一位朋友为之写了一整本书……”① 他还戏称自己无意中“创立了萨伊定律的最浅版本”。第三，“萨伊定律”开启了欧洲古典自由主义的时代。亚当·斯密于英国地区开启了经济学时代，而萨伊则受其影响成为在欧洲大陆传播古典自由主义思想的第一人。

6.1.2 西斯蒙第的批评

西斯蒙第不仅对“萨伊定律”进行批评，而且更为主要的是对亚当·斯密开辟的古典自由主义进行批评。他认为，萨伊曾阐述的“干涉本身就是坏事，纵使有其利益”② 以及“萨伊定律”本身，都是对于政府干预经济进行排斥的论证，而这种关于国家财富顺其自然的价值观，是西斯蒙第

① 张五常：《供给学派的阐释》，http：//zhangwuchang. blog. sohu. com/273305854. html。

② 萨伊：《政治经济学概论》，199 页，北京，商务印书馆，1963。

批评的靶心。他认为"个人利益乃是一种强取的利益，个人利益常常促使它追求违反最大多数人的利益，甚至归根到底可以说是违反全人类的利益"[①]，而自由放任的竞争会导致最终财富极度不公的恶果。

6.1.3　马尔萨斯与需求管理

与萨伊一派尤其是李嘉图对其的发展不同，马尔萨斯将需求管理思想引入政治经济学体系，而在当时的主流逻辑下，对需求和供给进行明确划分，恰是马尔萨斯从供给侧转向需求侧的重要桥梁。"……一切交换价值取决于以这一商品易取那一商品的力量和愿望。由于采用了共同的价值尺度和交易媒介，用通常言语来说，社会就分成了买主和卖主两个方面。可以给需求下的一个定义，就是购买的力量和愿望的结合；而供给的定义是，商品的生产和卖出商品的意向的结合。在这种情况下，商品以货币衡量其相对价值，或其价格，就决定于对商品的相对需求和供给两者的对比关系。这个规律似乎具有充分普遍性，大概在价格变动的每一个实例中，都可以从以前影响供求情况变动的原因中找到线索。"[②] 基于需求和供给变动决定价格变动的思想，马尔萨斯继续对供需双方进行深入分析，尽管其认为供给和需求是一对对立概念，但是他最终认为需求其实是更为重要的方面。马尔萨斯的需求管理思想中，将需求划分为需求程度和需求强度，并在此基础上提出了"有效需求"概念，认为当供给与需求相等时所对应的需求就是有效需求。以有效需求为核心，马尔萨斯认为在需求为有效需求时，市场上商品的价格可以由生产的费用来决定；而在需求不等于有效需求时，市场上商品的价格由供求关系来决定。据此需求原理，马尔萨斯提出需求管理思想，认为"……对于决定于分配的产品价值的增加，最有利的因素是：（1）地产的分割；（2）国内和国外贸易；（3）使社会中占适当比例的一部分人从事私人服务，或者可能以其他方式提出对物质产品的需求，而不直接参与产品的供给。……"[③] 这种以需求为核心的思想实际上构成对

---

① 西斯蒙第：《政治经济学新原理》，199页，北京，商务印书馆，1964。

② 大卫·李嘉图：《李嘉图著作和通信集》，第2卷，43~44页，北京，商务印书馆，1979。

③ 马尔萨斯：《政治经济学原理》，61~62页，北京，商务印书馆，1962。

萨伊注重供给思想的批评，更为重要的是，基于马尔萨斯需求管理思想，凯恩斯后来倡导了举世瞩目的经济学研究领域革命。

6.1.4 凯恩斯的条件性否定

“凯恩斯革命”对“萨伊定律”作了几近全盘的否定，从不隐讳自己师承马尔萨斯的凯恩斯，将马尔萨斯经济学理论奉为圭臬，认为“……以往传统经济学中所谓的均衡，是建立在供给本身创造需求这一错误理论基础上的充分就业均衡。这只适用于特殊情况，而通常情况下则是小于充分就业的均衡……”① 与此同时，凯恩斯在对“萨伊定律”的否定中也有所保留。对此的理解，在中文版《就业、利息与货币通论》译者导读中，高鸿业教授特别指出：“从表面上看来，本书的基本内容似乎否定了萨伊定律，然而事实上……他并没有如此，而仅仅给萨伊定律加上了一个条件，即只要执行正确的宏观经济政策，使投资等于充分就业下的储蓄，萨伊定律是可以成立的。”对此的认识有助于全面、辩证地理解“供给侧”学派历史上所受到的第一次否定。

凯恩斯主义的集大成者萨缪尔森在评价“萨伊定律”时，提出了自己的观点，认为萨伊定律没有能够将货币经济与物物交换经济区别开来，从而导致了失败。他的论述是，“那么萨伊定律的理论基础是什么呢？它建立在这样一种观点之上：货币经济与物物交换经济（在这种经济中，工人有能力购买工厂所能生产的任何产品）之间不存在本质区别。”② 而这种理论基础决定着古典经济学家认为不会出现持久的生产过剩，因灵活的价格总能够将实际总支出量与充分就业的产出水平相匹配。

6.1.5 马克思关于“庸俗经济学”的批评、考证与认识

考察马克思作出的关于“庸俗经济学”的评价及批判，首先有必要对“庸俗经济学”概念作一考证。尽管有观点认为马克思将资产阶级政治经

---

① 凯恩斯：《就业、利息与货币通论》，北京，商务印书馆，1987。

② 保罗·萨缪尔森、威廉·诺德豪斯：《经济学》，第18版，600页，北京，人民邮电出版社，2008。

济学划分为两大阶段，第一阶段为古典政治经济学，第二阶段为庸俗政治经济学，但是这种区分其实也有可商榷之处，马克思的批判对象实质上覆盖了古典政治经济学的重要代表人物，进而在批判后冠之以“庸俗经济学”的名号。马克思在 1867 年出版的《资本论》第 1 版中正式提出“庸俗经济学”的说法，考证原文，首次提出这一概念是在对劳动产品价值量分析的脚注中，“李嘉图对价值量的分析并不充分，——但已是最好的分析……古典政治经济学在任何地方也没有明确地和十分有意识地把表现为价值的劳动同表现为产品使用价值的劳动区分开……这样，他就陷入庸俗经济学的平庸浅薄之中。庸俗经济学先假设一种商品（在这里是指劳动）的价值，然后再用这种价值去决定其他商品的价值。而李嘉图却把德斯杜特的话读作：劳动（而不是劳动的价值）既表现为使用价值，也表现为交换价值。不过他自己也不善于区别具有二重表现的劳动的二重性质，以致在关于《价值和财富，它们的不同性质》这整整一章中，不得不同让·巴·萨伊这个人的庸俗见解苦苦纠缠……”① 然而，值得注意的是，这一批评虽涉及萨伊，但批评的内容与“供给侧”考察无关。

而后，马克思在《资本论》第三卷中批判了萨伊“三位一体的公式”，认为“庸俗经济学所作的事情，实际上不过是将局限在资产阶级生产关系中的生产当事人的观念，当做教义来加以解释、系统化和辩护……庸俗经济学恰好对应于各种经济关系的异化的表现形式——在这种形式下，各种经济关系显然是荒谬的，完全矛盾的……庸俗经济学丝毫没有想到，被它当做出发点的这个三位一体：土地—地租，资本—利息，劳动—工资或劳动价格，是三个显然不可能组合在一起的部分。”② 马克思对三位一体公式逐一进行了批判：“土地—地租”公式中没有价值，而有使用价值的土地和拥有交换价值的地租被设定在一种比例关系上；“资本—利息”公式掩盖了具有的价值与自身价值不相等的性质，应改为“资本—利润”来更好地揭示两者关系；“劳动—工资”公式则揭示了资本者认为“他为劳动支付了货币这一深刻见解……免除了理解价值的义务”。显然，马克思在这

① 马克思：《资本论》，第 2 版，第 1 卷，98 页，北京，人民出版社，2004。
② 马克思：《资本论》，第 2 版，第 3 卷，925 页，北京，人民出版社，2004。

里的批评也与“供给侧”考察无关。

1873年《资本论》第2版面世，马克思在“跋”中再次阐述了对“庸俗经济学”的思考，与正文中有针对性的学术批判有所不同，此次批判实际上是基于唯物史观对资产阶级政治经济学的批判。“……只要政治经济学是资产阶级的政治经济学，就是说，只要它把资本主义制度不是看做历史上过渡的发展阶段，而是看做社会生产的绝对的最后的形式，那就只有在阶级斗争处于潜伏状态或只是在个别的现象上表现出来的时候，它还能够是科学。”这一论述表明，马克思的指向在于对资产阶级和资本主义制度的批判。对于“古典政治经济学”与“庸俗经济学”，马克思认为“英国古典政治经济学是属于阶级斗争不发展的时期的。它的最后的伟大的代表李嘉图，终于有意识地把阶级利益的对立、工资和利润的对立、利润和地租的对立当做他的研究的出发点，因为他天真地把这种对立看做社会的自然规律……”我们认为，这里并不能说明马克思明确地将资产阶级政治经济学划分为两个阶段，实质上应当解读为：古典政治经济学能够在掩盖阶级斗争的前提下保持其一定的科学性，但是阶级斗争被掩盖，并不表示其不存在，也就是说，古典政治经济学实质上就具有庸俗性质，而其是否明显表现出庸俗则取决于阶级斗争是否被掩盖的阶段，而这种庸俗经济学的定论，是源于唯物史观中对资本主义制度仅仅是历史上一个过渡发展阶段的认识。

总之，马克思以其特有的深刻性和鲜明的阶级立场确实批评了古典学派与萨伊，但上述批评所指，却均不在于“供给侧”的视角与逻辑起点。

6.2 理论争鸣之评价“供给学派”

6.2.1 对“供给学派”的认识

按照美国《新闻周刊》20世纪80年代初的总结，“供给学派”的主要代表人物有马丁·斯图尔特·费尔德斯坦、阿瑟·拉弗、罗伯特·巴特莱、裘德·万尼斯基、克莱格·罗伯茨、理查德·蔡克豪瑟、罗伯特·霍尔、米切尔·博斯金、保尔·麦克福、罗伯特·门德尔、米切尔·伊文斯、托马斯·萨金特等。此外，当时居于政界的代言人有 20 世纪 80 年代的财政部部长唐纳德·里甘、行政管理和预算局局长戴维·斯托克曼等。这一集学界、政界、新闻界等跨界组合而成的学派，虽然既没有同时代以弗里德曼为代表的货币学派和以哈耶克为代表的新自由主义学派的理论体系所表现的那样系统化，也不似诸多学派具有相当一段时期的酝酿与发展，但是却实实在在对美国经济实践产生了巨大影响。以粗线条梳理，供给学派的主要逻辑和主张包括四大方面。若从细节看，则不难发现供给学派内部始终存在着以拉弗为代表的“主流供给学派”与以费尔德斯坦为代表的“温和供给学派”之间的摩擦与纷争。

如果用一条简要的逻辑线索对供给学派的认识进行概括，可以是：经济增长—增加供给—增强刺激—利用减税—减少干预。沿此线索，供给学派的主要观点可以归纳为以下四个方面。第一，经济增长的唯一源泉在“供给侧”。需求管理者认为，增加政府支出可以增加就业和产量，从而刺激经济增长。然而，供给学派认为增加政府支出会抑制储蓄和投资，从而不会增加就业和产量。不仅如此，扩大财政赤字支出还会导致货币供给量过多，物价持续上升，最后酿成恶性通货膨胀，20 世纪 70 年代爆发的“滞胀”危机，根源就是忽视供给而一味强调需求。第二，增加供给的途径是经济刺激和投资。供给学派认为，增加生产和供给必须通过增加投资和劳动来实现，特别是投资的增加。而投资是储蓄的转化，所以产量的增长间接决定于储蓄量的高低。供给学派把美国同其他主要资本主义国家进行对比，证明凡是储蓄率高的国家，其生产率增长和经济发展也相对更快，以此得出结论：储蓄是生产增长的重要因素，从而认为，美国经济增长缓慢在于储蓄率低，而低储蓄率的结果是由凯恩斯主义需求管理政策造成的。除储蓄之外，决定投资的一个重要因素是企业家精神。第三，增加刺激的主要手段是减税。经济增长决定于供给，供给决定于刺激，刺激决定于政府的各项政策措施，包括征税、规章条例、政府支出、货币供给等。供给学派认为，减税是增加刺激最有效的手段，其刺激经济增长的逻辑是：减税可以让劳动者、储蓄者和投资者尽可能地获得最大报酬和利益，这种收入的结果是除去各种纳税和由于政府立法所造成的成本费用以后的报酬净额。对于减税政策，供给学派更注重税率削减，尤其是对累进税制高税率的削减。他们认为：高税率会严重挫伤劳动热情，缩减个人和企业储蓄能力，而储蓄减少将使利率上升；高利率同时会导致企业生产规模萎缩，从而导致经济增长缓慢，商品供给不足。如果加之扩大需求政策，则势必导致通货膨胀加剧，从而进一步导致企业对生产高估因而抑制生产、使资本价格提高因而抑制投资。减税则能够刺激人们工作的积极性和增加储蓄。第四，增加刺激的外部条件是尽量减少政府对经济的干预。供给学派特别强调市场机制的作用，反对政府过多干预经济活动：一是反对政府的过大社会福利支出，二是反对过多的规章法令，三是反对国家控制货币发行量。

供给学派的内部分歧主要源于哈佛大学教授马丁·斯图尔特·费尔德斯坦与南加利福尼亚大学教授阿瑟·拉弗之间的摩擦与纷争。基于此，学界对供给学派分歧的程度曾开展过热烈讨论，有论述称两者是决裂的，甚至未将费尔德斯坦划入供给学派当中，也有论述认为两者一脉相承，其理论思想并没有实质的区别。参阅国内外资料，尤其是立足于21世纪对20世纪80年代热烈纷争的回顾，我们认为费尔德斯坦无疑是供给学派的一位重要代表人物，但在一些分支观点上的确与拉弗存在分歧，然而并不是学派性质的决裂，而是在“大同小异”下的摩擦与纷争。

两者思想中的共同之处主要表现在四个方面：第一，都认同市场的自我调节机制，追求经济自由主义，反对国家过多干预经济；第二，都反对凯恩斯主义经济学，并特别强调和重视“供给侧”的作用，认为消费过多影响储蓄会削减经济增长的动力，且此原因导致美国经济爆发了“滞胀”危机，认为解决危机的良方是从供给侧着手；第三，都认同减税能够刺激投资，增加供给，带动经济增长，并对此进行了论证；第四，都采用了宏观与微观相结合的分析方法，并都更加侧重从微观的角度进行分析。

然而，具体到指导政策的应用理论方面，两人不同之处不少，并进行了相当激烈的争论。第一，减税政策的相关理论。拉弗提出了著名的“拉弗曲线”，认为税收收入不一定随税率上升而增加，只有合理的税率才能带来最大的收入。减税是增加供给最主要、最有效的途径，实行大规模减税可以刺激储蓄和投资，从而使生产和税收急剧增加，并开辟新税源，以此减少失业、增加生产、解决通胀问题，从而促使萧条转向繁荣。费尔德斯坦在减税问题的细节上同拉弗有明显分歧，他并不是孤立地考察税收问题，而是将其置于众多影响经济的因素之中。费尔德斯坦甚至公开对拉弗提出批评，“早先有这种天真的拉弗曲线理论，认为减税将通过内部作用自行得到弥补，因此没有必要削减预算，现在这一理论已被抛弃。取而代之的是范围广泛和大体上规划周到的一揽子计划变动，它不仅要降低政府的开支，而且还要削减那些使私人部门的财力物力得不到有效使用的障碍。”第二，对需求管理应用的态度。在对需求理论的态度方面，拉弗以税收结构为基点，分析了凯恩斯主义对储蓄和投资的歧视，认为美国的税收结构利于消费而不利于投资，应当复活“萨伊定律”，肯定供给的重要地位，并对古典自由主义十分崇尚。而费尔德斯坦则认为，供给学派仅仅有能力使经济脱离低潮，即应对经济危机，却无法控制商业周期。供给过剩是不可避免的，而一旦出现衰退和萧条，以需求管理为核心的凯恩斯主义仍将发挥重要作用。第三，对于货币政策。拉弗主张恢复金本位制，认为这才是反通货膨胀的根本政策。而费尔德斯坦则不赞成金本位制，认为应当通过减缓货币供应的增长速度来抑制通货膨胀。

6.2.2　学界对“供给学派”的批评

学界一般认为供给学派没有成形的理论体系，评价大都集中在“减税”这一核心政策主张上，且都来自媒体评论人，论者甚至将乔治·沃克·布什（George Walker Bush）的政府减税政策也一并纳入其中。此外，来自萨缪尔森、克鲁格曼、阿罗等经济学家的评论也很碎片化，难与19世纪学界的思想交锋相提并论。若将学界对供给学派的批评进行归纳和总结，可知这些批评主要指向三个方面。

第一，减税的作用可以是刺激储蓄和投资，也可以是刺激闲暇和消费，其实际影响并不是确定的。事实上，当时的减税政策刺激美国需求膨胀，外贸逆差逐年扩大，并一方面导致财政收入减少，另一方面导致财政赤字迅速攀升而进一步引发国家债务危机，为了维持公债的有效性不得不维持高利率水平，催使外贸进一步恶化，一系列连锁反应导致美元信心危机。第二，供给学派的减税主张中，特别强调对税率尤其是边际税率的削减，而在实际操作中削弱了税收的累进性，造成主要给富人减税的政策效应，削减政府开支的政策主张则主要削减了社会福利开支，导致出现“劫贫济富”的后果。第三，侧重增加供给的思路导致总需求快速增长，成为通货膨胀率攀升的因素。

简要地说，这三方面批评的前两项各有其道理，但主要是“减税”实施中“度”与“结构取向”的权衡问题，并不足以总体否定减税的必要性；第三项主要是“只见树木不见森林”的管中之见，并不能成立。

6.2.3 实践中“供给学派”的得失

虽然供给学派的政策主张并没有将美国宏观经济推向预期的增长高度，但是仍然不可否认这种政策主张较为有效地缓解了美国滞胀问题。在里根上台之前的美联储主席保罗·沃尔克曾用铁腕顶住压力把名义利率提高到20%以上，力求把通货膨胀压下来。这是典型的需求管理手段。对于滞胀中的“胀”来说，这一招当然还是发挥了一些作用的，但对“滞”的解决却毫无贡献，故在理论圈内难获高度评价。1981年，新上台的里根总统提出的“经济复兴计划”开头就声明，他的计划与过去美国政府以需求学派为指导思想的政策相决裂，改以供给学派理论为依据，采取大幅度减税和削减社会福利等措施以刺激经济增长和减少政府干预及赤字压力。里根执政期间，主导了两次重要的减税措施的制定和实施（1981年和1986年）。在美国处于高通胀、高利率的不利形势下，里根经济政策有效地平抑了通货膨胀，并且保持赤字处于可控制的水平。即使在里根卸任总统之后，人们依然可以看到里根经济政策对美国经济和国民活力的恢复与提升的影响。从1982年12月起，美国经济逐渐走出衰退，经济复苏势头比第二次世界大战后历次经济复苏都强劲有力。至1988年5月，美国经济持续增长65个月，成为战后和平时期经济增长持续时间最长的一次。通货膨胀率也由里根最初上任时的13.5%下降为不到5%。美国GDP占世界的比重也由1980年的23%上升到1986年的25.2%。并且，这一时期也成为20世纪90

年代以硅谷为代表的“新经济”技术革命的孕育期。

但里根的经济政策也带来了一些明显的负面影响。与前苏联的军备竞赛和大力推行的减税计划，使里根执政时期累计财政赤字高达 13 382 亿美元，比此前的历届美国总统所累积的财政赤字总额还要多。这严重影响了美国政府财政的可持续性，在一定程度上成为拖累美国经济持续发展的因素，也给后任者留下了包袱和沉重压力。直至克林顿总统，还在指责里根的政策是“不计后果”。2000 年前后，美国供给学派一度表现得近乎“销声匿迹”。

另外，由于 1980 年以来世界经济出现长期的“大缓和”、金融市场的发展和货币政策有效性的提高，发达国家财政政策作为宏观经济调节工具的重要性大大降低，特别是很多国家由于社会福利开支过大，进一步挤压了逆周期的财政政策的操作空间，“华盛顿共识”及其所鼓励的新自由主义取向在若干年内顺风顺水。然而，新自由主义减少监管干预的主张也过了头，并最终出现国际金融危机。目前，很多政府都意识到应适当调低其目标债务水平，以便经济出现大的波动时，政府能够有充足的“财政空间”，以提高具有“自动平衡器”功能和“主动稳定器”效应的财政政策作用。

6.3　“供给侧”学派发展脉络的四大阶段

6.3.1　第一阶段：从“萨伊定律”到“凯恩斯主义”

让・巴蒂斯特・萨伊 1767 年出生于法国里昂，19 岁赴英国留学并开始接触斯密的《国富论》，受到此经济学启蒙思想的影响，萨伊后来也成为古典自由主义的代表人物之一。从年轻时期的文学青年，逐步经历从商、从军，后又回归编辑岗位，萨伊在 1803 年出版著作《论政治经济学，或略论财富是怎样产生、分配和消费的》（或可简称为《政治经济学概论》），并在此著作中提出了著名的“萨伊定律”。按照萨伊的论述，“某人通过劳动创造某种效用，同时授予其价值。但除非有人掌握购买该价值的手段，否则便不会有人出价来购买该价值。所指手段由何组成？回答是由其他价值所组成，即由同样是劳动、资本和土地创造出的其他产品所组成。基于这一事实，我们可以得到一个乍一看来似乎非常离奇的结论，那就是生产为产品创造需求。……值得注意的是，产品一经产出，从那一刻起就为价值与其相等的其他产品开辟了销路。一般来说，生产者在完成产品的最后一道工序后，总是急于把产品售出，因为他害怕产品滞留手中会丧失价值；此外，他同样急于把售出产品所得的货币花光，因为货币的价值也极易流失。然而，想出手货币，唯一可用的方法就是用它买东西。所以，一种产品的生产，会为其他产品开辟销路。"① 应当说，萨伊的论证并不完美，但其生产（供给）产品会引发后续需求的思维，却内含了长久的启发性：实质上，"萨伊定律"核心认识的重大贡献在于启发式地赋予了经济学研究中"生产和消费、供给和需求的相互影响决定市场容量（和产品价格）"的思考。

截至1848年约翰·穆勒的《政治经济学原理》问世之前，萨伊撰写的以财富的产生、财富的分配和财富的消费三部分为主要内容的《政治经济学概论》一直在欧美经济学教学中占据主导地位。尽管19世纪中期到20世纪初，古典自由主义一直在不断变化和发展，如哈耶克将其划分为以大卫·休谟、亚当·斯密、埃德蒙·伯克为代表的侧重经验主义的"英国的流派"，以及以卢梭、百科全书派为代表的侧重理性主义的"法国的流派"，但是"萨伊定律"作为古典自由主义的重要分支，始终独树一帜地处于主流地位。直至"大萧条"时期的到来引发了经济学理论的凯恩斯革命，"萨伊定律"几近被彻底颠覆，"供给侧"学派也迎来历史上第一次否定。

20世纪30年代，英国经济学家约翰·梅纳德·凯恩斯发起了经济学研究范式和研究领域颠覆性转变的革命，标志是1936年凯恩斯主义奠基著

---

① Jean – Baptiste Say, A Treatise on Political Economy (or the Production, Distribution, and Consumption of Wealth), Batoche Books, Kitchener, 2001, Part One: the Production of Wealth, Chapter XV: the Demand or Market for Products, "Which leads us to a conclusion that may at first sight appear paradoxical, namely, that it is production which opens a demand for products".

作《就业、利息与货币通论》的出版。凯恩斯主义认为，经济中的自动机制不足以使生产和就业达到均衡状态，而这恰恰与认为价格和利息率会自动调整达到均衡的“萨伊定律”相悖。经济学界信奉凯恩斯主义的重要历史背景是 1929 年至 1933 年由美国爆发经济危机而引发的全球经济衰退，即“大萧条”。这一次经济危机以 1928 年木材价格的下跌为导火索进而以农产品价格下跌为起点，美国采取强制手段下调基本谷物价格打破全球价格链条，引发美国国内空前投机热，抽回了当时游走在欧洲的巨额资金，并最终于 1929 年 10 月引发华尔街股市暴跌，这一衰退进一步通过金融链条传导而迅速蔓延至全球范围，且引发了大量社会问题。这一局面从 1929 年一直持续到 1933 年罗斯福颁布以复兴（Recover）、救济（Relief）、改革（Reform）为主要内容的“3R”新政，经济萧条才得以遏制并开始企稳向好。当时的经济实践，尤其是罗斯福新政对微观经济采取的宏观调控手段，对经济学理论发展至关重要，实际上在从实践层面对古典自由主义提出了巨大挑战以后，理论架构的创新就给出了对实践的有力指导。这些相关思考和逻辑演变被纳入凯恩斯的《就业、利息与货币通论》中，并广泛传播，其对古典自由主义时期“供给侧”学派代表——“萨伊定律”所进行的几近全盘的否定，自然也随之成为“凯恩斯革命”所带来的一项有影响的思想否定。

6.3.2　第二阶段：从“凯恩斯主义”到“供给学派”

自 1936 年《就业、利息与货币通论》的出版使凯恩斯主义风靡全球起，全球经济面临的历史背景是一次又一次的战争。翻开《美国经济史》即可看到，1933 年渡过“大萧条”时期后，截至 20 世纪 70 年代，这一段近现代史几乎由战争填充：1939 ~ 1945 年爆发了第二次世界大战，1950 ~ 1953 年爆发了朝鲜战争，1964 ~ 1973 年爆发了越南战争。二战及二战后期，即 20 世纪 40、50、60 年代，凯恩斯主义一直在经济学领域占据主导地位。然而，到 20 世纪 70 年代，“滞胀”作为一种新的经济危机现象强烈威胁美国并有可能席卷全球：这种一方面导致经济增长放慢至停滞引起大量失业，另一方面又加剧通货膨胀的新型经济危机，对凯恩斯主义提出了真正意义上的挑战，和实践中凯恩斯主义“干预”操作的手足无措式窘境一起，宣告了凯恩斯主义辉煌时代的终结。

经济学界对“滞胀”进行了大量的讨论，应运而生的供给学派、货币学派、新古典综合学派、新剑桥学派、卡尔多学说、二元系统说、两种价格体系说等学派都在自己的理论立场上对“滞胀”的原因和对策进行探究，供给学派和货币学派可说是大潮流中最为重要的两大分支。以弗里德曼为代表人物的货币学派认为应当减少政府干预，并在不断发展中分离出著名的理性预期学派，对后来的经济学研究产生了深远影响。而与此同时，由裘德·万尼斯基命名，以罗伯特·蒙代尔、亚瑟·拉弗、马丁·斯图尔特·费尔德斯坦等为代表人物的供给学派否定了凯恩斯主义在宏观调控中以“需求侧”作为主要视角的认识，重新肯定“萨伊定律”的正确性和重要性，认为“供给侧”并非是由需求派生的次要因素，而是更为主要的因素，主张通过大幅度降低税率来对经济增长进行激励。这种思想最终因其有效性以及在政治层面满足决策者诉求等多重原因而在国家宏观政策实践中得以脱颖而出，成为20世纪80年代里根政府执政以及英国撒切尔夫人“后国有化”的重要指导思想。1981~1982年，美国经济陷入“二战后最严重的经济危机”并进入里根总统执政时期，里根认为供给学派思想“同20世纪70年代需求学派掌管的、导致通货膨胀的繁荣，形成鲜明的对照”①，并提出著名的“经济复兴计划”，声明要与过去美国政府以需求学派为指导思想的宏观政策决裂，而改以供给学派理论为主导思想，且在1985年第二任期宣布继续扩大原计划。这使得供给学派的理论思想在实践中对美国宏观经济政策产生了空前的影响，供给学派同时也得到“里根经济学”（Reaganomics）这一冠称，标志着“供给侧”学派对凯恩斯主义的第一次否定。

6.3.3 第三阶段：从“供给学派”到“凯恩斯主义复辟”

供给学派指导政策实践时信心满满，但历史记载的实践结果却并不那

① 参见1981年2月18日美国里根总统向美国国会两院联席会议提交的国情讲话。

么合乎意愿，尽管经过供给学派政策实践，所有经济阶层的所得都得以提升，但是美国宏观经济没有像预期那样顺利增长，加之供给学派主张全面减税的政策导致联邦财政连年出现巨额赤字，并导致利率攀升、外贸出现赤字，于是它又迅速丧失信任，为 20 世纪 80 年代末凯恩斯主义的复辟奠定了基调。

此外，对 20 世纪 80 年代美国“新经济”时代的悄然到来，后人应给出格外浓墨重彩的一笔。美国产业结构从 20 世纪 80 年代开始产生深刻变化，以信息业为核心、“硅谷”为代表的高科技产业得到长足发展，“星球大战计划”等以高科技为特点的政府宏观导向也掀起美国国内对科技追求的狂潮。以硅谷为例，尽管始创于 20 世纪 70 年代，伊始以军事技术和无线电技术为基础，但是于 20 世纪 80 年代逐步形成大规模产业园区，成为集生物、空间、海洋、通信、能源材料等新兴技术研究机构为一体的美国高新技术的聚集区，并从 20 世纪 80 年代末起，成为美国经济增长和腾飞最为重要的动力源。然而，供给学派当时所掌控的宏观政策并没有将这些新动力充分纳入考虑中，仍然“缺乏系统性”地坚守减税政策，很快脱离了经济实践的发展重心，反而造成了财政赤字的巨额增长，成为宏观经济发展的制约。

由于里根时代“供给侧”的宏观调控，后任美国政府在经济学界凯恩斯主义复辟浪潮中多采取需求侧调节和供给侧调节双管齐下的过渡性财政政策，一方面虽不否定通过减税来刺激供给，另一方面又注重通过节支来控制需求，从而减少财政赤字不断增长的困扰，一旦滞胀特征淡化，政策主流便迅速重拾总量“反周期”调控的标准化国家干预轨道，这标志着凯恩斯主义复辟浪潮对“供给侧”学派启动了第二次否定。

6.3.4　第四阶段：从“凯恩斯主义复辟”到“供给管理”

凯恩斯主义复辟浪潮中，最为突出的代表人物就是凯恩斯主义在美国承大统者、新古典综合学派的代表人物保罗·萨缪尔森。自 1948 年萨缪尔森的《经济学》（第 1 版）问世以来，至今已再版近二十次，是经济学教科书版本中的百科全书，而萨缪尔森倡导的“逆风向”而行的宏观调控指导思想，不仅在凯恩斯革命时期对美国经济政策产生了重要影响，并且在凯恩斯主义复辟浪潮中对全球经济体尤其是以中国为代表的新兴经济体的宏观经济调控产生了广泛而深远的影响。这种主要侧重于需求侧调节的“反周期”思想可以作为凯恩斯主义自20世纪90年代“复辟”以来最为重要的经济政策思路。

20世纪90年代及21世纪初，美国经济在以科技发力为先导的巨大增长驱动下，历经十余年的稳定增长，继续坐稳世界经济体之林第一把交椅的位置。截至2007年，尽管中间经历了以罗纳德·科斯和道格拉斯·诺斯为代表的制度经济学带来的“第三次革命”和理性预期及信息经济学为经济学界注入的新思想、新发展，但从实践角度而言，经济学界特别是主要国家的决策者对凯恩斯主义以及凯恩斯主义复辟两次浪潮所带来的积极的经济实践结果仍然信奉不疑。然而，2008年美国金融系统爆发“次贷危机”，并迅速通过传导效应直接造成欧洲诸国陷入严重的主权债务危机，世界经济两足鼎立局面发生巨大动荡，引发全球金融海啸和被格林斯潘称为“百年一遇”（实为可与“大萧条”相提并论）的世界金融危机，直接导致经济学界对凯恩斯主义的再次质疑。此次金融危机救市政策中，美国断然摆脱所谓“华盛顿共识”，从“供给侧”进行足以影响全局的“区别对待”的政策操作与结构性调整，明确地对本国宏观经济进行了强有力的“供给管理”，而不限于所谓的货币总量调节或者需求侧调节，这标志着“供给侧”调控思想对凯恩斯主义的第二次否定。

6.4 “供给侧”学派源流的两轮“否定之否定”

6.4.1 第一轮“否定之否定”：萨伊定律—凯恩斯主义—供给学派

“供给侧”学派源流发展的四大阶段呈现出相当清晰的规律性，即两轮“否定之否定”。第一轮“否定之否定”是指“萨伊定律—凯恩斯主义—供给学派”，第二轮“否定之否定”是指“供给学派—凯恩斯主义复辟—供给管理”。这一方面揭示了“供给侧”学派自产生以来的发展变化起伏轨迹，另一方面为我们认识后危机时代的“供给管理”提供了可供探寻、值得重视的逻辑路径。

“供给侧”学派的第一轮“否定之否定”是从开端到第一次回归的阶段。19 世纪初萨伊提出著名的“萨伊定律”，认为“供给创造自己的需求”，这标志着“供给侧”学派的开端，并伴随古典自由主义在 19 世纪一直位于主流经济学地位，直至 20 世纪初经济危机的出现才打破这一平衡。1929 ~ 1933 年“大萧条”时期，以“萨伊定律”为代表的古典自由主义无法解释更无法扭转经济急剧衰退的局面，美国罗斯福新政与“凯恩斯革命”相得益彰，并对自由放任的经济学思想及“萨伊定律”进行了几近全盘的否定。凯恩斯主义宏观经济学解释并有效解决了席卷整个资本主义世界的“大萧条”危机，追随者将其奉为圭臬。然而，美国于 20 世纪 70 年代爆发新型经济危机，即“滞胀”危机。在对凯恩斯主义提出巨大挑战的过程中，两大学派最终脱颖而出，一个是以弗里德曼为代表的货币学派，后经继续发展分支出理性预期学派，另一个是由裘德·万尼斯基命名、以罗伯特·蒙代尔和亚瑟·拉弗为代表人物的供给学派。供给学派重新肯定“萨伊定律”的正确性，主张在政策层面侧重供给侧的调节，实现了从凯恩斯主义盛行到供给学派复活“萨伊定律”对其的否定，构成了“萨伊定律—凯恩斯主义—供给学派”这一轮“供给侧”学派“否定之否定”的完整轨迹。

6.4.2　第二轮“否定之否定”：供给学派—凯恩斯主义复辟—供给管理

“供给侧”学派的第二轮“否定之否定”是从美国在 20 世纪 80 年代初遭遇“二战后最严重的一轮经济危机”开始的。尽管在供给学派指导思想下，宏观经济结构在很大程度上得以优化，但直至里根政府第二任期的结束，美国经济一直没有兑现宏观经济高速增长的承诺，并且出现了极为严重的财政赤字和外贸赤字，供给学派逐渐丧失民心，引发了凯恩斯主义复辟浪潮。虽仍然延续供给学派的减税主张，但是凯恩斯主义复辟浪潮下，主要奉行的是“逆风向”调节的宏观经济政策，并且主要从“需求侧”调节来刺激宏观经济增长。在“新经济”浪潮下，20 世纪 90 年代和 21 世纪初，凯恩斯主义的思路仍然占据主流经济学的主导地位。直至 2008 年美国“次贷危机”引发全球金融危机，美国政府在救市实践操作中采用“供给管理”手段，这标志着“供给侧”学派的第二次回归。由此，又很快构成了“供给学派—凯恩斯主义复辟—供给管理”这一轮“供给侧”学派“否定之否定”的完整表现。

6.4.3 “供给侧”学派两轮“否定之否定”给予的启示

在对“供给侧”学派演变与评价作出梳理的基础上，结合其发展中经历的两轮“否定之否定”的表现，我们可从以下两个方面得到重要启示：

第一，两轮“否定之否定”体现了“供给侧”学派在实践中的曲折探索及其内在的生命力，沿着“大萧条—滞胀—二战后危机—次贷危机”这一经济危机史的轨迹，历经一次否定，便迎来一次回归。

第二，两轮“否定之否定”还包含了“供给侧”学派的理论思想在与人类社会实践互动中的螺旋式上升，沿着“萨伊定律—供给学派—供给管理”这一发展脉络，可通过对这些理论的深化认识，更充分地把握理论发展的传承与创新，提炼其螺旋式上升最主要的内涵。

从“萨伊定律”到“供给学派”再到“供给管理”，一脉相承的思维逻辑起点是对“供给侧”的认识与重视。然而，“供给侧”学派三个阶段上的发展已呈现出明显的螺旋式上升的特点：

第一，对政策功能的认识。萨伊的政治经济学强调的是完全自由放任的经济，认为供给能够创造相应的需求，不应当对其强加管束；发展到供给学派阶段，这一思想已带有宏观经济学的认知框架，上升为经济政策在短期内能够起到刺激经济发展的作用，但是从长期来看，宏观经济政策是无效的；优化制度供给、发展到供给管理阶段，这一思想已带有制度经济学的色彩，被螺旋上升地发展为宏观调控中应当特别注重运用供给管理的手段来调整经济结构、化解经济危机、谋求长期发展。

第二，“供给侧”的研究内容。从萨伊到穆勒和李嘉图，古典自由主义对供给侧的研究尚停留在探析供给与需求的关系上，研究的思路是围绕劳动、土地和资本三大要素最终归结到关于财富的分析；发展到供给学派时，尽管对供给管理的思路予以高度认同，但是管理内容已经开始步入对就业与经济增长关系的分析及如何利用减少税收等思路来刺激经济发展的轨道上来；继续发展到供给管理阶段，对供给侧的研究已经不仅仅停留于较为局限的手段研究，而是发展为更为全面、更有高度的制度安排及转轨与经济增长的关系。

第三，诸家思想的融合。供给侧思想成果被“否定”后的回归，已体现在所提升的包容性：尽管里根经济学标榜与过去的需求管理彻底决裂，但是如本书所述，这种在承认凯恩斯宏观经济学大框架或基本背景下的“决裂”，实际上仍留存19世纪马尔萨斯需求管理思想的脉络与血统，成为一种随时代发展而趋于气度开阔的融合。发展到新千年后的供给管理阶段，这种思想的融合已不仅仅停留在究竟是“将供给管理融入需求管理”还是“将需求管理融入供给管理”的思考，也涉及管理的机制和手段究竟是停留在传统的理论经济学主流认识中，还是必须更多地回应和融合发展经济学、制度经济学等特定分类下的创新。思想的融合，是“供给侧”学派螺旋式上升认识中最不可或缺的一个方面。

因此，“供给侧”学派经历的两轮“否定之否定”可用来解释其在经济学术思想发展历程中的螺旋式上升，这表明供给学派早已并不是萨伊定律的简单复活，而当下我们所讨论的供给管理也并不应被认为是供给学派的简单复辟。

第7章　中国经济赶超的动力机制与制度保障

7.1　经济赶超动力机制的反思

7.1.1　疑问的产生

多年以来，围绕宏观经济学理论，从经济学新兴学派（如发展经济学、制度经济学、转轨经济学等）到新兴流派（如货币学派、供给学派、新自由主义等），无一不在重视并研究经济增长动力的相关问题。从全球范围内各经济体发展过程中的宏观经济调控手段看，传统宏观经济学倡导的经济增长“三驾马车”理论一直被奉为圭臬。然而，若细心观察也不难发现，从2008年美国应对金融危机时在宏观调控中采用具有针对性的“供给管理”措施，到中国开启全面深化改革时代、下定决心加快推进的从重经济发展规模、数量到重经济发展质量、效益转变的经济结构调整，无一不是在经济体运行实践中推动经济增长的切实有效措施。这些并未正式出现在教科书中的、看似颠覆金科玉律却在经济实践中切实有效的宏观调控手段，已引发学界的广泛讨论，对“三驾马车”究竟是否是经济增长根本动力的讨论也包括于其中。那么，究竟应当怎样更加科学地认识和评价经济增长“三驾马车”理论框架？这一理论的局限性或不合理之处究竟何在且有无指向性启发？

7.1.2　需求侧管理对结构性问题的束手无策

“三驾马车”的认识框架基于需求，但实已体现需求侧管理也必须面对结构性问题。追根溯源，凯恩斯在《就业、利息与货币通论》中强调的还是“有效需求”这一概念，即在总供给与总需求达到均衡时有支付能力的总需求，而由此产生的经济增长“三驾马车”理论中所强调的消费、投资、出口三大动力，自然也相应地指向消费需求、投资需求和出口需求。在短期视角和三部门经济框架下，传统宏观经济学理论认为有效需求总是不足的：消费者边际消费倾向递减会导致消费需求不足，资本边际效率递减和强流动偏好会导致投资需求不足，并认为这是形成生产过剩危机并导致高失业率的直接原因。加入开放经济因素作分析后，传统宏观经济学理论在四部门经济框架下认为净出口需求受到实际汇率的影响，而影响程度则最终取决于该国出口商品在国际市场上的需求弹性和国内市场对进口商品的需求弹性，总而言之，最终仍落脚在需求侧。

基于需求的以上认识，我们不妨对经济增长“三驾马车”理论作出一个新的视角定位，即其认识框架实已体现了需求侧管理也必须面对结构性问题，光讲总量是不够的，必须对总量再作出结构上的划分与考察。这当然可称为是一种认识深化与进步的体现。从灵感源自马尔萨斯需求管理的凯恩斯主义开始，宏观经济学强调的就是侧重于总需求的有效需求层面，并随着微观经济学理论分析框架的更新而抽象为大家所熟知的 AD—AS 模型。20 世纪 80 年代，以美国经济学家弗里德曼为代表的货币学派强调的实际上就是通过货币总量来调节宏观经济。而以消费、投资和出口为核心的经济增长“三驾马车”理论，则使一直以关注总量为己任的需求管理实已展现出结构性特征。虽然都是基于需求侧的分析，但是从以俄罗斯籍经济学家希克斯的相关研究而抽象产生的宏观经济学模型开始，IS—LM 模型和 IS—LM—BP 模型显然通过产品市场的决定、货币市场的决定以及开放经济的决定为需求管理拓展出更为广阔，也理应继续得到认识深化的结构性空间，其相关研究也使需求管理得以更好地“理论联系实际”来满足宏观调控需要，并合乎逻辑地延展到“供给管理”问题。

7.2 需求侧“元动力——三动力”的得与失

7.2.1 回顾需求侧元动力

如此，按照经济增长“三驾马车”理论，人们结构化地将消费、投资和出口视为需求侧总量之下划分出认识经济增长的“三大动力”：从动力的源头追溯，人类社会存在和发展本原层面的“元动力”，当然是人的需求，有需求才会有生产活动来提供满足需求的产出，从而产生供给。基于这种“元动力”的认识，才有把需求总量三分的“三动力”即“三驾马车”的认识。凯恩斯主义的分析得出：由于消费需求、投资需求和出口需求构成的有效需求总是不足的，所以认为政府应当通过宏观调控手段刺激总需求，同时还不得不具体处理消费、投资和出口间的关系，从而实现宏观经济增长的目标。这一认识框架的内在逻辑，实已指向了对应三方面需求的结构性响应因素——供给的方面，必须纳入研究，但在传统经济学中这一框架隐含的（非内洽的）“完全竞争”假设下，在绝大多数经济学家那里，这种应继续努力探究的供给侧分析认识，却被简化为“市场决定供给结构并达于出清”而无需再作分析的处理。

无论如何，三大“动力”赋予需求侧管理以结构性特征，使其注入了新鲜活力，得到了新发展。沿着 IS 曲线所表示的投资决定，LM 曲线所表示的利率决定，以及 BP 曲线所表示的实际汇率决定，经济增长“三驾马车”理论推动传统宏观经济学在继 AD—AS 均衡之后，走向 IS—LM—BP 的均衡。相应地，落实到宏观调控政策主张方面，也从原来的强调总量调节合乎逻辑地发展到通过货币政策和财政政策带有结构性地刺激消费、投资和出口需求来实现宏观经济增长的政策主张层面。回归到经济实践中，甚至更加灵活地表现为结构性地调整三大“动力”中的某一个或者某两个，以此来达到弥补一方或两方的疲软，在权衡中最终均衡地实现经济增长的目标。这一点，我们一方面可以在全球经济宏观调控范例中得到印证，例如，2008 年美国金融危机后相继爆发欧债危机，发达国家市场遭受重创，以中国为代表的新兴市场一致感到出口需求严重不足，从而大角度转向拉动内需、加大国内投资与消费来实现宏观经济稳定增长；另一方面还可在学界对宏观经济的讨论中常年关注三大“动力”在短期与长期中作用的比较、正负面效应、调控手段等讨论中认识其无可回避性和可观的分量。因此，三大“动力”分析认识对需求侧管理的贡献已无须赘言。

7.2.2 元动力无法在需求侧实现

综上所述，更加关键地，我们注意到三大“动力”认识虽然在一定程度上满足了需求侧管理的宏观调控需要，但是却并不能真正在需求侧得以实现其认识与逻辑的周延。学界目前非常关注的“三驾马车”是否是经济增长根本动力的问题，结论的指向性非常明确，基本表现为否定一侧。然而，究竟其为何不能成为经济增长的根本动力，则说法不一，有观点认为其只是国民经济核算指标、有短期特征、影响的是 GDP 需求边（李佐军，2014），有观点认为需求侧三大“动力”已跟不上现代经济发展步伐，提出了经济增长的新“三驾马车”，内容又有所不同，有的认为是城镇化、信息化和民生建设（尹中卿，2012），有的认为是原“三驾马车”的引擎升级（邵宇，2013）等。

7.3 “三驾马车”不能构成经济增长根本动力

7.3.1 消费不是一个静态项

本书认为，“三驾马车”不能构成经济增长根本动力的原因，在于其并不能仅在需求侧继续实现其“动力”特征与功能。消费、投资和出口三大认识上所称的“动力”，其实已是“需求”这一“元动力”层面不得不在作出其结构分析而派生出的结构化认识框架，一旦脱离了元动力层面而变为合力的部分，便已失去了元动力属性和定位，所以严格地作学理的推演，这三个力自然不可能归为“根本动力”，只是“动力”的不同传递区域在人们认识上的一种归类。从研究者在实际生活中应做的需求元动力的回应考察或动力响应机制认知来说，不能不进一步沿需求侧的“结构化”认识推进到供给侧的相应分析认识，反映实际生活的经济学理论理应如此。如果仅局限于消费需求、投资需求和出口需求的层面，便走入了近年学界已普遍不再满意的局限性状态。

仅从需求侧看消费，带有过强的静态特征，这与真实产品市场中种类更新日新月异这一现实大相径庭，许多新消费动力的产生并非因为消费需求发生了变化，而恰恰是对消费的供给发生了变化。一个比较典型的例子是带有换代升级特征的新型消费品的出现：以现已司空见惯而实际才刚起步二十余年的手机产品为例，在其还没有被发明出来之前，是完全没有这一块消费需求存在的，在这种新兴产品投放市场后，直接的表现就是供给侧变化使需求侧产生了相应增量，这是仅从需求侧看无由产生和无法观察到的；另外，如果说消费品的静态特征带来的局限性对宏观经济的影响是抑制性的，那么反过来，供给侧变化对消费结构和宏观经济的影响则是明显带有激励性的。比如我们近年来从几乎一无所知到几近耳熟能详的页岩气、页岩油，这些大自然中一直存在的物质资料，在科学认识及开采技术没有达到一定水平之前，一直潜伏于广袤的自然界，没有转化为生产力的构成要素，更无从谈及推动经济的发展。然而，一旦这些新能源产品被新工艺新技术供给出来，直接带来的就是供给侧的变化，这种新能源产品对传统能源产品具有一定程度的替代性，可以直接导致消费结构的改变和激励经济运行态势向高涨演化。

7.3.2 投资并非一个主观项

仅从需求侧看投资，则带有过强的主观特征，按照对投资需求的重视，似乎刺激了投资需求就能够在经济体量上有所体现，而现实的经济实践绝非如此，最典型的例子就是中小企业投资需求强烈而充分，但投资供给却往往跟不上；同样的投资规模，不同的投资机制和投资结构，结果可能有天壤之别，诸如此类的例子不胜枚举；资本市场中如资源错配、结构性失衡的格局长时期存在，在这种情况下再大力刺激需求于宏观经济显然易导致长板更长、短板更短，百害而无一利。投资于经济发展的意义，其实主要体现在供给侧，换言之，投资是以其结构完成配置和体现质量与绩效，从宏观经济层面看，谈到投资总量一定要随之看其结构，比如科技方面的投资是不是足够，民生方面的投资是不是需要给予侧重，生态环境方面的投资是不是有效，等等，这些只有通过供给侧才能实现调整的投资结构性问题，对于特定经济体至关重要，在某种意义上可以说是决定经济运行成效的关键。

7.3.3　出口亦非一个恒定项

仅从需求侧看出口，则多带有纯比较优势理论与纯汇率理论主导的色彩，出口产品在国际市场中影响力越大则对本国宏观经济增长的拉动作用就越强，这种利用经济学抽象模型演绎的分析无可厚非，但真正落实到全球化背景下的开放经济中，发展中国家通过后发优势赶超发达国家的增长路径显然难以得到全面解释，常识就可以告诉我们，仅仅是实际汇率的变化并无如此大的魔力，先进经济体对后进经济体的“高端选择性供给”往往对双边贸易的中长期基本格局具有某种决定性意义。此外，越来越多被提及的、由物理学中“万有引力定律”发展而来的贸易引力模型等新认识及全球化时代应运而生的一系列贸易联盟，都在不断通过供给侧改变着全球贸易格局以及出口对一国宏观经济的影响，这些远非需求侧可触及和相提并论。

7.3.4　相关认识的小结

在需求侧对“元动力”的认识发掘推进至“元动力——三动力”时，其给需求管理带来的“得”与“失”却构成了一个悖论：一方面，需求侧的“总量”观与简洁的“三驾马车”认识框架，确实在发达市场经济体一般情况下的实践层面满足了其调控对“理论指导与支持”的需求，而另一方面，仅在需求侧的由“元动力”派生、演化出的“三驾马车动力”机制，在三者合力“怎样合成”上始终解释模糊，特别是经受不了“世界金融危机”冲击考验之下“水落石出”般的审视和回应不了摆脱种种局限引出建设性对策的要求——这种悖论，只有在引入供给侧分析和供给结构与制度机制分析后，才能得到化解。一言以蔽之，“三驾马车”完全无法被认作拉动经济增长根本动力的道理在于：对需求“元动力”的回应和传导，关键已不在需求侧。

7.4 由悖论认知分析的指向

7.4.1 从需求侧向供给侧的转换

消费、投资和出口只是需求作为经济增长的“元动力”而可进一步作出结构性认知的分析框架，只要沿着“结构性”的角度继续深化认识，就会发现仅在需求侧并不能够真正完成动力认知这一悖论，这强烈呼唤着对与之相对应的供给侧的结构性动力机制的探究。

显然，“三驾马车”所强调的消费、投资和出口需求三大方面的分别认知，只有联通至消费供给、投资供给和出口供给，才有可能对应地成为各自需求的满足状态，其中蕴含着由需求侧“元动力”引发的供给侧响应、适应机制，或称其所派生的要素配置和制度安排动力机制。

7.4.2 需求的增长动因在供给侧

在经济增长动力的全景图上，我们当然首先应该肯定需求的原生意义，人活着就会有需求，有需求才有各种各样被激活的动机和满足需求的创业、创新活动。但特别值得注意的是，这些创业、创新活动的定位实已转到供给侧，供给是需求元动力（“第一推动力”）之后由响应而生成的最重要的“发动机”与增长引擎。事实上，人类从茹毛饮血时代发展到今天，已看到科技革命产生巨大的生产力飞跃，并创造着上一时代难以想象的供给能力，同时这些原来让人难以想象的供给，并没有充分满足人类的需求，原因在于人类作为一个适应环境进化的物种，其需求是无限的。正因为如此，现实地推动人类社会不断发展的过程，虽然离不开消费需求的动力源，但更为主要的支撑因素从长期考察却不是需求，而是有效供给对需求的回应与引导。从更综合、更本质的层面上讲，经济发展的停滞其实不是需求不足，而是供给（包括生产要素供给和制度供给）不足引起的。一般而言，要素供给（如生产资料、劳动力、技术供给等）是经济层面的，与千千万万的微观主体相关联；而制度供给是政治社会文化层面的，直接与社会管理的主体相关联。人类的长期发展过程正是因为不确定性的科技创新产生一次次科技革命，带来一次又一次生产力的提升，进而推动制度安排的一轮又一轮改革和优化，使总供给能力一次次大幅度提升，促进并保持了经济的长期发展和趋于繁荣。人类的供给能力现实地决定着人类的发展水平，也正是由于这种原因，我们可划分人类社会的不同发展时代：狩猎时代、农业时代、工业时代、信息技术时代，以后随着生物技术的不断飞跃，我们还可能会迎来生物技术时代。与之相呼应，人类社会经济形态与制度框架经历了自然经济、半自然经济、自由市场经济、垄断市场经济和“混合经济”多种形态。我们所处的当今时代，全球化的社会化大生产的突出特点，就是供给侧一旦实行了成功的颠覆性创新，市场的回应就是波澜壮阔的交易生成，实实在在地刺激需求增长。这方面例子已有很多，比如乔布斯和他主导创造的苹果产品，再比如“互联网电子商务与金融”这种带有一定颠覆性特征的创新等。这些动不动就席卷全球的供给侧创新，其真正作用是引导式改变，改变产品市场的数量、机制、构造和联系，当然也改变了需求的种类、范围、激励和方式，体现在宏观经济中就是形成增长的动力。

7.4.3　结构性问题实质上落在制度供给

我们自然而然、合乎逻辑地应当特别注重供给侧投资的特殊性、针对性和结构特征。需求侧强调的投资需求，概念上还是总量中的“三足鼎立”的一足，即“三驾马车”中的一驾，而一旦表现为对应投资需求的投资供给，便成为生产能力的形成与供给，成为消费和出口的前提，并天然地要求处理其具体的结构问题——事实证明这恰恰不是传统概念的需求管理就能够完全处理好的。在市场发挥“决定性”作用的同时，只要不是纯理论假设的“完全竞争”环境和完全的“理性预期”行为，政府的供给管理就必不可少，而且在实践中往往还会表现为决定性的事项（可观察美国应对世界金融危机的关键性举措)。仅刺激或抑制投资需求，并不能同时解决好结构性问题，必须同时处理好投资的结构优化政策与机制，达到基于结构优化形成的投资质量与综合绩效的提升，才能形成势必推动经济增长的动力（发动机)。比如，当下中国进入“新常态”增长的最关键投资动力源，就包括应当启动以增加有效供给的选择性“聪明投资”（贾康，2014)，来实现“补短板、挖潜能、转主体、增活力、提效率、可持续”，以达到投资拉动经济增长的意愿目标。至于外贸的出口净值也决不属于需求管理可直接解决的对象，真正应抓住的，是在全球化进程中的自身结构优化、不断提升国家竞争力。

消费供给、投资供给和出口供给，实际上构成了供给侧的动力机制，这种动力机制带有非常明显的结构性特征。与需求侧的均质、可通约明显不同，供给侧的产出是千差万别、不可通约的产品和服务，以及以各种特色表现的必须具体设计、鲜可照搬的制度供给——产品服务供给的升级换代产生“供给创造自己的需求”的巨大动力，制度供给的优化更会带来“解放生产力”的巨大“引擎”与“红利”效果。“物”的供给能力的竞争，也相应地呼唤着与之匹配“人”的利益关系视角的制度供给优化竞争。通过上述与需求侧“元动力”相对应的供给侧的结构性动力机制构建，我们不难发现经济增长的“动力体系”已浑然天成。

7.4.4 重新思考“创新驱动”

不论是理论工作者还是实际工作者，所普遍认可的“创新驱动”，显然是一种关于发展动力的描述和认知，但如果放到需求侧与供给侧的分别考察中，便可知实指供给问题。因为需求是永无止境的，即是“永新”而“无新”的，调控管理所讲的有效需求，只能指有货币支付能力的需求，即可通约总量状态下的有支付意愿与能力的需求，这与“创新”的含义无关；只有到了供给侧，创新才是有实质意义的、必然具体细分（结构化）的，且是不确定、千变万化的，因而特别需要制度激励。在一般而言的经济发展中，供给侧的调控管理不可回避和忽视，对于后发、转轨的经济体，供给管理的重要性往往会更为突出，比如中国，在特定阶段上和历史时期内，以制度供给统领的全面改革式创新驱动，必然成为其可持续增长的现代化过程能否如愿实现的“关键一招”。

7.4.5　一些结论与反思

“三驾马车”的实质是需求管理由本义的“总量调控”开始引入结构性认知框架，作为重视“结构性”的成果，这一认识可以更好地满足宏观调控需要，但在理论与实践的互动发展中仍然表现出其局限性；这种把消费、投资、出口的划分看做通过需求管理促进经济增长的“动力”即“三驾马车”式表述，既有所得，又有所失：得在确实拓展了需求管理的范畴，失在这种“动力”在需求侧难以自我实现；这一得失悖论势必引导我们将探究目光转向供给侧，与需求侧“元动力”相对应的，回应为消费供给、投资供给和出口供给综合形成的供给侧产出及相关的制度供给，才真正形成了经济发展中至关重要的供给侧动力机制体系。突破需求管理局限而助力经济增长，亟须推进经济学理论在供给侧研究的创新——在不完全竞争这一更符合真实世界情况的大前提下，认识和把握以物质要素的供给和制度安排的供给所合成的动力源。

现阶段是中国处在中等收入发展阶段、力求跨越“中等收入陷阱”，对接全面小康和伟大民族复兴中国梦历史任务的演进过程中，我们更应以世界金融危机发生之后的经济学反思为重要的思想营养，以宏观经济进入“新常态”为当下背景，切实考虑在“如何实现供给侧的结构性动力机制优化构建”上做好文章、下足工夫，即以调结构、促改革，创新驱动，把握好理性的供给管理。

经济学理论有关经济增长问题的研讨，可以看做是一个还在不断深化揭秘的过程，我们基于一直以来对供给侧的关注所带来的分析认识，在本书中将其结论定位为：基于需求侧“元动力”上认识所形成的“三驾马车”，其实在动力全景解释上已无适用性，必须构建对应、联结供给侧的动力机制，因而也必然引出比在需求侧的分析认识复杂得多、艰巨得多的经济学理论创新任务。

7.4.6 经济腾飞与制度供给

经济腾飞的初期和中后期所需要的支撑因素并不相同。虽然同样作为非竞争性要素，但是技术赶超通常是经济腾飞初期的主要动力来源，通过技术扩散、干中学等效应的逐步扩大，从而表现出推动经济增长的不断实现，且通常表现为经济高速增长。然而，随着经济赶超阶段的深化，后发追赶经济体的技术水平与先发经济体的技术水平之间的差距越来越小，技术扩散、干中学等效应沿倒U形发展曲线开始呈现逐步萎缩的态势，若此时技术水平不能够实现突破性增长而实现赶超或者紧随世界先进技术水平，那么经济增长势必出现疲软状态。而从全球经济体实践的视角来看，这些现象大都发生在中等收入发展阶段。制度作为技术水平真正实现赶超的直接因素，其供给可说是经济腾飞中后期稳步实现“后来居上”的支撑因素。而经济学学理也已经明确表示，制度本身就存在滞后性，与经济实践的脚步相比，其供给总是略显迟钝，这显然与经济腾飞中后期特别需要的支撑因素产生矛盾。然而，经济学学理同时告诉我们，只要制度供给能够跟上，制度从保持自身生态的角度出发，还是在一定程度上具有能动性的，这就从学理上更加坚定了中等收入发展阶段加强制度供给的重要性。

7.5 特定案例：十分有必要了解的财政分配“三元悖论”

7.5.1 认识财政分配“三元悖论”

美国经济学家保罗·克鲁格曼在蒙代尔－弗莱明模型（Mundell－Fleming Model）和蒙代尔“不可能三角”（见图7－1）的基础上提出了著名的“三元悖论”（The Impossible Trinity，也可译为“不可能的三位一体”）原则：一国不可能同时实现本国货币政策的独立性、汇率的稳定性、资本的完全流动性三大金融目标，而至多只能同时选择其中两个（见图7－2）。

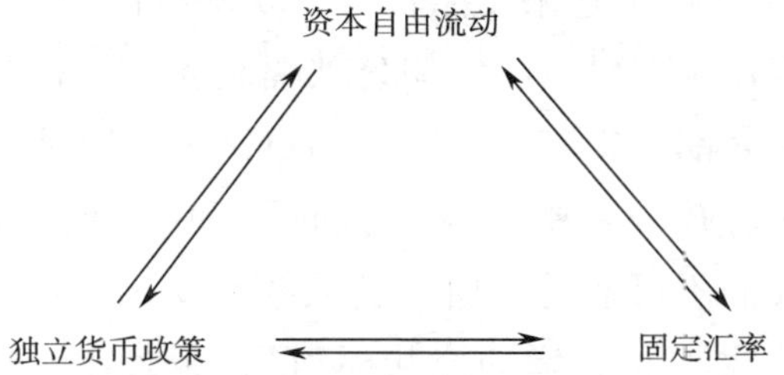

图 7－1　蒙代尔“不可能三角”

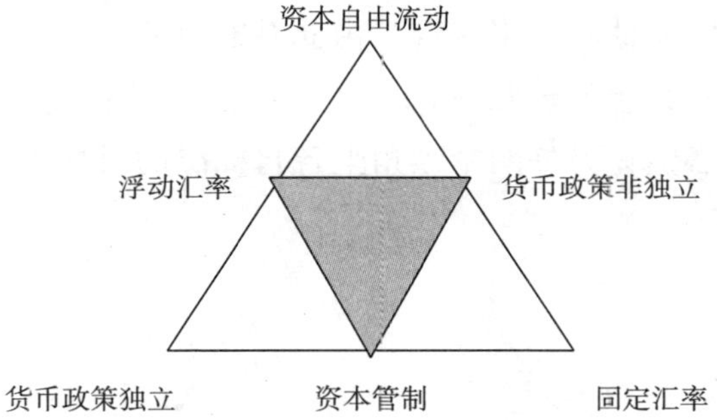

图 7－2　克鲁格曼“三元悖论”

若以这种简明、直观的“三元悖论”形式，比照考察财政分配相关基本导向的内在制约关系，我们也可以得到以“减少税收”“增加公共福利支出”和“控制政府债务及赤字水平”为目标的财政分配的“不可能三角”，进而引出（限定条件下）财政分配的“三元悖论”制约。本书提出并阐述财政分配的“三元悖论”，并在此基础上着重探寻“中等收入阶段”财政分配“三元悖论”的特点及缓解其制约的路径选择，以期循此逻辑路径更清晰地洞悉和揭示财政分配中的规律性与制约关系，从而提出合理可行的缓解制约的思路与方略。

比照蒙代尔的“不可能三角”与克鲁格曼的“三元悖论”，考察财政分配的内在制约，可以于常规限定条件下得出财政分配的“三元悖论”，即在财政经常性支出的管理水平、政府的行政成本水平和政府举债资金融资乘数既定情况下，财政分配中减少税收、增加公共福利和控制政府债务及赤字水平三大目标，至多只能同时实现其中两项，而不可能全部实现。

图7－3直观地表明前述限定条件下，财政分配的“不可能三角”：任一特定时期，人们在减少税收、增加公共福利支出和控制政府债务及赤字水平这三个通常看来都“很有道理”的目标之中，其实只能进行以下三种选择：第一，若在财政分配中“减少税收”和“控制债务及赤字水平”，那么必须以减少（而不可能是增加）公共福利支出为前提。第二，若在财政分配中“减少税收”和“增加公共福利”，那么必须通过提升（而不可能是控制）债务及赤字水平来实现。第三，若在财政分配中“控制债务及赤字水平”和“增加公共福利”，那么必须通过增加（而不可能是减少）以税收代表的政府非债收入来实现。由此有财政分配“三元悖论”（图7－4），三角形每一顶角上所标目标的实现，必然要求相连两条侧腰线上标出的事项配合，而必然在另外两个顶角上各自标出的目标中违反至少一项。

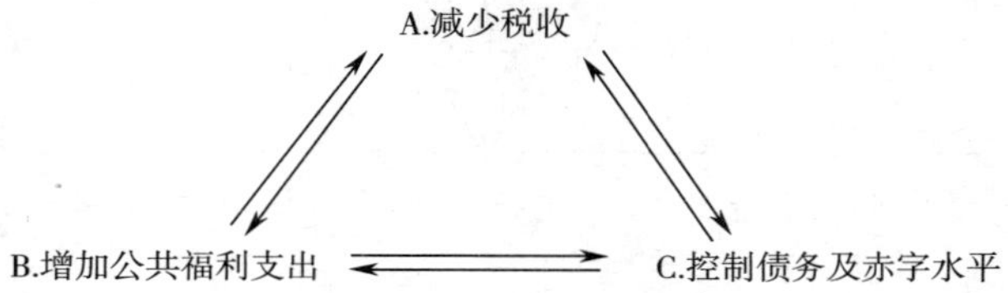

图7－3　限定条件下的财政分配“不可能三角”

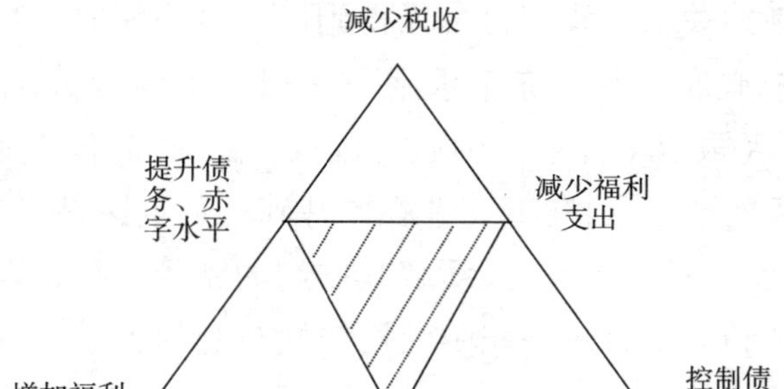

图7－4　财政分配“三元悖论”

其实，这里面的数量关键是十分明白的，因而相关的公众关切与取向的内在悖谬这层“窗户纸”，也是很容易捅破的：A. 减税可减少企业、居民负担，因而会受到广泛欢迎；B. 增加公共服务方面的福利性支出会增加社会成员的实惠，因而也会受到广泛欢迎，但这两者并行恰会扩大政府收支缺口，必然带来 C. 增加赤字，从而提升为弥补赤字而必须举借的政府债务的总水平——这便涉及“安全问题”——其实公众对这个问题并不缺少“常识”：因为一说到政府债台高筑，往往会有公众广泛的忧虑与不满，而“巧妇难为无米之炊”“鱼与熊掌不可兼得”，在财政分配中不过是说：税为收入，福利为支出，两者必须是顺向匹配的，一般情况下，加则同加，减则同减，如果一定要顺向增加福利而逆向削减税收，那就必须找到另一个收入项——举债，来顺向地提高它以支撑原来的匹配关系。前述 A、B、C 三者中，要同时保 A、B 项，就必须放弃对 C 项的控制，但这又会遇到公共风险的客观制约。若想三全其美，则绝没有可能。这里体现的约束是客观规律，并一定会引申、联通到整个经济社会生活“可持续”概念下的终极约束。

以上分析可归结出一个基本认识：虽然公众福利的增进是经济社会发展的出发点与归宿，但在某一经济体发展的任一特定阶段和具体条件下，公众福利的水平（可以用公共福利支出规模为代表）却并非越高越好，超过了一定水平，对经济发展的支撑作用会迅速降低，甚至导致经济增长过程不可持续。福利支出水平带来的福利增进对经济发展的正面支撑效应及其转变，在直角坐标系上可简明表示为图 7－5。

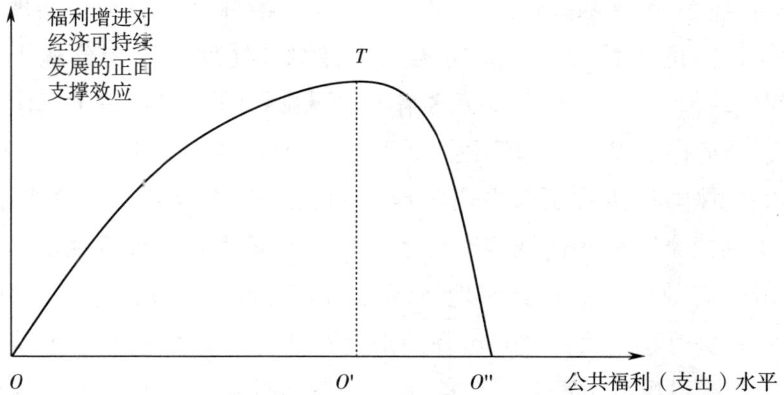

图 7－5　福利增进效应转变曲线

图7-5中横轴表示公共福利水平（以公共福利支出水平为代表），纵轴表示福利增进对经济可持续发展的正面支撑效应（也可按一定数值单位量化），在原点O，假设无福利，其正面支撑效应当然无从谈起，其右方一旦有一定的公共福利，便会随其水平上升迅速表现为对经济成长的正面支撑效应的上升（现实生活中常被称为人民群众的积极性因为基于物质利益原则的激发与调动等措施而促成经济活力的上升），一直可上升到对应于横轴上“O'”的曲线上T这一最高点（最佳值）。但若一味继续增进福利，其正面支撑效应的下滑（现实生活中表现为经济体成长活力的迅速滑落）将迅速导致O''点上正面支撑效应丧失殆尽而进入负值区间（可与拉美式“中等收入陷阱”案例比照），而O'—O''的距离是相当短的。也就是说，公共福利水平一旦超出最佳值，其对一国经济可持续发展的正面支撑效应会很快转变为迅速下滑后的负面效应，所以对调控当局而言，必须精心、审慎地把状态控制在接近或达到峰值但不超过临界点的区间内。

7.5.2 非凡成功者的特权

近年，世界经济最为重大的事件是“百年一遇”的由美国次贷危机引发的国际金融危机，其在重创美国经济后，更触发了严重的欧债危机。

循着财政分配“三元悖论”制约关系的内在逻辑来看，缓解欧元区债务危机的基本要素在于减少税收以刺激经济、削减赤字及控制债务规模以降低违约风险——这两大财政分配目标需要以牺牲公共福利来实现，而这又必然与民众的直接利益、短期实惠相抵触，处理起来十分棘手，极易“经济问题政治化”，业已引发了希腊等地屡见不鲜的多轮罢工风潮与社会震荡。欧债危机爆发后，除法国、德国等欧元区强势经济体外，在希腊、意大利等受挫国家执政层合乎逻辑地分别提出削减赤字及控制债务规模，却在“福利国家”的刚性框架制约之下久久不能达成尽量减税、尽量多保福利支出的有效权衡点，鲜明地体现着财政分配“三元悖论”的内在逻辑。这一案例可小结为：欧元区在应对危机不得不减少税收、削减赤字及控制债务规模的财政分配目标组合下，需要通过牺牲公共福利的手段来实现；如果现阶段欧元区一边需要减少税收来刺激经济，一边需要削减赤字及控制债务规模来保持财政可持续，与此同时还想顺应民意保持原有的工作舒适闲暇程度和较高的公共福利水平，这显然是不现实的。有时不现实的东西在政治家那里需要着意淡化或掩饰以抚慰民意，争取选票，但在理论分析这里，不现实就是不现实，因为这对应于我们业已勾画阐明的财政分配“三元悖论”原理。

有别于财政分配“三元悖论”的逻辑，美国所掌控的世界货币霸权，给予其一定阶段上与形式上选择其他逻辑路径的条件，即通过全球全体持有美元资产的主体一并为危机埋单的方式，放松其自身财政分配所受的制约。美国次贷危机引发的国际金融危机爆发以来，美国选择了一方面减少税收、一方面保持原有公共福利来维持社会稳定性的目标组合，实现路径是既减税，又放宽债务及赤字控制水平，却不下调美国公众的基本公共福利标准，而是通过“量化宽松”（QE）政策将危机产生的风险（通货膨胀压力和金融债务风险等）分散化，以其全球经济中硬通货霸主的地位，“经济地”、实为强制地输送到全球各大经济体系当中，让全世界共同为其埋单。回到财政分配“三元悖论”的逻辑路径上来分析，实质性的奥秘在于：由于美国的财政分配主体得到了实为同一主体的“世界货币霸权”的支撑，有条件在“量化宽松”的方略下制造出美国税收、举债之外的第三项巨额收入，即货币发行收入而不中断其财政运行的可持续性，所以美国所受财政分配之无悖论制约的空间是比其他任何经济体都大为宽松的。这也是当今世界上其他任何经济体都学不来的。这就是美国案例的特殊性。

但是，美国的“宽松”并不否定三元悖论原理及其揭示的终极制约，因为这种“宽松”也并非无限的。其客观制约边界，在于以美国“财政悬崖”概念和形式隐含的美元进入“掺水”过程后其“国际性安全资产”地位能保持在的那个客观临界线。

7.5.3　福利赶超与“中等收入陷阱”

财政分配的“三元悖论”原则，在不同的经济发展和居民收入阶段，可以呈现出制约特征上的差异，将其内在逻辑与制约特征相结合，有助于引出该经济发展和收入阶段的合理调控路径选择。我国经过改革开放三十余年的发展，目前已位于“中等收入阶段”，具体而言是位于下中等收入阶段至上中等收入阶段的转轨期，且从人均GNI的增长趋势看，将较快步入中等收入阶段至高收入阶段的转轨期，但关于“中等收入陷阱”的讨论已引起广泛关注。鉴于拉美地区由于实行民粹主义基础上的福利赶超等原因而落入“中等收入陷阱”的前车之鉴，我国应当高度注重中等收入阶段上发展战略的正确把握。从本书的视角看，很有必要剖析中国中等收入阶段财政分配“三元悖论”的制约特征，并结合其内在逻辑做出正确的调控与路径选择。

居民福利本是发展的出发点与归宿，但其应是随后进经济体在经济赶超阶段的不断升级而逐步提高的，然而，拉美代表性国家20世纪由多种因素造成的“民粹主义基础上的福利赶超”却因其不可持续性而半途夭折，并把国民经济的赶超拖入了“中等收入陷阱”。

拉美福利赶超的主要表现是民粹主义的劳工保护和社会性支出的盲目扩大。第一，随着经济高速增长，拉美国家城乡收入差距逐步扩大，农民工不断由乡村涌向城市，致使城市劳动力市场供过于求，从而工资不断降低，进而导致收入差距问题日趋严重。在高失业风险与发达国家福利体制的“榜样效应”的双重作用下，简单照搬美国式民主政治，民粹主义情愫愈发凸显，多方促成拉美国家盲目设立了高就业保护与高福利保障，成为宏观经济发展的沉重负担。第二，拉美国家为迎合民粹主义取向，在20世纪70年代以后将财政支出主要着力于扩大社会性支出方面，整个拉美地区各个国家从1990年至2000年社会性支出占GDP的比率不断上升，个别国家社会性支出占公共支出的比重高达60%～70%，甚至在财力严重不足的情况下仍然继续盲目扩大赤字来满足社会性支出，从而彻底拖垮了宏观经济。

由民粹主义基础上的福利赶超导致经济赶超失败从而落入“中等收入陷阱”的逻辑规律可以被纳入“民粹主义宏观经济学”。其逻辑路径大致为：宏观政策初战告捷—经济增长遇到瓶颈—经济发展全面短缺—民粹主义政府破产。

第一阶段的主要表现是：民粹主义社会基础所支持的政府在经济赶超

中实施福利赶超，经济产出水平和实际工资水平在一开始得到普遍提高，同时由于出台了劳工立法，能够保持合意就业率，并迎合民众意愿提高社会保障水平，经济呈现一片欣欣向荣景象。但由于第一阶段属于纯消耗阶段，没有什么积累，所以进一步的发展就遇到了瓶颈制约。第二阶段使第一阶段存在的隐形问题显性化：一方面，以扩大财政赤字为主的财政支出规模增加造成对国内商品的巨大需求，而这种巨大需求与生产供给不足严重对立，因此，更多的商品要依赖运用外汇购买进口，与此同时，已经非常吃力的财政还要维持“高福利”，简单机械照搬欧美福利制度并要赶超欧美，更使财政雪上加霜；另一方面，由于大笔外汇用于进口，导致外汇越来越短缺，即使需要更多的商品，也没有更多的外汇再去进口来满足需求。这种典型的供给矛盾在第三阶段上导致政府控制物价的行为无法继续，只能施行价格调整、本币贬值、外汇管制、产业保护。这一阶段，民众的工资增长很快，但是通货膨胀增长更快，导致实际购买力开始下降。经历了前三个阶段的发展后，前一任民粹主义社会基础所支持的政府在种种矛盾激化局面下必然破产倒台，新一任政府出面主持大局，不得不实施正统宏观政策下的稳定计划，或借助 IMF 等国际机构的援助，以求继续维持本国经济发展。此时，国内民众实际工资已出现大幅下降，低于民粹主义政府当政之前的水平，并将在很长时期内处于这样的低水平，经济增长停滞不前，甚至出现倒退，即落入所谓的“中等收入陷阱”。这样的民粹主义基础上实施福利赶超所带来的严重后果，使拉美经济落入“中等收入陷阱”难以自拔。可知，虽然福利赶超是归宿，但是若没有强有力的经济赶超作为可持续的支持，则无法最终达到所追求的福利目标。

7.5.4　中等收入阶段财政分配“三元悖论”的特征

“拉美化”问题作为前车之鉴表明，位于中等收入阶段的经济体应当着力避免民粹主义基础上的福利赶超以及由其引致的社会矛盾激化后果。按照本书所提出的财政分配的“三元悖论”原则，拉美地区在中等收入阶段的财政分配进程中显然选择了“减少税收”和“增加公共福利”这一目标组合，按照“三元悖论”揭示的逻辑，该目标组合需要通过扩大债务及提高财政赤字水平的方法来实现。从拉美民粹主义基础上的福利赶超导致其经济落入“中等收入陷阱”的实践来看，该地区确实是通过扩大债务及提高财政赤字水平的方法来试图实现其对减税和增加公共福利的追求，却最终拖垮了国民经济而落入陷阱。对于同样处于中等收入发展阶段的中国而言，在财政分配的“三元悖论”中如何掌握“可持续”上的权衡和缓解制约，是非常值得深入思考的。一般而言，“中等收入阶段”财政分配的“三元悖论”制约的特征突出地表现在以下两个方面。

第一，“三元悖论”反映的制约关系通常更强烈地与民意取向相抵触。发展经济学的理论分析和实证考察可以表明，一国收入水平进入中等阶段，通常带来民众关于收入提高、福利改善预期的更高预期，这种预期极易超前于实际收入增长的可达速率和政府改善公共服务提高公众福利水平的供给能力，于是便有了“老百姓端起碗吃肉，放下筷子骂娘”的不满，和与之相互激发的种种“矛盾凸显”。以“民众永远有理”为内在逻辑的民粹主义倾向在此阶段极易抬头，乃至大行其道成为潮流。尤其在与西方发达国家经济发展与福利体制的横向比较下，这种民粹主义情愫更易迅速升温，更倾向于对福利的追逐与渴求。我国近年已普遍存在并逐步升温的民粹主义情愫，如果对应于财政分配“三元悖论”中的逻辑路径，倾向上显然就是拉美地区已作出过的选择：对减少税收和增加公共福利的强烈追求。然而，这种诉求需要通过扩大债务、提高财政赤字水平来实现，并且绝非是无边界的。在民粹主义情愫催化下，福利赶超很容易超前于经济赶超，债务规模过度扩大。而当有人因强调“三元悖论”所内含的制约关系而发出理性声音时，便会强烈地与民意取向相抵触而遭遇“群起而攻之”的压力，与西方对比的悬殊又很容易导致福利赶超继续高歌猛进，债务和赤字规模走向失控，最终可能将国民经济拖入陷阱，福利赶超愿望从高空跌落尘埃，一起跌下来的，还有经济赶超的可能性与整个国家发展的后劲。因此在中等收入阶段，正是经济赶超发力的时期，应当坚定地、合理地贯彻经济赶超战略，与此同时稳步匹配国民的福利赶超，而不能让其与民粹主义情愫相互激发、升温形成只侧重眼前利益却伤害长远利益的失衡，成为经济可持续发展的隐患。因此，有理由认为在中等收入阶段，在财政分配

“三元悖论”的制约下，选择适当“减少税收”和“控制债务及赤字水平”的目标组合是更为科学的，但这一目标组合需要以控制公共福利增量为代价来实现，因而在民意层面是“不讨好”的。为了在中等收入阶段避免民粹主义基础上的福利赶超而最终实现跨越“中等收入陷阱”的经济赶超战略，决策层需要有远见、有定力、有策略地在与民意的互动中引导理性思维发挥充分的影响，协调好短期利益与长期、根本利益的权衡、衔接。

第二，“经济的政治化”压力上升与“缓冲”社会矛盾的弹性空间收窄。鉴于“三元悖论”反映的制约关系在中等收入阶段通常会更强烈地与民意取向相抵触，在财政分配“三元悖论”的制约下，选择和坚持统筹兼顾、瞻前顾后、既顺应民意又引导民意的科学发展路径是根本性的、首要的选择。不可否认，民粹主义情愫对政府的政策选择会产生显著的影响，政府政策在某种意义上能够处理好相关的复杂问题，步入中等收入阶段后，一系列敏感的经济问题如物价、税收、公用事业供给等，很容易与收入分配、政府管理等方面的矛盾凸显形成密切的关联，使“经济问题政治化”的临界点降低，社会问题的“维稳”压力上升，为了缓解压力、平息不满作出妥协和调停的可用“缓冲”弹性空间收窄。

按照财政分配“三元悖论”的制约关系，减少税收、控制债务及赤字水平与增进公共福利的目标组合逻辑决定了三者不能同时兼得，“缓冲的弹性空间”实质上是在顺应社会心态而最集中、最便捷地尽可能减税和增加公共福利供给的同时，相对不直观的逐渐扩大公共债务规模的方式提升即期利益总水平所对应的安全操作空间。从财政分配“不可能三角”中的逻辑来看，所提升的公共福利的程度加上所减少的税收水平和控制债务及赤字的水平成反比，决策层必须特别关注为缓解社会矛盾而扩大公共负债规模的安全区问题，一系列局部的防止“经济的政治化”的操作恰恰会归结为放松公共债务控制，而连年赤字、债务不断积累，一旦越过了已收窄的缓冲弹性空间的边界，便可能形成隐性问题显性化的矛盾爆发和危机局面，甚至造成全局发展态势的改观及“黄金发展”过程的中断。

7.5.5　中等收入发展阶段缓解财政分配“三元悖论”制约路径

如本书前文所述，财政分配的“三元悖论”制约是在一定限定条件下即既定的财政支出管理水平、政府行政成本水平和政府举债资金乘数效应之下的一般认识，且存在负相关性：财政支出管理水平越高，行政成本水平越低，融资乘数越大，则越有利于减少税收、增加公共福利和控制债务及赤字水平。

第一，切实提高财政支出管理水平——“少花钱，多办事”。提高财政支出管理水平要求制度创新、管理创新、技术创新互动的全面改革，为真正实现“少花钱，多办事”，需分别从这三方面着手，并加强三方改革互动。首先，制度方面应特别注重财政体制深化改革和以其为制度依托的资金绩效监督考评体系的建设。其次，支出管理方面应继续推行科学化、精细化管理，建立健全财政支出全程监控体系。相关的财政支出绩效评价可考虑引入平衡计分卡（表）等方法，趋于细致、全面。最后，相关技术方面应考虑在“金财”“金税”等政府“金”字号工程的基础上继续全面推进和落实适用最先进信息处理技术的系统化工程及升级政府财务管理系统。在落实“十二金”工程的基础上，继续提升电子政务的先进性、安全性和综合性，提高信息获取、信息处理、信息传达的便捷性和准确性，将制度信息化、电子化并与绩效管理方法系统化融合落实，从而全面提升财政支出管理水平，少花钱、多办事、放松“三元悖论”制约。

第二，有效降低政府行政成本——“用好钱，办实事”。有效降低政府行政成本的关键是推进经济、行政、政治全方位配套改革，其重点内容包括以下几个方面：一是施行行政体制改革，在各级政府职能、事权（支出责任）合理化基础上精简机构和人员，提高人力资源质量，在提高政府工作效率的同时降低行政管理的机构、人员成本。二是继续落实预算信息公开制度强化监督。预算、决算信息公开是公共财政的本质要求，也是政府信息公开的重要内容。向社会公布中央、地方政府“三公”经费等预算信息，表明了政府履行承诺、接受公众监督的决心，也为推动各级政府进一步公开各项行政经费、在公众监督下厉行节约、降低政府运行成本奠定了基础。三是进一步改革政府行政经费相关的管理制度。例如，推进公车改革，严格审批因公出国，减少出境团组数和人数，严格控制公务出差、公务接待经费标准，严禁赠送礼品等。四是大力完善财政资金监督考评与问责体系，促使“纳税人的钱”每一分都花到实处，发挥出最大效益，从而能够将节省出的财政资金投入到民生最需要的方面。

第三，扩大政府举债资金融资乘数——“少借钱，多办事”。政府举债资金融资乘数是指政府举债变化所引起的政府实际融资总量变化的连锁反应程度；融资乘数越大，越有利于减少税收、增加公共福利和控制债务及赤字水平。提高政府国债或地方债的融资乘数必然要求一系列的管理和机制创新，特别是与政策性融资体系机制相关的全面配套改革，具体实施的关键点之一是要在财政、政策性金融机构、企业、商业银行和信用担保等机构之间，搭建风险共担机制（而非财政“无底洞式”的兜底机制），在市场经济环境下，运用政策性资金、市场化运作、专业化管理机制，追求资金的“信贷式放大”，即“四两拨千斤”地拉动社会资金、民间资本跟进，并提高资金使用效率。发掘这方面的潜力，在市场经济环境下具有可行性与必要性，有利于缓解财政“三元悖论”制约，“少借钱”而“多办事”，即以提高乘数效应力求更大规模地引致、调划社会资金形成更可观的合力。

第四，实质转变政府职能类型——“扩财源，优事权”。我国在市场经济发展健全的进程中，政府职能的合理化调整势在必行，国家政治权力治理的实施方式将主要体现为社会公共事务管理，行政管制型政府要完成向公共服务型政府的转型。财政作为“以政控财，以财行政”的分配体系，必须服务于这一历史性转型并进行自身相应的转变，即健全公共财政。实质性地转变政府职能，要求政府体制、机构和社会管理多方面的改革，例如，政府体制方面，必须逐步清晰，合理界定从中央到地方各级政府的职能，由粗到细形成事权明细，并在预算中建立和运用完整、透明、科学合理的现代政府收支分类体系，为履行政府职能提供基础性的管理条件；政府社会管理方面，应在继续建立和完善覆盖全民的基础教育、基本医疗卫生保障和基本住房保障制度等的基础上，强调政府向服务型转变；鼓励和引导建设各类面向市场、面向公益的非政府主体和中介组织机构，完善公私合作的种种机构和制度。政府与社会资本合作（PPP）模式应是政府转变职能过程中特别值得重视与发展的模式，其中至少包含设计建造

（DB），运营与维护（O&M），设计、建造、融资及经营（DBFO），建造、拥有、运营（BOO），建造、运营、移交（BOT），购买、建造及运营（BBO），建造、租赁、运营及移交（BLOT）等多种公私合同种类，并可随着我国市场经济体制的完善和经济社会发展形成更加广泛的应用和优化，从而促进民间主体和非政府财力为政府职能转变与优化注入新的活力和为公共福利水平提升打开新的财力来源与资源潜力空间，有效地缓解政府债务和赤字压力。

第 8 章　以制度供给应对发展中的理性预期失灵

科技作为创新的“第一生产力”，在我国经济发展中占据举足轻重的地位。为促进科技发展，科技金融服务体系建设已在学界与实践中探索多年，颇具成效，亦挑战多多。随着我国市场化进程不断深入，多级多元资本市场的建立，使科技金融服务体系所处的环境也发生变化，加之我国幅员辽阔，区域之间经济发展差异显著，科技金融先驱所形成的经验若想提炼成为具有现实意义的可推广模式，急需抓住我国科技金融服务实践中所面临的共性问题，不能流于表象。理性预期失灵是现阶段中国经济学创新领军学派“新供给经济学”所提出的重要原理之一，指市场主体在对未来事件进行预测时，由于受到不完全竞争、不完全信息与不完全理性的影响，不能给出准确的预期并据此调整自己的行动（贾康、冯俏彬、苏京春，2014）。我们认为，现阶段我国科技金融发展中存在的问题，很大程度上恰是由经济发展中存在的理性预期失灵现象引起的，基于此，在对已有的科技金融成功经验总结提炼可推广范式的过程中，核心应在于抓住克服这一失灵的成功精髓所在，从而达到有效总结成功模式与正确形成推广范式的合意结果。

8.1　从实践中来：“理性预期失灵”原理及市场中典型现象的思考

8.1.1　“理性预期失灵”原理的提出及典型现象

“理性预期失灵”的典型现象主要包括柠檬市场、不完备信息市场、动物精神、羊群效应等。

所谓“柠檬市场”（Lemon Market），实际上就是次品市场。“柠檬”一词在美国俚语中意为“次品”或不中用的东西。依托于通俗易懂的二手车市场，关于“柠檬市场”的认知阐述了这样的逻辑：由于市场中总是存在“柠檬”（次品、劣质品），商品的质量并不总是一定的，往往在很大程度上存在不确定性；而买家和卖家针对这种质量的不确定在信息掌握上并不是对称的，卖家往往能够掌握更多的信息；这些导致原来应由需求方选择商品的逻辑出现逆转，转而由供给方选择是否将商品售与需求方，即所谓“逆向选择”的出现；最终的后果，是导致“柠檬市场”出现类似于格雷欣定律（Gresham's Law）中“劣币驱逐良币”的现象，导致市场中商品质量趋于下降，市场规模缩小。由于商品质量情况的不确定且买家和卖家掌握信息的不对称从而势必导致的逆向选择，可作为“理性预期失灵”逻辑的第一个观察面。

在“柠檬市场”基础上，对不完备信息市场的研究主要经历了两个阶段，这两个阶段共同构成“理性预期失灵”逻辑的观察面。第一，斯蒂格利茨等研究了在不完备信息下竞争性市场的均衡问题，对此的经典结论有三：“不完备信息市场中，具有完备信息的竞争者可能限制消费者可以购买的数量，这不是出于建立垄断的意图，而仅仅是为了改善他们的信息状况；均衡有可能不存在；竞争性均衡不是帕累托最优。”由此可见，在不完备信息市场中，即使在理性预期假设下，理性人首先不能获得完备的信息从而作出理性选择，其次要受到信息完备理性人所作选择的影响，也即不完备信息下的静态或动态博弈，从而产生距离完全信息和理性预期假设下理性选择更大的偏差。第二，通过引入价格分析研究不完备信息市场中信息的流动情况。这项研究的结论认为，价格并不能够完全反映所有的可利用信息，尤其是信息拥有者的信息，并基于此提出了“格罗斯曼—斯蒂格利茨悖论”：如果均衡价格完全揭示私人信息，那么由于存在“搭便车”的动机，每个无信息的人都不愿意付成本来成为有信息的人，更不必谈信息的价格机制。

“动物精神”实质上是经济行为中与理性的经济动机相对应的概念，是指非沉稳的动机、情绪化本能式的非理性的行为。从创始者凯恩斯到继承者阿克洛夫和希勒，无论采用形象描述，还是采用逻辑提炼，动物精神的实质其实就是非沉稳的动机、本能式情绪化决策和非理性的行为。几年前当世界金融危机的冲击波席卷全球之际，美国学者乔治·阿克洛夫和罗伯特·希勒撰写的《动物精神》一书被译成中文（中信出版社，2009），在国内产生了一定的影响。而后，罗伯特·希勒也曾在其金融分析研究中应用“动物精神”的相关理论，认为“最终，人类所能作出的决定都是受个人情绪驱动的，决定的源头很大程度上都是人的潜意识”。关于动物精神的内涵，创始者凯恩斯并未系统地给出定义式解说，而继承者阿克洛夫和希勒则对此颇具见解，认为其内涵主要包括五大维度：信心及其乘数、公平、腐败和欺诈、货币幻觉、故事。然而，这五大维度若落实到发展中国家的视角，则可以包括信心、公平、未理顺的机制和“钻空子”式欺诈、货币幻觉、示范效应编写的故事五大因子。动物精神的五大因子对经济生活都会产生影响，易引发经济“非理性繁荣”。

所谓“羊群效应”，最早隶属于动物行为和心理的研究范畴，而后纳入心理学或管理心理学的研究范畴，后又被微观经济学用来分析微观主体的行为特点，也称为“从众效应”，是指微观主体经常受到多数人的影响，而跟从大众的思想或者行动，这直接影响消费者偏好，并影响供求理论中所使用的价格偏好产生的行为选择结果，与微观主体“理性”的假设偏离。在现实生活中，羊群效应的现象非常广泛地存在着。

所谓“反身理论”，是指投资者根据所掌握的市场信息来预期走势并据此行动，而与此同时，投资者的行动也反过来影响、改变市场原来可能出现的走势，并且这种相互影响会一直持续，从而永远不可能有人能够掌握完备的信息，从而作出偏离理性的选择。与索罗斯提出的“反身理论”逻辑类似，王庆基于更为宏观的视角提出了“王庆悖论”，认为：人们对未来经济发展预期越是乐观并形成高度共识，纷纷把远期收益折现于现时的资本市场引出泡沫，反而越有可能导致该预期无法实现。结合本书的分析视角，可以看出，这正是由于存在不完全信息（即使资本市场精英也不可能掌握完全的信息与充分有效的经济模型）与“动物精神”（可迅速传递、互相激励的“羊群效应”式的从众等），某些个体认为自己基于理性的行动，经过市场发酵（由传递与交互作用产生的乘数效应）后，产生出与起始预期完全相悖的后果。

8.1.2 “理性预期失灵”的矫正路径

矫正“理性预期失灵”，可从以下几个角度考虑：第一，动态优化经济结构。以我国宏观经济理性的“供给管理”矫正和化解“理性预期失灵”的实质，就是要将市场充分起作用与政府良好起作用结合，更为全面、积极、有前瞻性地促进我国经济实现结构优化，打造中国经济“升级版”，在注重经济发展规模、数量的同时更加关注提升经济发展质量，尤其注重科技对经济发展的带动作用，服务于“后来居上”的现代化赶超和人民美好生活中国梦的实现。第二，加强制度供给。面对“柠檬市场”等问题，应当切实加强相关制度供给，一方面注重品牌的建立，另一方面充分利用网络平台，在真实有效的基础上加强信息交流和信号传递的渠道，缓解信息不对称的程度。第三，疏通信息机制。在不完备信息市场下，竞争的逻辑路径会更显复杂，微观主体的行为选择也较理性预期理论假设下更为多样化，而价格体系这一习惯上被视为传递信息从而使资源配置达到帕累托最优的有效手段，在实际的非完全竞争市场中，会有诸多细节尚未理顺，更何况价格体系同样不能够完全反映信息。基于此，我们仍必须首先注重理顺价格机制，让信息能够顺利传递。第四，坚持经济发展赶超战略。矫正和化解非理性行为，应当特别注重把握国民经济的发展战略，充分认识作为现代化阶段的“相对后来者”对“相对先行者”赶超的必要性、重要性，与可行性的基本实现前提，注重发挥发展中经济体的后发优势，始终牢牢把握经济建设的中心，结合我国正在进行中的“三步走”现代化战略，“守正出奇”，继续坚定且务实地循序推进经济赶超。

8.2 对我国科技金融现状的再认识

8.2.1 供给方与需求方：对科技金融市场的认识

学界有观点认为，科技金融的发展实际上经历了不同的发展阶段，包括科技与金融的合作、科技与金融的结合、科技金融的产生和发展（赵昌文，2009）。从这个角度来讲，科技与金融的关系在不同的发展阶段中实际上并不相同，而我国现阶段所强调的科技金融，应是科技与金融相结合之后相生发展的业态。

科技与金融相结合，具体到经济现象上，是原来相对独立的科技市场和金融市场的融合形态，形成科技金融市场模式。推动科技金融的发展，需要对科技金融市场进行相对明确的界定。

科技与金融未结合之前，科技市场的主要类型有科技研发市场、科技转化市场、科技产品市场、技术转让市场等。在科技研发市场中，需求方一般是需要相关科学技术的机构，而供给方则是有能力承担科技研发任务的学术机构；在科技转化市场中，需求方一般是已经掌握科技研发成果的机构，而供给方则是有能力、有兴趣、有资金将这种科技成果推向市场的机构；在科技产品市场中，需求方一般是科技产品的消费方，而供给方则是科技产品的生产方或经销方；在技术转让市场中，需求方一般是寻求产业技术升级或科学技术换代的机构，而供给方则是手中持有最新或已经经历过市场化过程而未成功的科技成果的机构。

未结合之前的科技市场，很不利于科技创新带动生产力发展。市场失灵原理表明，若仅以市场作为导向，没有直接转化为生产能力确定前景的科学研究将没有空间开展，而这些作为基础支撑的科学研究往往在很大程度上扮演着桥梁的角色，从而直接影响科学技术的发展。虽然在各国经济实践中，在科技未与金融结合之前，财政资金对科技研发可以给予大力支持，但在不以市场为导向的前提下，出现了大量科技成果石沉大海，难以实现转化，没有实现以科技研发拉动生产力升级的预期。加之在科技研发、转化、转让的各个环节，需要的资金量非常大，远非财政独揽能够解决。此外，在原来的科技市场中，资金这一稀缺资源还存在大量错配的问题，政府的财政资金走向哪儿，是由政府部门在做决定，而在信息严重不对称的情况下，政府部门并没有能力，也没有精力确保每一笔投资都是有效的，从而造成非常好的项目得不到资金，而得到资金的项目往往做不出成果或者难以转化为生产力的现象。

正是科技市场中存在的这些问题促成了科技金融的产生——针对这种资金严重不足以及资金错配的问题，引入金融理念可一方面引入金融市场中的资本，另一方面也引入随资金而来的金融市场规则。加之，我国金融市场正处于发展进程中，在多级多元资本市场尚未健全之前，金融市场中的资本投资去向非常单一，普遍方向是流入房地产市场或证券市场，导致大量游资聚积成“灰色金融”甚至是“黑色金融”，成为我国金融体系的隐患。因此，金融与科技的结合，实际上也在解决如何引导资本向健康方向发展的问题。

尽管科技与金融的结合，既有利于科技的发展，也有利于金融的发展，但从科技金融的主要目的来看，仍然是以金融市场的资金来解决科技发展中的制约因素。科技金融市场上，科技一方应当界定为资金的需求方，而金融一方则应当界定为资金的供给方。在需求方中，融资特别困难的群体，是通常所说的科技型中小企业群体，而在由科技研发、科技成果转化、科技成果转让构成的横轴以及由中小企业成长过程中的十个不同发展时期构成的纵轴（见图8－1）交汇而成的不同的坐标点上，也呈现出对金融服务不同的需求强度和需求种类，这些不同强度、不同种类的需求需要供给方

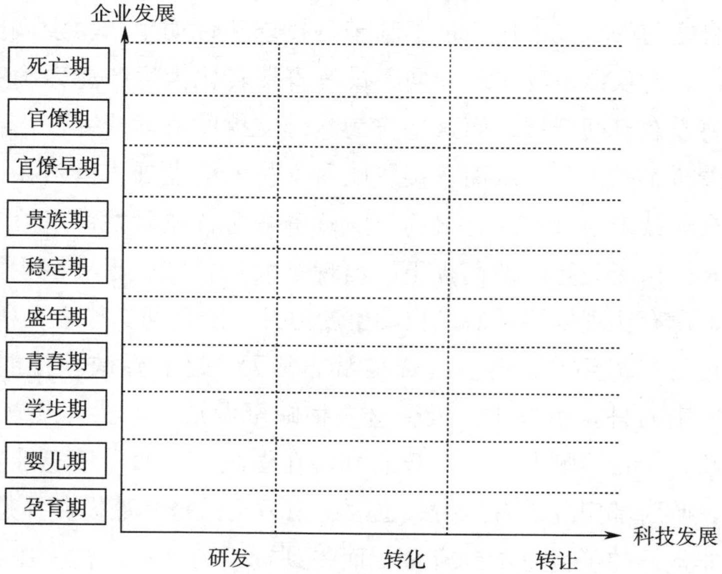

图8－1　科技与企业不同发展阶段构成的不同市场

通过不同机构、不同手段来提供。

8.2.2　我国科技金融市场中存在的“理性预期失灵”及表现

在认识科技金融市场的产生以及科技金融市场中需求方与供给方关系的基础上，我们可以清晰地看到我国科技金融市场中存在的“理性预期失灵”现象。

第一，中小企业融资市场普遍带有“柠檬市场”特征。由于中小企业融资市场中信誉度低的“柠檬”太多，银行等大型金融机构不愿意为中小企业提供贷款等融资服务。在信贷市场中，金融机构与中小企业间的信息不对称问题相当严重，导致资金供给方会对服务对象进行非常苛刻的选择。在“柠檬”原理的作用下，即便在对金融机构实施多种压力或是扩大资金池等措施下，上述情况并不会从根本上改善。大银行起主导作用的正规金融市场对中小企业的排挤还会体现逆向选择：被挤出的中小企业为继续生存，会流入非正规金融市场，从一定程度上助长了“黑色金融”“灰色金融”势头，并实质上进入到真正的“柠檬（次品）市场”。在非正规金融市场，中小企业在继续逆向选择的基础上，还要承担放贷人规定的高利率，一大批短期拆借、地下钱庄等非正规金融，会导致许多中小企业被“黑色金融”吃掉。这种现象大量存在于我国中小企业融资过程中，科技型中小企业作为中小企业的重要组成也难以幸免，发展受到严重制约。

第二，不完善的科技金融市场实际上也是一个“不完备信息市场”。沿学理逻辑不难发现，在现阶段的科技金融市场中存在着几个典型问题：究竟哪些企业可以界定为科技型企业，而这些科技型企业中又有哪些真正能够产生可转化为生产力的科技成果，虽然科技研发投入中的风险难以避免，但至少应有一定风险程度上的保证；究竟哪些金融机构是科技型企业尤其是小微企业值得信赖的机构，这些机构的资金从何而来，这些资金要投向何处，怎样来判断等。这些相关问题都没有得到有效解决的保障，因此造成供给方的扭曲，比较典型的就是我国现阶段极少有无担保、无抵押情况下纯利用科技成果或知识产权就能够成功融资的案例。

第三，动物精神、羊群效应等影响因素在我国尚不健全的市场机制模式中，将会对科技金融市场产生相对更大的影响，可能走向两个极端：一个极端是造成科技型中小企业融资难，另一个极端是造成资金和资源的浪费。金融机构提供金融服务，往往存在“要开展都开展、要不开展都不开展”的典型羊群效应。从目前我国银行业为科技型中小企业提供的金融服务来看，开展的业务种类、基本要求大同小异。在科技金融服务的实践中，这种影响因子是可以得到纠正的，比如某银行杭州科技支行的成立，就与众不同地有效回应了科技型中小企业的融资问题，摆脱了羊群效应。当然，不可否认，目前如杭州科技支行这样的典型案例在不断增加，我国科技金融服务产品已有多元化发展的良好态势，但与科技金融的需求相比，仍有很大的发展空间。

8.3 到实践中去：成都市高新区科技金融模式

鉴于市场经济中存在“理性预期失灵”现象，现阶段我国科技金融市场中也存在明显的“理性预期失灵”现象，急需寻求对策。调研中我们发现，在我国科技金融实践中，成都市高新区科技金融模式作为现阶段我国科技金融探索创新中的成功模式，恰恰解决了科技金融市场中的“理性预期失灵”。在此，我们试对成都模式进行总结，指出其有效性之所在，提炼其可推广的核心内容。

8.3.1 简述：成都市高新区“四个一”科技金融服务模式

成都市高新区采用的科技金融服务模式可用“四个一”来概括：一“库”、一“池”、一“办”、一“会”。

一“库”：企业数据库

一“库”是指企业数据库，是由政府产业部门牵头积累统计数据而成，使政府对企业各方面数据都能了解掌握。操作者认为，企业数据库会使金融机构有的放矢，降低金融机构的成本和风险。政府产业部门牵头来形成企业数据库是具有得天独厚优势的：第一，政府部门对企业的了解很全面，也很真实，从政府角度能够看到企业所得到的上级部门或政府部门的支持情况；第二，企业数据库的统计和筹建一方面需要耗费大量的精力与财力、物力，另一方面也需要在很大程度上保障和维护信息的中立性，而此类工作很难直接形成商业利益，在科技金融市场中带有公共品性质，由政府来提供最为合适。

一“池”：资金池

与一“库”紧密联系的是一“池”，即资金池。成都市高新区采用的构建资金池的方式，与以往对企业的投资方式不同。以往的投资方式是首先选定项目，接着对项目进行专家评审，评审通过后直接投入资金，而有了资金池后，在专家评审之后会直接把资金放入资金池中。这意味着，财政资金有了更加宽阔的用武之地，不像原来那样只能受制于自身有限的资金规模，而是能够实现三“化”：一是金融化，二是杠杆化，三是市场化。杠杆化和市场化实际上是描述资金池对资金的放大作用，而金融化则指更为具体的操作方式，涵盖了“三步走”程序：第一步是信贷化，主要是指信贷贷款风险资金池，这个资金池是通过成都市高新区与金融机构共同注资组建而成的，一般比例为1∶1，即成都市高新区投资 1 000 万元，那么银行、担保等机构的投资总和也应达到 1 000 万元，共同形成 2 000 万元信贷贷款风险资金池，再利用这个资金池中的资金为中小企业贷款；第二步是资本化或者叫做股权化，这一步是在给中小企业贷款之后进行的，采用市场上投资公司向企业投资时的普遍做法，即通过股权的形式向企业注资，成为公司的股东，但并不参与公司的日常管理，这样做，一方面缓解了中小企业融资难问题，另一方面使资金池中的资金通过股权形式成功对企业加注资金来发挥引导基金的作用，实现定向投资的开展；第三步是证券化，成都市高新区对这一步骤目前仍在探索，但初步设计定位为“先发低收益债，再买高收益债”的模式。总之，一“池”的设计，目的在于一方面解决财政资金如何有效投入的问题，另一方面解决财政资金规模有限的问题。

一“办”：产品办公室

在一“库”和一“池”基础上的一“办”，指的是金融机构和金融办联合起来形成的对接。具体而言，从主体上来看，一“库”的主体是政府部门，一“池”的主体是金融机构，而财政资金其实是金融机构注资形成资金池的引导基金；从提供的服务来看，一“库”提供的是高质量的科技型中小企业数据库，一“池”提供的是高质量的科技型中小企业融资产品。因此，只有双方实现最终的对接，才能够达成整个体系的最终目标。产品办公室正是这样一个机构，即一方面将高质量的科技型中小企业推到金融服务的面前，让它们如愿以偿地实现融资，另一方面将金融服务产品推到高质量的科技型中小企业面前，让它们在极低的风险和较为有力的保障下实现投资。

一“会”：专家评议会

一“库”、一“池”和一“办”能够让融资方和投资方实现对接，但是在对接之后，企业贷款到账之前，成都市高新区还设计了专家评议会的环节，进行“审贷”。如果待审企业是软件企业，那么专家评议会的组成应当至少包括同行业内的资深专家，他们共同对企业进行技术评估和市场评估，为金融机构最终的决定提供建设性意见，防止在投资时，尤其是投资轻资产企业时，出现对核心技术等的不了解而可能造成的风险和损失。

在这种模式下，成都市高新区管理会成功以科技创新驱动经济规模扩大及质量效益的提高。据高新区资料显示，2013 年，戴尔（成都）全球运营基地、西门子一期、飞利浦、中航国际广场等 96 个项目竣工投产；长虹高科技研发基地、日立电梯等 68 个省、市级重点项目完成投资 196.38 亿元；新引进亿元以上项目 46 个，总投资额达 469 亿元。成都市高新区单位经济产出在中西部同类型高新技术区当中名列第一，通过科技创新驱动在 130 平方公里的土地上创造出千亿元 GDP。由此可见，这种模式无疑是成功的。值得注意的是，考虑对其所形成范式进行继续推广和发展，不能仅仅流于形式，而须对其作用机理进行剖析，提炼精髓，从而真正抓住有效核心内容。

8.3.2 剖析：成都市高新区科技金融服务市场的构造及特征

抽象来看，成都市高新区科技金融服务的模式其实是在既充分尊重市场配置资源机制又认识其缺陷与失灵问题的前提下，引入有效、有为政府的作用，重新构建科技金融服务市场。这个市场存在着需求方、供给方、协调方和监督方，且各方职责分明，共同保障市场的运转。

需求方：一“库”

企业数据库实际上形成了有效的需求方：第一，在信息相对通畅、透明、真实、中立的基础上，政府通过多维数据的搜集对企业进行评估，选择相对优质的企业形成企业数据库，从这一点来讲，企业数据库针对资金供给方而言，就是一个有效的需求方集合。第二，进入到企业数据库中的企业主体，必然是自身财务、技术、组织架构、发展等多方面都态势良好且对融资有强烈需要的，从这一点来讲，企业数据库中的优质企业都是资金的需求方。

供给方：一“池”

在财政资金引导下，通过与金融机构共同注资形成的资金池，作为资金供给方的地位自不必多说。这一供给方的特殊性是值得我们思考的，主要表现在：第一，这种新型的供给方是对财政资金独自作为供给方的一种替代；第二，通过吸引金融机构的资金，资金池从实质上实现了财政资金规模的拓展，从而使同样规模的财政资金能够发挥更大的作用；第三，无论资金池中财政资金规模与金融机构相比更大还是更小，其都能够发挥引导作用，且这种引导作用的实现是注入资金池资金的政府部门与市场部门在合作中“双赢”促成的，一方面政府显然拥有更透明的信息和更多的资源，另一方面政府能够与金融机构共担风险。

协调方：一“办”

产品办公室是协调需求方和供给方的矩阵型机构，或者更加直白一点，这一构造出的科技金融市场中同样存在着市场失灵的一些问题，比如一旦资金池中提供的融资产品信息并没有顺利地传达至需要相应融资服务的科技型中小企业那里，就会造成企业发展机会的流失。产品办公室就像“婚姻介绍所”那样，一方面将最新的金融产品推销给企业，一方面将高质量的企业推销给金融机构，从而帮助提高需求方和供给方的对接效率。

监督方：一“会”

虽然许多结合都能够实现“百年好合”，但是也不能避免“看上去很美”这样的情况出现，而这势必至少产生三重影响：第一，在对如轻资产企业的技术等不了解的情况下进行盲目投资，将可能直接造成融资风险；第二，一旦造成融资风险，就意味着一方面这一企业得不到发展，另一方面该笔资金在其他企业那里的机会成本也会同时丧失；第三，在需求方与供给方之间形成合作契约的过程中，彼此的信用度会降低，久而久之将产生破坏性影响。基于此，十分有必要对此种现象进行最大程度的避免，而专家评议会作为政府牵头成立的、中立中肯的、能够提供切实建议且不会干涉企业最终决定的监督方，为这种科技金融模式的运转把好最后一道关。

8.4 精髓：矫正“理性预期失灵”的“三步走”

就目前我国科技金融服务的发展状况看来，成都市高新区的“四个一”模式确实可以成为一种可推广的范式。然而，好的模式是不是到哪里都能够成功呢？我们认为并非如此。模式其实只是一种现象，我国幅员辽阔，不同地区大都存在着结构性、区域性、政策性等方面的差异，对模式的“生搬硬套”显然并不适用，只有抓住模式中的精髓，方能够因地制宜地“开花结果”。基于前文所述“理性预期失灵”原理，我们认识到这一在经济生活中普遍存在的现象同样存在于科技金融市场中，并影响着我国科技金融服务的开展。回过头来看，成都市高新区的“四个一”模式之所以成功，精髓恰在于其做到了矫正“理性预期失灵”的“三步走”，并在很大程度上取得了成效。

8.4.1 第一步：重新构建市场

对于科技金融市场中存在的“柠檬市场”现象，“四个一”模式首先选择了市场的重新构建：一方面，将科技金融市场中需求方的“柠檬”即评估较差的科技型中小企业剔除出去，仅选择高质量的企业组成企业数据库，实实在在地为优质企业建立了“企业数据库”这样一个品牌，让供给方能够安心地作出选择；另一方面，将科技金融市场中供给方的“柠檬”即对企业发展有害的“灰色金融”“黑色金融”等不规范供给方剔除出去，以财政资金引导建立的资金池为供给方，让需求方能够安心地作出选择。

这种重新构建的市场之所以能够成功，核心要素就是分别为由企业组成的需求方和由金融机构组成的供给方“增信”，减少了磨合过程中的成本，降低了由于信任度而产生的风险。

8.4.2　第二步：应对市场失灵的机制

除了重新构建市场以外，针对由于不完备信息而产生的负面影响，“四个一”模式增设了应对市场失灵的机制。通过设立产品办公室这样的矩阵型机构，弥补了可能会出现的信息不对称现象，推动了需求方与供给方的无缝对接，保障了市场的良性运转。

8.4.3　第三步：针对“理性预期失灵”的机制运转

无论是动物精神还是羊群效应，都是在经济运转中不可避免的理性预期失灵现象，这些现象不仅表现在宏观层面的博弈中，而且表现在微观层面的博弈中，在科技金融市场中，需求方与供给方的对接势必要通过博弈，在博弈中一旦受到理性预期失灵因素的影响，就会影响整个机制的正常运转。因此，“四个一”模式相对科学地引入了专家评议会，解决了“只缘身在此山中”的一些困惑，能够从很大程度上帮助供求双方维持理性选择。

总之，就我国科技金融市场发展现状而言，应当特别注重“理性预期失灵”所带来的负面影响，并可考虑借鉴成都市高新区“四个一”模式的探索，通过对科技金融市场中需求与供给双方“增信”来构建新市场，避免沦为“柠檬市场”而导致“逆向选择”，接着通过设置矩阵型管理机构帮助供求双方对接，以缓解不完备信息市场的制约，并在此基础上，针对科技金融市场多具有科技含量较高的轻资产的特性，注重发挥专家等智囊团体给予的融资风险保障作用。

第9章　制度供给导向下的混合所有制思辨

9.1　跨越陷阱途中的混合所有制改革背景

9.1.1　改革路径

一直以来，混合所有制都不是一个看似陌生的概念。沿学界对其的研究脉络不难发现，早在20世纪80年代中后期，我国就已经开始了对其的相关探讨，且总体研究带有明显的“曲折式前进”特点，首先于1998年前后迎来第一次研讨高峰期，待步入新千年后，又于2004年迎来第二次研讨高峰期，而后逐渐降温，并于近期再次引发研讨高潮。从提出到发展，混合所有制在我国已经历经二十余年。我国最早正式提出“混合所有”，是在1993年党的十四届三中全会《中共中央关于建立社会主义市场经济体制若干问题的决定》中：“随着产权的流动和重组，财产混合所有的经济单位越来越多，将会形成新的财产所有结构”。1997年，党的十五大正式提出了“混合所有制经济”。2002年，党的十六大报告进一步提出“积极推行股份制，发展混合所有制经济”。2007年，党的十七大报告指出，“以现代产权制度为基础，发展混合所有制经济。”2013年，党的十八届三中全会《中共中央关于全面深化改革若干重大问题的决定》更是对“混合所有制”发展指出了方向、提出了更为详细的要求：“积极发展混合所有制经济。国有资本、集体资本、非公有资本等交叉持股、相互融合的混合所有制经济，是基本经济制度的重要实现形式，有利于国有资本放大功能、保值增值、提高竞争力，有利于各种所有制资本取长补短、相互促进、共同发展。允许更多国有经济和其他所有制经济发展成为混合所有制经济。国有资本投资项目允许非国有资本参股。允许混合所有制经济实行企业员工持股，形成资本所有者和劳动者利益共同体。”

9.1.2　对混合所有制急需廓清认识

然而，在广泛且不乏深入的讨论中，各界对与“混合所有制”相关的诸多问题意见迥异，本书仅尝试以多种经济并存是否就是混合所有制、混合所有制是不是“一混两支”、产权混合是否就是实现了混合所有制、如何理解混合所有制和股份制、如何认识混合所有制与 PPP 模式的贯通以及混合所有制释放了怎样的活力六个基本问题为出发点，通过驳论与立论，试谈对混合所有制相关问题的辨识与思考，以期为现阶段积极发展混合所有制经济的改革措施奠定基础、提供线索。

9.2　多种经济并存是否就是混合所有制

9.2.1　对所有制的认识

1978 年以前，我国的经济成分单一，总体而言个体经济微乎其微，基本上只有公有制经济，相应的微观主体是国有企业、集体企业和农村集体经济组织。改革开放以来，除公有制经济以外，个体和私营、外商和股份制等形式下的多种经济成分得以共同发展。过去和当下，都有一种观点认为多种经济成分并存就是混合所有制，而本书认为并非如此。对“混合所有制”的认识不能脱离对基本概念的正确把握，因此本书试图依次谈谈对两个相关基本概念——“所有制”和“混合”——的认识，以期实现对此节问题的正确回应。

从基本概念来讲，所有制指的是人对物质资料的占有形式，落到经济学话语中，所有制通常指人对生产资料的占有形式，即生产资料所有制。“混合所有制”中的“所有制”当然指的就是生产资料所有制这个层面的含义，反映了生产过程中人与人在生产资料占有方面的经济关系，是生产关系的核心。所以说到底，与“所有制”相关的问题，还是要把握其作为生产关系的核心而必须充分反映和适应生产力的性质，从而有效匹配和促进生产力发展这一基本认识。

对“所有制”进一步的认识应考虑把握两个重要维度：一是所有权。所有制的实质，是在一种“权利形式”下反映基于资源“稀缺性”与欲望“无限性”的人，对生产资料的占有，其本质上就是排他的“所有权”问题。二是所有制的结构。基于不同所有权归属，所有制被划分为不同种类，按照经济学一般定义，人类社会中所有权归劳动者共同持有的形式就称为公有制，而私有制，其生产资料的所有权归社会成员中的一部分个人（如奴隶主、地主或资本家）所有。然而，在现实社会中，通常并不存在单一的所有制，不同的所有制在社会形态中有不同的地位和比重，这构成该社会形态下所有制的结构。在结构格局中的不同所有制之间，当然也会产生相互作用与影响。

基于对“所有制”的以上分析认识，不难得出，“混合所有制”是“所有制”的一种，但其生产资料所有权并不单一归属于某一类特定个人或群体，其最基本的特征在于出现“公”的与“私”的所有权在一个主体内的混合（否则，这一称呼就丧失了其存在的必要性）。若在某种社会形态下存在，则其在该社会形态下的所有制结构中必有不同于其他类别的一席之地。其地位以及其对其他所有制种类之间的相互影响，均属于在“所有制结构”概念下讨论的问题。因此，“混合所有制就是多种经济并存”这一观点的第一个错误，是混淆了“所有制”与“所有制结构”两个不同的概念。

9.2.2 什么是混合

“混合”一词本并无玄机，字面意思就是“混在一起”，但这其中包含了两个重要层次：第一，对“混合”的判断：是否实现了混合？第二，对程度的判断：混合到怎样的程度？对是否实现混合的判断有助于认识究竟是否可定性为“混合”所有制，而对混合程度的判断则有助于理解是否需要将“混合所有制”继续发展、推进。基于前述对“混合”的分析认识不难知道，“混合所有制”要求的是不同所有权主体在一个企业体内真正实现“混在一起”，绝不是在某种社会形态中互为外体、他体的简单共存，是在某种社会生产关系具体形态下实现对生产资料的混同占有，可认为是不同所有权主体实现对某一企业的生产资料既各自清晰又共同占有的所有制形式。

有了这样的思考基点，就可以明确认识到，“多种经济并存”绝非意味着实现了“混合所有制”。自改革开放伊始，我国就对多种所有制形式逐步放开，早已实现了多种经济并存，但在股份制的企业组织形式出现之前，总体上看，公的仍归公有，只可与公有结合，私的仍归私有，只可与私有结合，并未影响公和私泾渭分明地对一个个特定企业生产资料的占有，何混之有？既然没有实现“混合”，就更不用提程度了。把“同时存在”等同于“混合”，这是“混合所有制就是多种经济并存”这一观点的第二个错误。

9.3　混合所有制适不适合两个概念分支

9.3.1　有些观点认为应分为宏观和微观

分析完基本概念层面的问题，再往逻辑脉络上游延伸，又不得不与另一种广泛观点直接相联，即本着大而全原则、看似特别顺理成章地将其分为“广义与狭义”或“宏观层面与微观层面”等，一个“混合所有制”、两个概念分支。具体而言，该观点认为：从广义或者宏观层面而言，混合所有制是多种所有制经济并存；从狭义或微观层面而言，混合所有制就是不同所有制成分联合形成企业。

这两个层面的定义，广义或说宏观层面其实将混合所有制的位置硬性拉高了，导致因偷换、不明概念而无法对其本质进行清晰认识，狭义或说微观层面又将混合所有制的位置硬性拖低了，导致对其本质认识过于简单化、具体化而难以深入，说到底，都导致了“移位”。需要说明的是，混合所有制本身并不需要分广义和狭义，其讨论的就是社会生产资料归属层面的问题，这一定位并非飘忽不定或忽上忽下。若对这两个概念分支分别来看，每个分支都存在一定误区。

9.3.2 我们的一些看法

对从广义或者宏观层面进行认识的否定，上文已经讨论过，在此不再赘述。对狭义或者微观层面的认识，本书同样不敢苟同。第一，混合所有制本质上讨论的是社会生产资料归属层面的问题，而不是作为市场主体的企业层面的问题，两者之间联系的逻辑脉络是：经济社会—产业—行业—企业，这种认识的层面显然已将混合所有制经济所处层面拖低许多。第二，不同所有制成分联合形成企业并不全然意味着该企业的所有权性质发生改变，也就是说，撇开这种认识的层面不谈，单纯从其所指的形成企业的性质判断而言，也存在误区。最为典型的例子就是以委托—代理的形式联合形成企业，公有性质主体占有全部生产资料，私有性质主体负责生产管理、领取报酬和分红，这样的联合显然并非混合所有制。倘若从这一角度试图对混合所有制进行认识，那么就必须首先判断哪种“联合”形式属于“混合”，哪种不属于“混合”，实际中很难实现。第三，这种认识中暗含着一种意味，就是即使在“混合所有制”中，不同所有制成分也是泾渭分明的，掩盖了“混合所有制”的初衷。实际上，上面提及的两种观点，其关注焦点最终都脱离了“混合所有制”概念层面的根本问题——重要的是能否实现真正的“混合”，混合才能打通，打通才能发力，发力才能更好地立足于生产关系层面能动地回应与生产力层面相关的问题。其实，混合所有制在学理意义上讨论的就是社会生产资料所有权归属如何“和而不同”于单个企业内部而“混合”起来的问题，不宜把此定位处理得飘忽不定、忽宏忽微。

9.4 产权混合是否就是实现了混合所有制

9.4.1 对产权的思考

所谓产权，是财产的所有权、占有权、支配权、使用权、收益权、处置权多重权利的总和，是一个法律概念，是经济所有制关系在法律层面的表现形式。如上所述，混合所有制下产权一定实现了混合，但产权混合是否就能说实现了混合所有制呢？本书认为远非如此。混合所有制启动的是一整套制度框架体系建设，如厉以宁所言，其最终还是要落实到现代企业制度和法人治理的层面。作为一种重要的制度模式，混合所有制的缘由和重要意义，正是要借助制度经济学对"产权"的认识来实现。

9.4.2　制度经济学对"产权"的认识

旧制度经济学代表人物约翰·罗杰斯·康芒斯（John Rogers Commons）最早通过"无形财产"概念认识到"物质"与"所有权"有所区别，认识到"所有权"是可以作为一种概念独立于所属"物质"的，这种认识建立在经济学"稀缺性"的基础上。康芒斯认为"只有稀少的东西（实际稀少或预料会稀少），人们才缺乏和向往。因为它们是稀少的，它们的取得就由集体行动加以管理，集体行动规定财产和自由的权利与义务，否则就会发生无政府状态……制度经济学公开地主张稀少性……并且肯定集体行动在一个由稀少性和私有财产以及因此而发生冲突的世界里解决冲突和维持秩序的适当地位。"[①] 旧制度经济学对"所有权"的认识，落实到法律层面，即对"产权"的认识，并在新制度经济学中得到了深入发展。

罗纳德·哈里·科斯（Ronald Harry Coase）揭示了企业存在的原因，"市场的运行是有成本的，通过形成一个组织，并允许某个权威（一个'企业家'）来支配资源，就能节约某些市场运行成本"[②]，并且从"通过企业组织交易的行政成本"未必低于"被取代的市场交易的成本"这一问题出发，将研究取向落脚在私人产品与社会产品的差异上，认识到"做产生有害效应的事（如排放烟尘、噪声、气味等）的权力也是生产要素"而"行使一种权力的成本，正是该权力的行使使别人蒙受的损失"的生产"外部性"问题。科斯定理正是在此基础上提出的，简言之，其认为经济的外部性（非效率）可以通过明确界定产权来实现。科斯定理认为，明晰

① 康芒斯：《制度经济学》（上册），12～13页，北京，商务印书馆，1962。

② 盛洪：《现代制度经济学》（上卷），第2版，115页，北京，中国发展出版社，2009。

的产权能够使市场均衡的结果更有效率，实现市场配置资源的帕累托最优。根据党的十八届三中全会《中共中央关于全面深化改革若干重大问题的决定》中提出的“紧紧围绕使市场在资源配置中起决定性作用深化经济体制改革”的要求，为了使市场更好地达成资源配置的目标，就必须针对已经意识到的、转轨过程中无可避免的产权界定中存在缺失的情况进行改革，推动混合所有制的发展。因此，混合所有制最为重要的意义就在于将我国市场经济发展过程中的产权明晰又向前推进了一步。

9.4.3 产权混合不意味着实现了混合所有制

广义地说，20 世纪 50 年代中国“社会主义改造”中工商企业的“公私合营”也可称为一种混合所有制，而现阶段的“混合所有制”改革，所启动的却是一整套制度框架体系建设，需要落实到现代企业制度和法人治理层面。前些年，中国股份制经济已有明显发展进步，其中不乏国有、非国有和公有、非公有股权在市场主体内部的混合，但往往存在国有产权“一股独大”问题和产权规范不落实、不到位问题，所以仍然需要以深化改革来解决。因此，达到了产权于企业体内的混合，并不等于就实现了混合所有制的改革意图。

9.5 混合所有制与股份制

9.5.1 马克思所说的“过渡形式”

从我国改革开放实践过程中认识深化、提升的脉络梳理而来，并基于本书前述辨析内容，已可以清楚地认知，当下所强调的混合所有制，其框架就是过去已被充分肯定的“现代企业制度”的标准化形式——股份制。这一制度可以使公有的、非公有的产权，融合到分散存在的市场主体——一个个企业的内部产权结构里面去，寻求相关利益主体的共赢。相关的理论研究任务，是与时俱进地对股份制实现更全面的认知。

马克思在有生之年，已敏锐地意识到股份制的特异影响和对社会发展的可能贡献。从社会经济生活观察："假如必须等待积累去使某个资本增长到能够修建铁路的程度，那么恐怕直到今天世界上还没有铁路。但是，通过股份公司转瞬间就把这件事完成了。"[①] 从生产关系的制度演变观察："那种本身建立在社会的生产方式的基础上并以生产资料和劳动力的社会集中为前提的资本，在这里直接取得了社会资本（那些直接联合起来的个人的资本）的形式，而与私人资本相对立。并且它的企业也表现为社会企业，而与私人企业相对立，这是作为私人财产的资本在资本主义生产方式本身范围内的扬弃。"[②] "资本主义的股份企业，也和合作工厂一样，应当被看做是由资本主义生产方式转化为联合的生产方式的过渡形式，只不过在前者那里，对立是被消极地扬弃的，而在后者那里，对立是被积极地扬弃的。"[③] 这些文字反映了马克思对股份制论述的核心观点。第一，马克思虽然还未认可股份制已经将资本主义下的私有制转变为公有制，但他已经明确认知其所产生的社会资本与私人资本相对立的形式，可被认为是由资本主义生产方式转为联合生产方式的过渡形式。第二，结合马克思、恩格斯在《共产党宣言》中的论述，"资本是集体的产物，它只有通过社会许多成员的共同活动，而且归根到底只有通过社会全体成员的共同活动，才能运动起来"，以及公有制是在资本主义"旧社会的胎胞里成熟"的一种社会制度，是"在资本主义时代的成就的基础上建立起来"的基本逻辑，不难看出，马克思虽然仍把股份制归为一种"消极的扬弃"，但是对资本主义制度下出现股份制而对资本主义生产方式发生形式否定、对其具有的资本社会化运用特征，以及其所引发的走向新生产方式的"过渡态"，是秉持积极肯定态度的。

马克思所指出的资本主义生产方式下生产关系制约生产力发展的基本矛盾和"桎梏"，是生产的社会化和生产资料私人占有之间的矛盾。沿着

① 马克思、恩格斯著，中共中央马克思恩格斯列宁斯大林著作编译局译：《马克思恩格斯全集》，第23卷，688页，北京，人民出版社，1972。

② 马克思、恩格斯著，中共中央马克思恩格斯列宁斯大林著作编译局译：《马克思恩格斯选集》，第2卷，516页，北京，人民出版社，1995。

③ 马克思著，中共中央马克思恩格斯列宁斯大林著作编译局译：《资本论》，第3卷，497～498页，北京，人民出版社，2004。

解决这一矛盾的思路观察，马克思当然会肯定“工人自己的合作工厂”。马克思认为，“工人自己的合作工厂，是在旧形式内对旧形式打开的第一个缺口，虽然它在自己的实际组织中，并且必然会再生产出现存制度的一切缺点。但是，资本和劳动之间的对立在这种工厂内已经被扬弃，虽然起初只是在下述形式上被扬弃，即工人作为联合体是他自己的资本家，也就是说，他们利用生产资料来使他们自己的劳动增值。这种工厂表明，在物质生产力与之相适应的社会生产形式的一定发展阶段上，一种新的生产方式会怎样自然而然地从一种生产方式中发展并形成起来。”① 在此基础上，马克思进而对资本主义社会中的股份制与工人自己的合作工厂进行了对比，即“资本主义的股份企业，也和合作工厂一样，应当被看做是由资本主义生产方式转化为联合的生产方式的过渡形式”，但他跟着加上一个对比：“只不过在前者那里，对立是被消极地扬弃的，而在后者那里，对立是被积极地扬弃的。”这便为我们带来了极为重要的思考线索和空间。

9.5.2　从“消极扬弃”到“积极扬弃”

“扬弃”（德文为 autheben，英文为 sublate）是哲学名词，指事物在新陈代谢过程中，发扬其体内的积极因素而抛弃其体内的消极因素（一如中文“留取精华，弃去糟粕”之意）。不论对马克思的“消极扬弃”评价作出何种分析解读，基本逻辑指向至少具有“形式”和“过渡”方向上的肯定，余下的便是如何使形式与内容相结合的问题。任何理论观点的提出都带有时代特征与客观局限，马克思对股份制的认识提出是在一百多年前，但在当时社会制度和经济发展背景下，股份制所具有的哪怕是带有“消极扬弃”意味的“社会资本”特征，也为马克思带来了思维灵感。面对这其后一百余年的历史进程，结合“实事求是”“与时俱进”的原则，我们完全可以沿马克思的思维逻辑深化认识。一百多年以来，股份制下的市场主体（股份公司）已经发生了非凡变化。除了早已较普遍地存在本企业员工、产业工人持股和社会上的普遍劳动者、公共机构在股份制企业中持股

---

① 马克思著，中共中央马克思恩格斯列宁斯大林著作编译局译：《资本论》，第3卷，497～498页，北京，人民出版社，2004。

以外，“国家”特定层级的政府也可持股并酌情做增持、减持的操作，并对宏观经济运行和社会生活产生重要的正面效应。发达国家的市场主体（公司）在达到一定规范程度后可以上市，而上市这一环节在英文中叫 go public（走向公共），绝非“私”的取向。无论是股份制中的公共机构持股，还是公司最终走向上市，开启公共募集资金的模式，都表明着即使是称为资本主义制度下的市场主体，也已经呈现内部产权结构多元化而超越简单私有的特征。社会化大生产中的上市公司，也称公共公司，不仅其持股人在很大程度上是“公共”的，而且其经营状况要接受全社会的公共监督，财务要有充分的透明度，公司发展和社会公众利益实现了更有效的互动与结合。例如，通用汽车公司作为世界上非常有名的标杆式大公司，在 2008 年未改组之前，股权已高度分散，很难说其具体归属于哪个资本家，为数众多的持股人是本企业的员工、产业工人和社会上的劳动者。2008 年金融危机中，由于通用汽车公司遭受重创，美国财政部对其进行注资，改组后的通用汽车公司股权结构为：美国财政部作为最大股东占 72.5% 股权，美国汽车工会的工人退休医疗基金作为第二大股东占 17.5% 股权，通用的债权人占 10% 股权。而时隔数年，2014 年 7 月 15 日查得的情况是，十大股东之首持股比例为 8.74%，加拿大政府为第二大股东，持股比例为 6.86%，十大股东合计持股比例也仅为 38.29%。另一家著名的通用电气公司，2014 年 7 月 25 日的股权结构中，十大股东居第一位的 Vanguard Group 持股比例为 4.99%，第十位的 Global Investors 持股比例为 0.78%，其“十大股东”合计的占股份额仅为 20.6%。这些情况都客观地表明，股份制使资本的社会化特征不断提高，已在明显地缓解着生产社会化与生产资料私人占有之间的矛盾，有利于生产力的发展。如果说在“资本主义”名号下的混合所有制已在发生扬弃“私有”这一不适应社会化大生产发展的制约因素的积极作用，那么就应如实地认识这种变化，把股份制下“以混合所有制”为取向的发展变化，与马克思主义的中国实践紧密结合，更没有丝毫道理对股份制加上“姓社姓资”的诘难，更应淡化“姓公姓私”的标签，更应肯定中国大地上近年来“积极扬弃”式的不断尝试和探索——而这也同时意味着在中国今后几十年伟大民族复兴的改革发展过程中，混合所有制取向的股份制，一定会打开“解放生产力，发展生产力”的潜在空间，长远而深刻地影响我国现代化进程。

9.5.3 现代市场体系的产权制度基石

中国支持“现代国家治理”的现代市场体系的产权制度基石，在混合所有制概念上终于可以说清。如上所述，混合所有制可以内在于标准的“现代企业制度”的股份制框架，某一企业股权的来源，可以有姓国的、姓民的、姓公的、姓私的。在法治化的环境下，所有利益关系都可以得到合作（“风险共担，利益共享”）中的解决方式，有利于以最低的交易成本形成“共赢”的预期及其实际进程。在混合所有制的相关持股主体互动中，组织和自组织、调控和自调控、管理和自管理、规范和自规范这些现代化治理要素的结合，有助于潜力、活力、创造力的释放，即生产力的解放。中国在“后来居上”的现代化进程中，要更多依靠以这样的产权基石合成的现代化市场体系，搞活企业，将和平发展、和平崛起之路越走越宽。

按照现代经济理念与实践来理解股份制，结合前文论述可知，对股份制不必、不能贴标签作姓社姓资、姓公姓私的界定。股份制是人类经济文明从产权基石层面规范地形成的以法治化为背景的一套基本制度规则，在高标准、现代化、法治化的环境下，最具多元包容性的形式的和可以为企业提供可持续共赢发展的制度安排的，就是混合所有制这一形式，它理应成为中国特色社会主义市场经济的重要实现形式，和全面改革阶段在企业改革领域主打的形式。

9.6 混合所有制释放了怎样的活力

9.6.1 混合所有制释放活力示意图

混合所有制是一种能够真正释放经济增长活力的经济体制（详见图9-1），基于学界研讨成果所显示的及相关文件中所规定的实现形式，以及本书已讨论的理论基础，在党的十八届四中全会所强调的法治框架下，混合所有制能够切实激发企业活力和市场活力：一方面，混合所有制能够在寻求与民间资本更好融合方式的过程中，在技术方面充分激发企业立足于后发优势的技术模仿、技术扩散、现有技术的升级换代、新技术研发等，在制度方面实现管理水平的提高、运营效率的提升以及各项成本的良好控制，从而成长为长期健康的市场主体，对市场活力的焕发发挥重要的主观能动作用，推动股票等资本市场形成长期慢牛的良好态势；另一方面，混合所有制是推动党的十八届三中全会首次提出的市场在资源配置中起“决定性”作用的重要改革手段，通过回归价格机制、理顺供求关系、逐步放开计划手段等，培育更加健康的产品市场、要素市场和资本市场，通过健康市场的形成，为市场主体提供良好的生态环境，同时实现通过激发市场活力来增强企业活力，而通过混合所有制改革中股份制的实现，资本市场势必更加规范和繁荣，与日前正在紧锣密鼓进行的多级多元资本市场的建立互相促进、互相成就，加之时下方兴未艾的 PPP 模式的广泛推广和应用，混合所有制改革势必与连片开发、城市基金、资本证券化、互联网金融等相互作用产生更大的乘数效应。由此可见，在混合所有制一方面激发企业活力，另一方面激发市场活力的同时，企业活力与市场活力之间必将相互激发，从而更加促使混合所有制改革成为推动我国经济增长和发展引擎的重要改革措施。

9.6.2　股份制是跨越“中等收入陷阱”制度供给的重中之重

特别值得注意的是，我国现阶段经济社会发展进程中，更应注重混合所有制与股份制的联通，因其必将成为国内资本市场、要素市场、产品市场、市场主体焕发活力的核心动力之所在，也必将成为从“消极扬弃”走向“积极扬弃”不懈探索的必由之路。在邓小平南方谈话之后，1992 年党的十四大确立我国经济体制改革的目标模式是建立社会主义市场经济体制，成为全局性的重大突破和历史性决策。1993 年党的十四届三中全会作出《中共中央关于建立社会主义市场经济体制若干问题的决定》，勾画了我国市场经济体制的基本框架。1997 年党的十五大提出，公有制实现形式可以而且应当多样化，一切反映社会化生产规律的经营方式和组织形式都可以大胆利用。对于股份制，资本主义可以用，社会主义也可以用。在这个判断中，已经区分了所有制和所有制的具体实现形式这两个不同的概念：股份制是所有制的一种实现形式，既不姓“社”，也不姓“资”。党的十六大要求进一步探索公有制特别是国有制的多种有效实现形式，除极少数必须由国家独资经营的企业外，积极推行股份制，发展混合所有制经济。而党的十六届三中全会通过的《中共中央关于完善社会主义市场经济体制若干

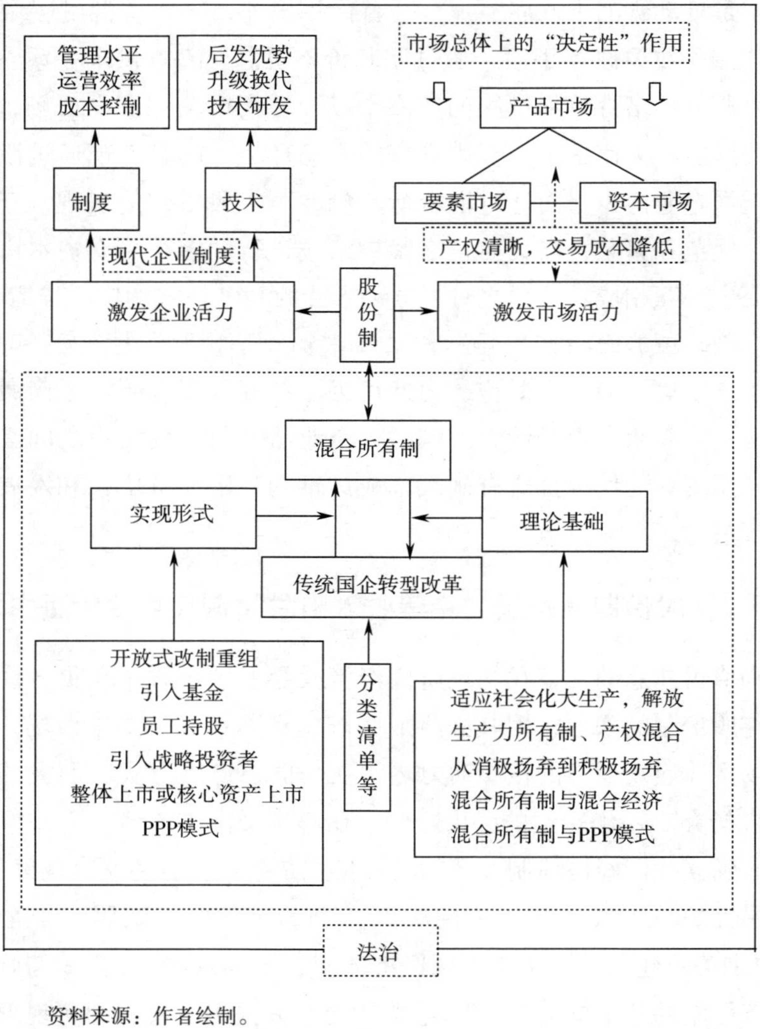

资料来源：作者绘制。

图9－1　混合所有制释放活力示意图

问题的决定》则进一步提出，积极推行公有制的多种有效实现形式，大力发展国有资本、集体资本和非公有资本等参股的混合所有制经济，实现投资主体多元化，并首次明确提出：使股份制成为公有制的主要实现形式。

从股份制是公有制的一种实现形式到主要实现形式体现了对公有制实现形式认识的深化和飞跃，也铺垫了、准备了党的十七大、十八届三中全会所强调的“混合所有制”改革。基于这一简要回顾并结合本书分析，可一言以蔽之：中国当下所说的混合所有制，实际上强调的是在现代国家治理法治背景下，在任何一个市场主体内部，产权可以按照股份制框架下的混合所有制来处理，实现最大包容性和共赢、多赢。混合所有制若能够通过规范的股份制来实现市场法人主体产权结构最大的包容性，那么原来谈论了多年争吵不出来结果的“国进民退”与“国退民进”、“姓公姓私”和“姓社姓资”问题，便都可以淡化了。在“和平与发展”的时代，贯彻“一百年不动摇”的党的基本路线，特别需注重的是以最大的包容性走向共赢。如果从提升人类文明、解放生产力、共享发展成果这样一个宽阔的思维来说，基于“现代国家治理—现代市场体系—现代企业制度—混合所有制”的逻辑链，加之以现代财政制度作为国家治理的基础和重要支撑，配合充分发挥市场总体上在资源配置中的决定性作用，正确处理好政府与市场的关系和实质性地推进改革，那么，困扰人们多年而争议不休的国有经济部门改革和国有资产管理体系的重构，以及“民营企业”发展等问题，将会有一个豁然开朗的新境界，抓住真正问题、化解矛盾的所有的“正能量”，将汇集于实现中国梦宏伟愿景的过程之中。我们深信，党的十八届三中全会关于“混合所有制”认识的突破性表述，将长远而深刻地影响和推动中国的现代化。

第10章 跨越陷阱综合保障之 PPP模式联通制度供给

10.1 PPP模式概览

10.1.1 什么是PPP

“公私合作伙伴关系”——PPP（Public - private - partnership）这一日益引起各方关注的重要概念，汉语中尚无公认的准确翻译，在原来的直译流行一个时期之后，最近有关部门已将其意译为“政府与社会资本合作”，也有专家认为可更直观、简明地意译为“政府与企业合作”。实际上，PPP在欧美和世界上其他地区，也尚未达成一致的准确解释，其相关实践也正在发展中（仅PPP具体形式的英文缩写如BOT、TOT、BT等便不下十种）。在汉语语境中，我们更需将其看做一个发展中的“敞口”概念，而且其中国实践很有可能在创新中贡献更为“丰富多彩”的PPP具体形式。但具体而言，现在完全可以认定的是，PPP是指政府公共部门与非政府的主体（企业、专业化机构等）合作，使非政府主体所掌握的资源参与提供公共工程等公共产品和服务，从而在实现政府公共部门职能的同时，也为民营部门带来利益（贾康、孙洁，2009）。PPP这种合作和管理模式可以实现在不排除并适当满足私人部门投资营利目标的同时，为社会更有效率地提供公共产品和服务，以及使有限资源发挥更大的效用。目前，人们对PPP的相关认识已经和正在继续实现多维度深化，包括PPP的概念、起源、理论、模式和实践等。随着近年PPP拉开在我国实践应用中高速发展的序幕，我们可以确切地认定：PPP为人类经济社会的发展带来了制度供给的伟大创新。

从开阔的视角来看，PPP 实质上是一种联通全社会内部公共部门、企业部门、专业组织和百姓公众各方的准公共品优化供给制度，其现代意义上的形成和发展可说源自新公共管理运动中公共服务的市场化取向改革。“交易费用理论”和“委托—代理理论”等实际成为推动这一改革实践的理论力量，并随着 PPP 的广泛应用和不断深化而在理论层面清晰地呈现出政府和市场从分工、替代走向合作的基本脉络及升级趋势。因此，回归于中国经济实践，我们有理由强调，关于 PPP 的认识不应仅仅停留在一个新融资模式的层面，它还是管理模式和社会治理机制的创新。如果掌握得当，PPP 有望成为解决我国城镇化、老龄化等重大问题的助益机制，并以股份制为主的形式，与我国今后大力推进的混合所有制改革创新形成天然的机制性内洽与联通。当然，PPP 作为制度供给的伟大创新，其顺利运行和长久发展，特别需要强调现代文明演进中的法治建设和契约精神建设的相辅相成。

10.1.2　新公共管理运动中的公共服务事项市场化改革

从公共经济学和公共管理学角度来看，学界至今对“新公共管理”的界定仍存在分歧，但无论是侧重新理论、新模式抑或新运动，新公共管理浪潮作为史实都无可争议。在此运动的推进浪潮中，英国、澳大利亚、新西兰、法国、美国、日本等国家进行了较为全面和颇具新意的改革，为公共经济和公共管理范畴内的制度变革带来了新气象。尽管 PPP 的起源可追溯至英国收费公路的诞生（贾康、孙洁，2009），但其在现代意义上的形成和发展，应主要归于新公共管理运动中以引入私人部门积极参与为核心内容的公共服务供给的市场化改革。

英国公共服务改革的主要内容可简要概括为从合同外包到“市场测试”。由于第二次世界大战之后 20 世纪五六十年代“福利国家”建设和企业国有化运动所带来的财政危机，撒切尔政府为应对压力实行机制创新，在公共服务改革中采用了合同外包（contract out）方式，将非必须由公共部门经营的服务都通过合同外包交由私人企业来提供。这一方式主要包括两方面内容：第一，公共服务提供的责任并未转移，仍然属于政府，但政府只保留制定政策、管理合同和履行资金支付承诺的职能，其他事宜则通过合同转由私人部门承包提供；第二，政府一方面要对外包的公共服务进行目标监督，另一方面也要为私人部门提供相匹配的政策优惠和支持。1991 年梅杰接任首相后，又发起了“公民宪章运动”和“竞争求质量运动”。作为合同外包模式的发展和深化，在“竞争求质量运动”过程中，“市场测试”（Market Testing）方法的应用得以兴起，实质上是一种通过引入政府与私人部门服务提供者之间的竞争，来对公共服务进行分类处理的方法，要求所有公共服务都要通过“市场测试”来决定最终应由政府部门还是由私人部门来提供，判断标准就是谁能用更少的投入提供更好的服务。英国公共服务事项的市场化改革，主要涉及公共住房、矿产、航空、电信、医疗等行业。在新公共管理运动将私人部门引入公共服务领域的基础上，1992 年，时任英国财政大臣的拉蒙特提出私人融资计划（Private Financing Initiative，PFI）模式，迈出了在公共服务领域引入市场化竞争后深化推动政府与私营部门合作的重要一步，并于 1997 年在全社会公共基础设施领域较全面地推广。

与英国类似，澳大利亚也选用合同外包方式来引入私人部门的力量提供公共服务。新西兰同样致力于把市场竞争引入公共服务事项供给，实现公共服务的出资人、提供人和购买人的角色分离：政府负责决策和管理，公共服务事项则通过私营部门、第三部门或基层政府组织的竞争来提供，以合同外包的方式出让其经营运作舞台。

法国的公共服务改革分为三个层次：第一，施行权力下放，一直放权到最基层；第二，推进公共服务的社会化运作；第三，国有企业私有化（股份制）改造。在公共服务的社会化运作方面最典型的案例之一，就是法国巴黎著名地标埃菲尔铁塔的建造和运营。在 20 世纪 80 年代前埃菲尔铁塔是归巴黎市政府所有的，但市政府以公共服务委托的方式，将铁塔的维护和经营开发权委托于埃菲尔铁塔开发公司的合资公司，政府在该公司中占 60% 的股份。往前追溯，埃菲尔铁塔的建造本身就是一个极好的 PPP 案例。1889 年法国大革命 100 周年纪念时，法国政府决定建造一座象征法国革命和巴黎新风貌的纪念碑式建筑物，设计者亚历山大·居斯塔夫·埃菲尔（Alexander Gustave Eiffei）的方案中标，但是由于造价过高，法国政府提供的资金不足全部费用的五分之一，最终通过与埃菲尔的工程公司合作，接受了其在 160 万美元总预算中高达 130 万美元的投入，从而实现了埃菲尔铁塔的建造，也因此同意将埃菲尔铁塔运营后开始 20 年的各项收入归埃菲尔个人所有，20 年后铁塔的所有权才移交巴黎市政府。

美国公共服务改革的模式则更加多样化，主要有四种：第一，公私合作，即我们所强调的 PPP，通过政府公共部门与民营部门的合作来实现非公共部门利用所掌握资源参与提供公共产品和服务的模式。第二，付费购买制度，即对垃圾处理、污水处理、公园管理、住宅区服务等类型的公共产品实行收费购买供给的制度。第三，凭单（服务券）制度，即政府向公众发放公共产品或服务的消费券，公众则以手中的消费券自行选择公共物品或服务的提供者，提供者再拿着凭单到政府兑换成资金。第四，与英国等类似，通过合同外包的模式来实现公共服务。

PPP 的具体形式之一 BOT（build - operate - transfer，建设—经营—转让），是指政府通过契约授予私营企业（包括外国企业）以一定期限的特许专营权，许可其融资建设和经营特定的公用基础设施，并准许其通过向用户收取费用或出售产品以清偿贷款，回收投资并赚取利润；特许权期限届满时，该基础设施无偿移交给政府（贾康等，2014）。土耳其被认为是世界上首个将 BOT 这一名称确定下来并写入法律的国家。尽管对 BOT 的首例目前还存在一定争议（有观点认为是 1965 年香港政府修建海底隧道的案例，也有观点认为是土耳其修建燃煤火力发电厂的案例），但是这并不影响我们对在世界范围内新公共管理运动影响下土耳其 1984 年发起的明确称为 BOT 的创新模式的肯定与赞赏。早在 20 世纪 70 年代后期，土耳其就已经开始注意 BOT 这种创新的投资方式，并在当时扎尔总理的领导下尝试利用此模式筹建阿科伊核电厂，预设由承包商和土耳其政府所属电力管理局组成的企业筹资和建设核电厂，并拥有和运营该电厂 15 年，15 年后移交土耳其政府，但最终由于项目投标人与政府的谈判始终未能达成而流产。1984 ~ 1987 年间，土耳其政府与柏可德国际财团的公私合作建成多座大型燃煤火力发电厂，终于实现了 BOT 模式在土耳其的首次成功运用。

中国当下的 PPP 机制创新方兴未艾，各方已意识到其存在广阔的前景。除了 BOT、TOT、BT 等一二十个英文缩略语表示的 PPP 具体形式之外，中国实践中前沿状态的 PPP 创新近年来风生水起，“连片开发”。自党的十八届三中全会提出要让市场在资源配置过程中发挥“决定性”作用以来，PPP 模式受到国务院领导和各级政府部门的高度重视，已成为落实国家战略的重要工具之一，并成为“全面改革”的重要组成部分。财政部部长楼继伟指出，在当前创新城镇化投融资体制、着力化解地方融资平台债务风险、积极推动企业“走出去”的背景下，推广使用 PPP 模式，不仅是一次微观层面的操作方式升级，更是一次宏观层面的体制机制变革，可谓一语中的。

10.2　公私合作的理论基础与发展

10.2.1　到实践中去：公共服务市场化改革的理论支持

在新公共管理改革实践的基础上，我们可观察到，在公共服务事项市场化改革中，PPP 的相关理论已经历“到实践中去”和“从实践中来”两个阶段的变迁。

20 世纪 70 年代前后，经济学理论发展中凸显了以科斯为代表的新制度经济学派，交易费用理论的产生和产权理论的深化发展对公共服务领域改革产生了重要影响。我们可以认为，新制度经济学所指向的制度改革，与技术变革相比，是试图从制度的层面解决经济效率的问题，不同点在于，技术变革所反映的，直观上是人与物之间的关系，而制度改革则直接地反映人与人之间的关系。以英国为例，在经历 20 世纪五六十年代的福利国家建设和 70 年代的国有化改革后，整个社会运行交易费用高而运行绩效低的矛盾，直接导致英国政府债台高筑。按照新制度经济学的理念，制度实际上可以被看做一种特殊的公共品，提供者是政府，而改善制度这种公共品的供给，必须且有效的途径就是改革。撒切尔政府一方面在以哈耶克为代表的新自由主义影响下，有非常明确的市场化改革方向，另一方面遵循新制度经济学所强调的交易成本分析，致力于降低整个社会制度的交易成本。开启公共服务市场化改革的 PPP，可认为是在交易费用理论的影响下，随着公共服务供给的市场化改革而得以广泛发展的。

公共服务市场化改革的另一理论支柱是委托—代理理论，即研究委托人和代理人之间所建立的契约关系的理论。由于委托人和代理人之间存在实际上的信息不对称，委托人无法总对代理人所有行为的细节全盘掌控，而代理人在利益驱动下有可能实行机会主义行为来追求利益最大化，所以，即便通过签订合同条款等方式形成相对稳固的委托—代理关系，其运行过程中也可能面临许多问题，因而对委托人和代理人之间关系的研究就显得更加重要。PPP 模式往往包含多重契约关系，如果说“交易费用理论”是从宏观上指导了 PPP 实践的起点切入，那么“委托—代理理论”则一方面促使 PPP 这种以委托—代理为核心的模式成为更广泛的现实，另一方面也为 PPP 的管理和运行提供了理论基础。比较而言，“委托—代理理论”所研究的范畴显然往往是较为微观的层面，但其实质上仍然是在通过研究委托人和代理人之间关系而研究制度运行过程中的问题，或者说，我们可以认为其是在通过研究和解决委托—代理契约关系中可能产生的问题，而达到降低交易费用和制度运行费用的效果，实际上与“交易费用理论”一脉相通。

基于此，再来看一下我国 PPP 的产生和发展。在改革开放后的 20 世纪 80 年代，我国就已经出现了 PPP，其作为一种模式登上改革历史舞台可说与我国城镇化、市场化、国际化步伐的加快密不可分。城镇化过程涵盖了包罗万象的基础设施、公共工程升级换代的要求，对于仍处于“转轨”过程中的我国政府，无疑产生了巨大的财政压力，这种现实生活中的财政压力如果上升到理论层面，实际上又包含制度运行成本过高的问题，而市场取向改革和对外开放，恰恰提供了运用市场机制和借助国际经验与国内外资金降低交易费用与综合成本的可能。据此展望，随着我国城镇化、市场化进程继续推进，全面开放条件下和理论创新指导下服务实践的 PPP，势必会迎来更大和更广泛的发展空间。

10.2.2 从实践中来：从替代到合作构建新型关系的理论创新

一方面，理论给予 PPP 产生和实施的引领；另一方面，PPP 的产生和发展也为理论带来新思路和新境界。这种新思路如果归纳成一句话，就是 PPP 开启了政府与市场从替代到合作的新型关系的理性认识空间（贾康、冯俏彬，2012）。

传统相关理论思维的逻辑特征总体而言是板块状的、单向的，即在市场、政府、志愿者组织三者之间，呈现出基于“失灵”而依序继起、替代与被替代的关系。历史地看，这种重在突出某种机制失灵的理论，有利于打破对这种机制的迷信，从而为另一种机制的导入开路（如从“看不见的手”到“国家干预”），客观上有其积极与进步的一面。但是，“替代”的另一面则是容易滑入冲突和互不兼容的绝对化，比如关于政府与市场的紧张对立关系，不仅在我国改革开放以来的多次激烈论辩中可见，而且其分量很重，党的十八大称两者关系的正确处理是改革的核心问题，在发达国家，时至今日仍然有大量讨论政府与市场冲突的文献。

这种“让政府的归政府，让市场的归市场”式的思维框架，首先须充分肯定其为中国的经济社会改革开放带来了极大的正面效应，但我们还需要进一步指出，其在新阶段已不足以为现实生活中广泛存在的公共产品提供中的“公私合作”创新实践来提供理论支持，也无法涵盖在西方国家出现的“第三部门”和志愿者组织大量介入公共服务领域的现实。实际生活中，迫切需要对20世纪后半期以来三者之间“合作”蓬勃生长的基本事实进行解说和理论诠释。对我国而言，这种基于“失灵”而“替代”的单向思维，往往是强化了各方对于二者之间冲突的认识，以至于只要出现市场机制运行不畅的现象，下意识的对策就是政府介入、干预甚至代替；反过来，一旦政府运转出了问题，就顺理成章地放弃政府责任导向而转向“交还于市场”的所谓市场化。我们如果结合前沿事件进展对真实世界的政府、市场、志愿者组织的关系进行观察，其实不难发现三者的合作已成为不可回避的历史进步命题。不可否认，在某些特定的历史时期和某些特定的情境下，它们中的某一个曾居于显眼的甚至对另两个主体曾产生相当程度“挤出”的主导地位，但仔细考察一下“全球化”时代与“和平发展”时代的总体状况，就会发现它们始终同时存在，各自在不同的领域内发挥着功用，而愈益有必要也有可能在更多的领域实行更多的合作。整个人类社会正是在三者的共同参与之下，走过了历史，经历着现在，也通向未来，并随着近几十年来纯公共产品与纯私人产品之间大量的中间状态联结部分——准公共品和俱乐部产品、权益—伦理型公共品等——不断发生着多样化的升级发展而愈益呈现相互渗透融合，即汇入合作共赢的历史潮流。因此，PPP 这一“前沿概念创新”，呼唤出了更清晰、更现代化的理论思维框架，而这种思维框架落到运行的实处，就表现出实际生活中相关思路日益明确的制度供给创新。

10.3　PPP 新制度供给在中国释放潜力的三大正面效应

10.3.1　PPP 的正面效应之一：政府视角

在我国经济实践层面，PPP 模式打破了过去认为只能由政府运用财政资金来做公共基础设施、公共工程、公共服务项目的传统认识框架，且在转变为由非政府的企业主体、民间资本、社会资金通过形成特许权管理机制而提供有效供给的模式下更快、更充分、更有质量、更具绩效水平地实现对社会公共需要的满足。近期的观察更表明：作为一种创新的制度供给，PPP 有可能切实有效地解决我国新型城镇化和老龄化过程中面临的巨大财政压力，缓解地方政府债务危机，而且在贯彻“五位一体”取向的全面改革与科学发展、全面推进依法治国的总体战略中，PPP 概念下的机制创新是十分重要的组成部分，可以产生宝贵的正面效应，突出表现在以下方面。

从政府角度看 PPP 的可能贡献，首先便是降低未来长时期内的财政支出压力。政府职责如何合理定位，已在我国改革开放新时期的几十年中反复讨论，大家都同意政府要做好自己应做之事这一原则。但具体考察一下，当下在充分尊重市场资源配置决定性作用的基础上，摆在政府面前的应做之事仍然千头万绪。择其要者，至少要说到未来几十年间如何推进新型城镇化和如何应对人口老龄化支出压力这两件大事。

推进新型城镇化是中国走向现代化民族复兴中国梦的必由之路，未来几十年间，在城镇化实际水平从目前的40%（官方统计达50%以上，是把进城居住半年以上的常住人口统统视做完成了城镇化，但其中还有两亿多人并未取得“基本公共服务均等化”的市民待遇，若要配之以此等待遇还需进一步投入）左右一路走到70%左右的高水平，之后才会转入相对平稳发展期。在此过程中，未来30余年还将约有4亿人从农村区域转入城镇成为常住人口（平均一年1 300万人以上）。别的不说，仅看进城人口所需的“市民化”待遇，必须得到基本公共服务均等化有效供给的支持和保障，那么静态计算所需的投入资金量，按照一人平均10万元，就是40万亿元，若这一标准提升至一人平均15万元，那就是60万亿元。如此天文数字的投入，仅靠政府包揽来做，肯定力不从心。必须打定主意，使道路、桥梁、隧道、涵洞、上下水、供电、供热、供气、医院、学校、绿化等公共品、准公共品的供给，得到已壮大、雄厚起来的民间资本和社会资金的支持，才有望以必要投入支撑这个几十年间的发展过程可持续。客观地看，实际生活中这方面的压力已使地方政府近几年的隐性负债大增，需要积极考虑在地方债增量、存量两方面，由民间资本、社会资金来有效置换和替代。

再就是我国人口老龄化的进程，必将在未来几十年内，要求有大量的公共资源投入，以满足养老、医疗服务的客观需求。根据学者测算，人口老龄化对中国整个养老体系形成公共支出压力的高峰，约出现于2030～2033年间，从现在算起，已不到20年。在高峰期出现以后，这种压力的缓慢下降还要有几十年的过程。在这个很长的历史阶段内，中国养老体系从硬件到服务必然有一系列的要求，如果不为这样一个历史阶段做制度和机制方面的预先准备，那么政府履职将是不合格的。必须有这样的战略考虑，即运用PPP模式创新来鼓励、引导大量民间资本与社会资金进入养老事业和产业。

总之，PPP对于政府来说，是必须积极运用以推进现代治理中化解财政压力、债务压力和充分尽责地实施和谐社会管理、贯彻中国梦发展战略的机制创新。

10.3.2　PPP的正面效应之二：公众视角

第二个角度就是公众可能从PPP中的获益，如从政府的存在理由是服务公众而言，这是更为本质化的正面效应。特别需考虑的是，中国现在进入了“中等收入阶段”，而在此阶段，公众对美好生活向往的空间极大地被激发出来以后，对公共服务的需求是倍增的。实事求是地说，中国社会中绝大多数人的生活状况都是越来越好，但是“满意度”却并没随之同步上升。“幸福感”没有提高上来，不升反降，甚至带有以焦虑、纠结为特点的情绪、心理感受与社会氛围。其实，参照世界上所有经济体，其中等收入阶段都有这样的特点。其实质就是公众需要更好的公共服务，迫切要求得到能够更好地满足他们对美好生活愿望的“有效供给”。而PPP可以在政府继续发挥供给作用的同时，把其他非政府的社会力量（企业、社会组织的——还可以包括非营利机构、专业机构、志愿者组织等所有力量）结合在一起，不仅壮大了资金力量，而且在运营管理上、绩效提升上优势互补，各方以自身最有优势的特长，去管理最适合于由自己防控的风险，这样可以使公共工程、公共服务在建设和运营过程中的质量水平、绩效水平、管理水平得到明显提升，而风险则实现最小化，公众的实惠趋向于最大化。

PPP机制能将各参与方的相对优势结合在一起：第一，政府的相对优势是全局眼光和在规划设计方面与政策方面的组织力、保障力，因此，关于PPP项目的长期的通盘考虑和组织能力的发挥，主要交由政府负责。第二，企业在管理方面具有“内生的”天然优势，但企业会特别注重自己参与进来以后怎样才能够取得投资回报。企业的定位不是在简单地“学雷锋”，而是要完成自己的投资回报，PPP恰恰具有给予企业长期稳定回报的可能性。第三，社会组织和各种专业机构、群体（如律师事务所、会计师事务所、设计师事务所等）的相对优势是管理知识、专业知识，以及从其“内生的”对绩效的关注而产生的管理精细化和效率化。在某个具体的行业和领域，不论是桥梁建设、道路建设，还是养老社区等的建设，所有上述这些主体，可将其相对优势综合在PPP的模式中，为公众带来更有效的供给机制。这种多方合作的 PPP 模式，会使老百姓的愿望得到更好满足，而且是在更高的绩效水平、更优的服务状态下提供出有效供给来使他们的愿望得到满足。这对于增进社会和谐、提升公众“幸福感”、顺利跨越“中等收入陷阱”而迈入高收入经济体行列，实现现代化中国梦愿景所代表的全社会成员根本利益、长远利益，具有重大的现实意义。

10.3.3 PPP 的正面效应之三：企业视角

第三个角度，即从企业角度作考察。在中国已得到很大发展、资金力量越来越雄厚、日益强化发展意愿的企业中，有一大批有望在 PPP 模式下打开一个新的发展空间。PPP 项目并不适合有风投、创投偏好的民间资金类型，但适合偏好于取得长期、虽不太高但预期性高的稳定回报的企业，它们在现实生活中为数可观，将通过 PPP 在市场经济的舞台上找到适合自己生存发展的空间。这种共赢、多赢的机制，从决策层到财政部门，再到地方政府层面，已有的一些实践中的相关各方，大家在总体上已越来越认同。从中国和外部世界的互动中，中国继续全面开放，在工业化、城镇化、市场化、全球化、信息化潮流汇合而进一步“大踏步地跟上时代”的过程中，以 PPP 形成中外所有一切有意愿合作的企业力量与政府间的互动与有效合作，具有广阔前景。

10.4 PPP 与中国混合所有制改革创新的内在联通

10.4.1 对混合所有制的基本认识

在前述的三个角度、三种正面效应之后，我们透过 PPP 在新型城镇化和老龄化中作为新融资模式的层面，继续向深处考察，不难发现，PPP 在恢宏的全局意义上，恰可呼应党的十八届三中全会精神，实现与我国现阶段混合所有制改革创新的联通，从而大有作为地帮助形成现代国家治理的系统化机制，这也使其当之无愧地成为制度供给的一项伟大创新。

“混合所有制”中的“所有制”，指的是生产资料所有制这个层面的含义，反映了生产过程中人与人在生产资料占有方面的经济关系。“混合所有制”是“所有制”的一种，但其生产资料所有权并不单一归属于某一类特定个人或群体，其最基本的特征绝非简单的“多种经济成分并存”，而是在于出现“公”的与“私”的、“国”的与“非国”的所有权在一个市场主体内的混合（否则，这一称呼就会丧失其存在的必要性）。若“混合所有制”在某种社会形态下存在，则其在该社会形态下的所有制结构中必有不同于其他类别的一席之地。“混合”一词的字面意思就是“混在一起”，但也应可从两方面进行认识：是否实现了混合？混合到怎样的程度？对是否实现混合的判断有助于认识究竟是否可定性为“混合”的所有制，而对混合程度的判断则有助于理解是否需要将“混合所有制”继续发展、推进。

因此，“混合所有制”要求的是不同所有权主体在一个企业体内真正实现“混在一起”，绝不是在某种社会形态中互为外体、他体的简单共存，是在某种社会生产关系具体形态下实现对生产资料的混同占有，可认为是不同所有权主体实现对某一企业的生产资料既各自清晰又共同占有的所有制形式。

10.4.2　混合所有制与股份制的联通

基于以上对混合所有制的基本认识，更可知我国改革当下所强调的混合所有制，并非改革开放前期业已解决的多种经济成分简单并存或联合，也非产权混合即可实现的改革意图，其具体到企业产权框架层面，实际上就是指过去已在中国改革进程中获得充分肯定的“现代企业制度”的标准化形式——股份制。党的十八届三中全会强调混合所有制是我国“基本经济制度的重要实现形式”，其战略高度的意图，是在法治保证的现代股份制这一制度形式下，可以使公有的、非公有的产权，融合到分散存在的市场主体——一个个企业的内部产权结构里面去，以寻求相关利益主体的共赢和进一步打开“解放生产力”的空间。

马克思在有生之年，已敏锐地意识到股份制的特异影响和对社会发展的可能贡献，认为“资本主义的股份企业，也和合作工厂一样，应当被看做是由资本主义生产方式转化为联合的生产方式的过渡形式，只不过在前者那里，对立是被消极地扬弃的，而在后者那里，对立是被积极地扬弃的”。

股份制使资本的社会化特征不断提高，已在明显地缓解着生产社会化与生产资料私人占有之间的矛盾，有利于生产力的发展。如果说在“资本主义”名号下的混合所有制已在发生扬弃“私有”这一不适应社会化大生产发展的制约因素的积极作用，那么我们应如实地认识这种变化，把股份制下“以混合所有制”为取向的发展变化，与马克思主义的中国实践紧密结合，更没有丝毫道理对股份制加上“姓社姓资”的诘难，更应淡化股份制框架下“姓公姓私”的标签，更应肯定中国大地上近年来“积极扬弃”式的不断尝试和探索。混合所有制取向的股份制深化改革空间，一定会冲破还未能有效冲破的民营企业发展的“玻璃门”“旋转门”“弹簧门”，淡化争议不休、很容易走向贴“姓社姓资”标签但不可能取得共识结果的“国进民退”还是“国退民进”的纠结，打开“进一步解放生产力，发展生产力”的潜在空间，长远而深刻影响我国现代化进程。

10.4.3 “股份制—混合所有制—PPP”的天然贯通及其全局性贡献

党的十八届三中全会全面改革部署中，涉及的几个关键概念的逻辑连接是：第一，确立“现代国家治理”理念，即明确按照现代国家要求来治理、发展中国，提升国家治理体系和治理能力的现代化水平；第二，治理水平的“现代化”联通着“构建现代市场体系”和突破性地提出“使市场在资源配置中发挥决定性作用”；第三，市场配置的“决定性”作用的充分发挥，被落实到一个非常关键的表述上，即关于市场经济运行的基石——产权制度上的改革，要主要推进明确表述的“混合所有制”，以股份制这种现代企业制度的标准化代表形式，把“国”的、非“国”的、“公”的、非“公”的所有产权充分混合在一个个企业内部，从而以共赢的方式，在法治框架下无阻碍地实现相互合作与潜力释放，而 PPP 模式恰恰与之贯通。

PPP 项目在产权方面没有任何选择上的局限，是在法治环境下形成的多产权主体间的契约。最典型的是以 SPV（special purpose vehicles）的形式组成特殊项目公司来运营 PPP 项目，公司内所有股权都有清晰归属，每一份标准化的股权属于其中的明确的股东，认定以后不会产生无法处置的纠纷（少数纠纷可通过法律途径解决），大家可以在这样稳定的可预期的法治化环境下，追求在共赢中目标利益回报的实现。而且，SPV 的股权结构，在天然具有混合所有制特征的同时，又天然地倾向于不使国有股权“一股独大”，因为政府股权参与的强烈动机是发挥“四两拨千斤”的乘数效应来拉动、引致民间资本大量跟进，乘数越大，相关政府工作的业绩评价就越好，而社会资本、民营企业在 PPP 中，通常成为股权结构中的“大头”，甚至是绝大多数。

因此，PPP 这一创新的制度供给，成为中国走向现代化的全面改革中，发展混合所有制以解放生产力的战略性选择。PPP 模式的定位，应从一开始着眼的满足融资需要提升到制度供给创新的需要。如果仅停留在融资层面，会很功利、很短期地停留在缓解政府资金压力的层面，待政府感觉压力不大的时候，就很可能回过头来摆脱民间资本。例如，前些年一些地方政府曾特别欢迎市政建设里加入民间资本，但“四万亿元”投资刺激方案实施后，对民间资本的态度马上就“变脸”。这是视野未达全局、未能领会改革实质内容的具体表现。实际上，民间资本的加入不但可以缓解政府资金困难，还可以帮助提升管理绩效水平，是从融资上升到管理模式创新的“升级”。这个升级再汇入以混合所有制为市场经济产权基石的全面改革，更是全局性的客观需要。纵观百年历史，全球有近百个经济体步入中等收入阶段，但是真正跨越此阶段而步入高收入阶段的经济体却寥寥可数。中国如要真正按照“人本主义”立场并抛开“狭隘民族主义”，和世界民族之林中其他经济体共同发展，按照和平发展与崛起的愿景成功化解“中等收入陷阱”潜在威胁而联通到“中国梦”，就一定要有各种因素合在一起攻坚克难化解矛盾的全面配套改革。其中，PPP 作为制度供给的创新，就是使市场资源配置作用得到各个方面更多认同，与政府应该“更好发挥作用”的各种可操作机制匹配磨合的重要改革事项，应将其从融资视野提高到管理模式创新，再从管理模式创新提高到全面改革配套必备事项，即实现制度供给方面的重大创新这样的高度来认识。

10.5 PPP与党的十八届四中全会全面“法治化”主题的贯通

10.5.1 必须高度注重PPP运行相关的法治建设

从理论密切联系实际的角度考察，PPP概念下的新型公私合作模式客观上必然要求高度的法治化、规范化和讲求契约精神。在中国推进PPP的进程中，应当特别注重与现代文明进程中的法治建设、契约精神培育的对接。要释放社会资本的民间企业的潜力、提升公共部门综合绩效，最关键的是政府通过努力，在反腐倡廉过程中强化法治和契约精神供给。党的十八届四中全会已对我国全面推进“依法治国”作出了顶层规划，实质是把党的十八届三中全会关于“以经济改革为重点”的部署联通于经济、行政、政治、社会的全面改革大配套的部署，这一“法治化”的时代主题，与PPP的机制创新正好形成了紧密联系，客观上对克服法治化程度低的现实问题，提出了迫切的任务。

PPP所要求的法治化配套条件，可从泉州刺桐大桥案例考察。20世纪90年代的福建泉州刺桐大桥BOT项目，是中国第一个本土民营资本介入的PPP项目，该项目形成的SPV（特殊项目公司）的股权结构中，政府部门通过其子公司入股占40%，剩余60%股份由民间企业持有。以往政府工程中常见的问题如工期延长、返工、无法问责、超预算等，在该项目中都成功地予以防止，最终提前半年竣工通车，质量上乘，使百姓得到了实惠。

刺桐大桥案例的首创意义是非常显著的，即以少量国有资金引导民间资金兴办过去认为只有政府才能做的基础设施建设；融资方面也实行了值得肯定的创新，采用大桥经营权质押贷款、固定贷款和流动贷款相结合，按揭式还本付息偿还融资贷款。但囿于当时的条件、经验，初始约定中没有涉及一些后续变动因素，使运营中民间资本与政府之间出现问题，十分值得关注和剖析：第一，在一系列主客观因素局限下，刺桐大桥项目虽有 SPV 构架，但却没有形成规范契约文本，而是以政府红头文件形式确定下来，导致后来面对晋江上陆续新建大桥的车辆分流因素形成的利益分割，业主无维权依据；第二，业主方经营权和收益权没有得到相关法律的充分保障，除收费权外，其他权益大都没得到保障，如在大桥两侧管辖范围内设立的广告牌，被有关部门强制拆除；第三，地方政府领导层换届后，提出股份转让，使业主方一度面临危机；第四，地方政府领导层增加额外项目，使业主方让出相当利益；第五，收费标准未能形成调整机制，无法随着情况变化而改变；第六，政府政策法规变动风险可能由企业承担，例如，刺桐大桥项目当时确定特许经营权为 30 年，而后国务院有关部门出台相关政策规定，经营性公路收费期限不得超过 25 年。这些问题使得刺桐大桥案例由值得肯定的案例，变成其他民间资本望而却步的案例。民企方的感受是："榜样的力量是无穷的，修理榜样的后果是严重的。"造成这种局面的最主要原因，就是"法治化"环境的制度条件不到位，契约的形式规范和遵约的商业文化因素也不到位（特别是在政府方），所以无法出现"以法治保障契约、按契约实现共赢"的满意境界。

PPP 一般涉及的都是公共工程与公共服务领域的投资项目，并与公众日常生活密切相关，依托相关项目所提供的服务的质量、价格等，均是比较敏感的话题，也特别容易引起民意的高度关注。所以，需要制定一套专门的法律法规，对 PPP 项目的立项、投标、建设、运营、管理、质量、收费标准及其调整机制、项目排他性及争端解决机制，以及移交、决算信息公示等环节作出全面、系统的规定。虽然一些 PPP 案例在我国已运行了相当长的时间，但一直以来都缺乏国家层面的法规制度，有的只是地方性的或行业性的管理办法或规定。在某些地方，PPP 项目的建设，能够作为凭据的仅有地方政府的一纸"红头文件"（如刺桐大桥案例），法律效力低，内容粗疏，以致合作过程中公、私双方并不是在成熟的法律框架下形成尽可能清晰有效的契约来处理利益关系，而是"走一步说一步"。由于政府部门掌握着公权力，很容易将自己的意志强加于私人部门，在相关的博弈过程中，私人部门几乎注定是弱势的一方，得不到法律和契约的有效保护，成为很多额外风险或成本的承担者。

因此，回归到一般的 PPP 创新和发展中，我国必须下定决心加快法律法规建设，争取先行完善政府制度约束。目前，我们已经看到相关部门立法和制度规定层面的一系列积极进展，应继续大力推进，按照十八届四中全会精神，为我国 PPP 机制的长效运行奠定良好的法治基础。

10.5.2 必须高度注重 PPP 运行相关的契约精神培养

从法律这一基本制度建设保障作用延伸，自然要过渡到对契约精神培养的关注这一层面。“契约”一词来自拉丁语 contractus，指的是契约交易，在西方发源很早，后伴随宗教传播逐渐形成契约意识。“契约精神”从本源上来讲与政治学中的国家产生及法学中的私法一脉相关，而我们在 PPP 运行中强调的契约精神，实际上是其置身于政府与非政府主体合作的经济行为中所强调的自由、平等、互利、理性原则。这是对传统的政府单纯行政权力意识的冲破，要求形成以“平等民事主体”身份与非政府主体签订协议的新思维、新规范。

PPP 模式中，政府部门、私人部门和公众之间存在多重契约关系：第一，政府部门与公众之间存在契约关系，这种契约关系以政治合法性为背景，以宪法为框架，由政府在宪法范围内的活动为公众提供公共产品与服务，针对公众的需求履行承诺；第二，政府部门与私人部门之间存在契约关系，这种契约关系以双方就具体项目或事项签订的合同为基础，由政府部门与私人部门通过合作来提供公共产品与服务；第三，参与 PPP 的非政府的企业和专业机构、社会组织之间存在契约关系，在 PPP 总体契约中承担公共产品与服务的提供，回应公众的诉求。

PPP 直观形式上主要关注的是后面两层契约关系，尤其重要的是第二层。以契约精神的四项原则来进行考察，便不难发现其培养发育和趋向成熟对我国 PPP 运行和社会现代化的重要性。第一，自由。就推进我国国家治理现代化取向下的现代市场体系来看，自由这一原则可以合乎“合作”逻辑地使政府部门和非政府部门行使自由选择权。第二，平等。平等这一原则可以构成政府与企业等非政府主体之间进行合作的牢固基础。传统的调控、管理思路中，无平等可言，政府天然占据强势、操纵的位置，如将此延用于 PPP 内，私人企业便不敢、不愿与政府合作，PPP 的发展便成空谈或难以持续。第三，互利。契约能够达成，最重要的基础就是契约各方都能够从中获得实实在在的利益，PPP 模式也不例外。在我国的 PPP 运行中，正明确互利这一契约基础，特别表现为不是简单要求企业“学雷锋”“尽社会责任”，而是以与政府合作的投资行为取得预期的虽不高但可接受、可覆盖相当长时期的回报。第四，理性。契约的签订，需要各方反复磋商磨合，尽可能全面、细致地穷尽各种相关因素，天然倾向于理性态度，包括理性的妥协以寻求“最大公约数”，理性地评估合作期中的风险，也包括最大限度地理性吸纳各方的专业性咨询建议。特别值得注意的是，在自由、平等的原则下，以互利为基础而建立的契约，是综合叠加地构成有合作各方共识的理性预期，在履行契约的长期过程中，也要求契约各方风险共担，从理性原则出发在契约中落实风险共担机制也是抗御风险的最佳社会选择。从中国经济社会转轨是执政党和政府公权体系的“自我革命”的角度来看，PPP 这一制度机制创新，对政府的职能转变、权力制约和行为规范化、绩效趋优化，也正是从由法治而契约的路径和方式来有效实现的。当然，从 PPP 模式启动开始，政府应当遵循理性原则，利用市场测试等手段针对公共产品和服务的类型进行测评，以得到是否应当采用 PPP 模式的正确结论，避免 PPP 模式的滥用。

作为制度供给的创新，PPP 自有其约束条件，其更广泛的发展尤以法治化的较高水平为前提，以诚信敬业的商业文化和契约精神为铺垫。不可否认，这些前提和伴随条件在当下中国都存在着不足和缺憾。因此，我们在充分肯定 PPP 这一制度供给伟大创新的同时，也必须清醒认识 PPP 所带来的挑战与风险，力求把这一“顺天应人”的改革，扎实稳妥地向前推进。

附录1

10个成功者1960年以来人均GNI数据表 单位：美元

年份	日本	以色列	韩国	新加坡	中国香港	西班牙	葡萄牙	爱尔兰	希腊	波多黎各
1962	610	1 420	110	490		500	410		630	820
1963	690	1 390	120	530		570	430		710	900
1964	800	1 320	130	500		640	470		790	960
1965	890	1 440	130	540		730	520		890	1 060
1966	1 030	1 470	130	590		840	570		980	1 160
1967	1 200	1 460	140	660	710	930	640		1 070	1 240
1968	1 430	1 620	180	750	740	1 010	730		1 180	1 370
1969	1 660	1 700	230	850	840	1 110	790		1 330	1 560
1970	1 810	1 750	260	960	930	1 190	970		1 520	1 750
1971	2 090	1 920	310	1 090	1 060	1 320	1 090		1 710	1 910
1972	2 680	2 270	340	1 320	1 300	1 600	1 270	2 070	1 990	2 100
1973	3 570	2 570	420	1 720	1 750	2 100	1 700	2 540	2 490	2 380
1974	4 350	3 390	540	2 260	2 170	2 750	2 070	2 990	2 840	2 590
1975	5 060	3 910	640	2 820	2 450	3 270	2 210	3 390	3 470	2 660
1976	5 310	3 840	790	2 930	2 900	3 460	2 330	3 280	3 750	2 650
1977	5 840	3 740	950	3 030	3 340	3 660	2 430	3 580	3 930	2 740
1978	7 320	3 910	1 250	3 450	3 930	4 040	2 530	4 120	4 590	2 980
1979	9 280	4 510	1 640	4 170	4 700	5 010	2 870	5 120	5 640	3 390
1980	10 670	5 350	1 900	4 930	5 730	6 230	3 360	6 380	6 490	3 720
1981	10 940	6 070	2 070	5 510	6 360	6 320	3 430	6 780	6 360	3 890
1982	10 380	6 010	2 080	5 710	6 290	5 690	3 230	6 390	5 900	3 770
1983	10 060	5 990	2 200	6 190	5 890	4 870	2 830	5 720	5 270	3 670
1984	10 310	5 980	2 360	6 900	6 170	4 590	2 520	5 610	5 130	3 970
1985	11 360	5 980	2 510	7 030	6 090	4 570	2 530	5 630	5 010	4 280

续表

年份	日本	以色列	韩国	新加坡	中国香港	西班牙	葡萄牙	爱尔兰	希腊	波多黎各
1986	13 650	6 450	2 930	7 260	7 230	5 410	3 080	6 370	5 350	4 740
1987	17 800	7 610	3 600	8 120	9 070	7 120	4 160	8 220	6 130	5 320
1988	24 470	9 230	4 590	9 590	10 770	9 430	5 640	10 420	7 580	5 830
1989	26 640	9 770	5 440	10 690	11 550	10 720	6 320	11 100	8 300	5 980
1990	27 560	10 860	6 480	12 040	12 660	12 220	7 140	12 560	9 000	6 150
1991	28 290	11 490	7 550	13 450	14 320	13 720	8 190	13 130	9 900	6 360
1992	30 190	12 590	8 290	15 720	16 560	15 660	9 870	14 440	11 220	6 700
1993	33 170	13 070	8 980	17 760	19 490	15 090	10 100	14 600	11 120	7 050
1994	36 590	13 830	10 010	20 780	21 770	14 580	10 450	15 480	11 550	7 340
1995	41 270	15 660	11 650	23 610	23 500	14 970	11 220	16 920	12 310	7 800
1996	42 030	17 410	13 080	25 640	24 020	15 740	12 080	19 080	13 280	8 150
1997	39 230	18 020	13 300	27 750	25 910	16 020	12 350	20 750	13 960	8 430
1998	33 480	17 710	10 120	24 010	24 800	15 650	12 170	21 420	13 650	8 710
1999	32 830	17 400	10 160	23 420	25 800	15 660	12 240	22 590	13 210	9 420
2000	34 980	18 790	10 750	23 670	26 930	15 900	12 140	23 920	13 180	10 310
2001	35 600	19 040	11 630	21 990	26 350	15 580	11 800	23 740	12 950	11 350
2002	33 750	18 350	12 470	21 760	25 270	15 580	11 730	24 340	13 030	11 600
2003	34 010	18 390	13 360	23 110	26 340	18 060	13 230	29 360	15 570	12 530
2004	37 150	19 930	15 650	25 650	28 120	22 120	16 120	36 560	19 400	13 820
2005	39 140	21 220	17 800	28 370	28 890	25 930	18 550	43 570	22 510	14 750
2006	38 570	22 110	19 980	32 080	30 290	27 970	19 330	47 570	24 290	15 210
2007	37 590	23 770	22 460	35 660	32 070	29 920	20 770	50 080	26 110	15 660
2008	37 760	25 970	22 850	36 680	33 950	32 440	22 440	51 150	28 330	16 240
2009	37 470	27 210	21 090	37 080	32 350	32 770	22 840	46 120	29 060	16 540
2010	41 980	29 480	21 320	44 790	33 620	32 130	22 930	43 760	27 580	16 650
2011	45 190	31 170	22 620	48 630	35 680	31 280	22 620	42 060	24 980	17 320
2012	47 830	32 160	24 640	51 090	36 280	30 120	21 200	41 460	23 690	18 370
2013	46 330	33 930	25 920	54 040	38 420	29 940	21 270	43 090	22 690	19 210

资料来源：世界银行官方网站。

附录 2

成功者跨越“上中等收入陷阱”各年度 GDP 增长率详细数据

附表 1　　日本跨越“上中等收入陷阱”数据

年份	GDP 增长率（%）
1971	4.70
1972	8.41
1973	8.03
1974	-1.23
1975	3.09
1976	3.97
1977	4.39
1978	5.27
均值	4.58

资料来源：世界银行官方网站。

附表 2　　以色列跨越“上中等收入陷阱”数据

年份	GDP 增长率（%）
1971	11.22
1972	13.66
1973	3.34
1974	6.84
1975	3.32
1976	1.32
1977	-0.01
1978	4.82

续表

年份	GDP 增长率（%）
1979	6.28
1980	6.87
1981	5.15
1982	1.81
1983	3.51
1984	0.90
1985	3.45
1986	4.79
1987	7.19
1988	2.02
均值	4.81

资料来源：世界银行官方网站。

附表 3　　韩国跨越“上中等收入陷阱”数据

年份	GDP 增长率（%）
1984	9.86
1985	7.47
1986	12.24
1987	12.27
1988	11.66
1989	6.75
1990	9.30
1991	9.71
1992	5.77
1993	6.33
均值	9.14

资料来源：世界银行官方网站。

附表 4　　新加坡跨越“上中等收入陷阱”数据

年份	GDP 增长率（%）
1974	6.47
1975	4.61
1976	7.44
1977	7.49
1978	8.70
1979	9.42
1980	10.03
1981	10.68
1982	7.17
1983	8.54
1984	8.80
均值	8.12

资料来源：世界银行官方网站。

附表 5　　中国香港跨越“上中等收入陷阱”数据

年份	GDP 增长率（%）
1974	2.42
1975	0.49
1976	16.16
1977	11.73
1978	8.26
1979	11.56
1980	10.11
1981	9.26
1982	2.95
1983	5.98
1984	9.97
1985	0.76
1986	11.06
均值	7.75

资料来源：世界银行官方网站。

附表6 **西班牙跨越“上中等收入陷阱”数据**

年份	GDP 增长率（%）
1973	7.79
1974	5.62
1975	0.54
1976	3.30
1977	2.84
1978	1.46
1979	0.04
1980	2.21
1981	-0.13
1982	1.25
1983	1.77
1984	1.78
1985	2.32
1986	3.25
1987	5.55
1988	5.09
均值	2.79

资料来源：世界银行官方网站。

附表7 **葡萄牙跨越“上中等收入陷阱”数据**

年份	GDP 增长率（%）
1974	1.14
1975	-4.35
1976	6.90
1977	5.60
1978	2.82
1979	5.64
1980	4.59
1981	1.62
1982	2.14
1983	-0.17
1984	-1.88

续表

年份	GDP 增长率（%）
1985	2.81
1986	4.14
1987	6.38
1988	7.49
1989	6.44
1990	3.95
1991	4.37
1992	1.09
均值	3.20

资料来源：世界银行官方网站。

附表 8　　爱尔兰跨越“上中等收入陷阱”数据

年份	GDP 增长率（%）
1972	6.49
1973	4.72
1974	4.26
1975	5.66
1976	1.39
1977	8.21
1978	7.19
1979	3.07
1980	3.08
1981	3.33
1982	2.28
1983	-0.24
1984	4.35
1985	3.09
1986	-0.43
1987	4.66
1988	5.22
均值	3.90

资料来源：世界银行官方网站。

附表9　　希腊跨越“上中等收入陷阱”数据

年份	GDP 增长率（%）
1972	10.16
1973	8.09
1974	-6.44
1975	6.37
1976	6.85
1977	2.94
1978	7.25
1979	3.28
1980	0.68
1981	-1.55
1982	-1.13
1983	-1.08
1984	2.01
1985	2.51
1986	0.52
1987	-2.26
1988	4.29
1989	3.80
均值	2.57

资料来源：世界银行官方网站。

附表10　　波多黎各跨越“上中等收入陷阱”数据

年份	GDP 增长率（%）
1971	6.37
1972	7.17
1973	6.34
1974	2.92
1975	-0.65
1976	6.24
1977	5.95
1978	6.93

续表

年份	GDP 增长率（%）
1979	7.91
1980	4.24
1981	1.15
1982	-1.56
1983	-2.34
1984	5.93
1985	3.10
1986	4.98
1987	5.77
1988	5.89
1989	4.33
1990	2.47
1991	0.85
1992	4.06
1993	3.85
1994	3.98
1995	4.08
1996	2.89
1997	3.16
1998	6.75
1999	2.07
均值	3.96

资料来源：世界银行官方网站。

附录3

成功跨越“下中等收入陷阱”的部分国家各年度GDP增长率详细数据

附表1　　日本跨越“下中等收入陷阱”数据

年份	GDP增长率（%）
1961	12.04
1962	8.91
1963	8.47
1964	11.68
1965	5.82
1966	10.64
1967	11.08
1968	12.88
1969	12.48
1970	-1.02
均值	9.30

资料来源：世界银行官方网站。

附表2　　以色列跨越“下中等收入陷阱”数据

年份	GDP增长率（%）
1961	11.20
1962	10.16
1963	10.70
1964	7.94
1965	9.09
1966	-0.08
1967	3.00
1968	16.24
1969	13.57
1970	7.31
均值	8.91

资料来源：世界银行官方网站。

附表 3　韩国跨越“下中等收入陷阱”数据

年份	GDP 增长率（%）
1974	9.38
1975	7.34
1976	13.46
1977	11.82
1978	10.30
1979	8.39
1980	-1.89
1981	7.40
1982	8.29
1983	12.18
1984	9.86
均值	8.78

资料来源：世界银行官方网站。

附表 4　新加坡跨越“下中等收入陷阱”数据

年份	GDP 增长率（%）
1961	8.14
1962	7.12
1963	9.98
1964	-3.68
1965	7.60
1966	10.87
1967	12.28
1968	13.62
1969	13.72
1970	13.89
1971	12.08
1972	13.53
1973	11.13
均值	10.02

资料来源：世界银行官方网站。

附表5　　西班牙跨越“下中等收入陷阱”数据

年份	GDP 增长率（%）
1961	11.84
1962	9.95
1963	9.60
1964	5.31
1965	6.25
1966	7.25
1967	4.34
1968	6.60
1969	8.91
1970	6.20
1971	4.65
1972	8.15
均值	7.42

资料来源：世界银行官方网站。

附表6　　葡萄牙跨越“下中等收入陷阱”数据

年份	GDP 增长率（%）
1964	6.31
1965	7.47
1966	4.08
1967	7.54
1968	8.88
1969	2.12
1970	16.52
1971	6.63
1972	8.02
1973	11.20
均值	7.88

资料来源：世界银行官方网站。

附表 7　希腊跨越“下中等收入陷阱”数据

年份	GDP 增长率（%）
1961	11.15
1962	1.53
1963	10.14
1964	8.26
1965	9.39
1966	6.10
1967	5.48
1968	6.66
1969	9.90
1970	10.98
1971	7.84
均值	7.95

资料来源：世界银行官方网站。

附表 8　波多黎各跨越“下中等收入陷阱”数据

年份	GDP 增长率（%）
1961	7.04
1962	8.32
1963	8.65
1964	7.06
1965	9.20
1966	7.50
1967	6.22
1968	5.18
1969	9.38
1970	8.40
均值	7.70

资料来源：世界银行官方网站。

附录4

2012年中等收入组国家表

Country name	GNI	line
Russian Federation	12 740.00	12 615
Venezuela, RB 委内瑞拉（南美洲）	12 460.00	
Seychelles 塞舌尔（非洲）	11 690.00	
Brazil 巴西（南美洲）	11 640.00	
Turkey 土耳其（亚洲）	10 810.00	
Palau 帕劳（大洋洲）	10 550.00	
World	10 344.17	
Gabon 加蓬（非洲）	10 020.00	
Malaysia 马来西亚（亚洲）	9 820.00	
Kazakhstan 哈萨克斯坦（亚洲）	9 780.00	
Mexico 墨西哥（北美洲）	9 720.00	
Lebanon 黎巴嫩（亚洲）	9 520.00	
Panama 巴拿马（北美洲）	9 030.00	
Mauritius 毛里求斯（非洲）	9 010.00	
Suriname 苏里南（南美洲）	8 920.00	
Costa Rica 哥斯达黎加（北美洲）	8 850.00	
Romania 罗马尼亚（欧洲）	8 570.00	
Botswana 博茨瓦纳（非洲）	7 710.00	
South Africa 南非（非洲）	7 640.00	
Grenada 格林纳达（北美洲）	7 160.00	
Bulgaria 保加利亚（欧洲）	7 070.00	
Colombia 哥伦比亚（南美洲）	7 020.00	
Montenegro 黑山（欧洲）	6 940.00	
St. Lucia 圣卢西亚（北美洲）	6 920.00	
Dominica 多米尼克（北美洲）	6 820.00	

续表

Country name	GNI	line
Iran, Islamic Rep. 伊朗（亚洲）	6 570.00	
Belarus 白俄罗斯（欧洲）	6 400.00	
St. Vincent and the Grenadines 圣文森特和格林纳丁斯（北美洲）	6 340.00	
Azerbaijan 阿塞拜疆（亚洲）	6 290.00	
Iraq 伊拉克（亚洲）	6 070.00	
China 中国（亚洲）	5 730.00	
Serbia 塞尔维亚（欧洲）	5 730.00	
Peru 秘鲁（南美洲）	5 680.00	
Tuvalu 图瓦卢（大洋洲）	5 650.00	
Namibia 纳米比亚（非洲）	5 600.00	
Dominican Republic 多米尼加（北美洲）	5 570.00	
Maldives 马尔代夫（亚洲）	5 430.00	
Turkmenistan 土库曼斯坦（亚洲）	5 410.00	
Ecuador 厄瓜多尔（南美洲）	5 360.00	
Thailand 泰国（亚洲）	5 250.00	
Jamaica 牙买加（北美洲）	5 190.00	
Algeria 阿尔及利亚（非洲）	5 010.00	
Macedonia, FYR 马其顿（欧洲）	4 710.00	
Jordan 约旦（亚洲）	4 660.00	
Bosnia and Herzegovina 波斯尼亚和黑塞哥维那（欧洲）	4 600.00	
Angola 安哥拉（非洲）	4 520.00	
Belize 伯利兹（北美洲）	4 420.00	
Albania 阿尔巴尼亚（欧洲）	4 370.00	
Tonga 汤加（大洋洲）	4 220.00	
Tunisia 突尼斯（非洲）	4 170.00	4 085
Fiji 斐济（大洋洲）	4 020.00	
Marshall Islands 马绍尔群岛（北美洲）	4 000.00	
Timor - Leste 东帝汶（亚洲洲）	3 940.00	
Samoa 美属萨摩亚群岛（大洋洲）	3 800.00	
Kosovo 科索沃（欧洲）	3 770.00	
Armenia 亚美尼亚（亚洲）	3 700.00	

续表

Country name	GNI	line
Ukraine 乌克兰（欧洲）	3 640. 00	
El Salvador 萨尔瓦多（北美洲）	3 600. 00	
Cabo Verde 佛得角（非洲）	3 530. 00	
Guyana 圭亚那（南美洲）	3 440. 00	
Indonesia 印度尼西亚（亚洲）	3 420. 00	
Paraguay 巴拉圭（南美洲）	3 310. 00	
Georgia 格鲁吉亚（亚洲）	3 290. 00	
Micronesia, Fed. Sts. 密克罗尼西亚（大洋洲）	3 230. 00	
Guatemala 危地马拉（北美洲）	3 130. 00	
Swaziland 斯威士兰（非洲）	3 100. 00	
Mongolia 蒙古国（亚洲）	3 080. 00	
West Bank and Gaza 西岸和加沙（亚洲）	3 070. 00	
Vanuatu 瓦努阿图共和国（大洋洲）	3 010. 00	
Egypt, Arab Rep. 埃及（非洲）	2 980. 00	
Philippines 菲律宾（亚洲）	2 960. 00	
Morocco 摩洛哥（非洲）	2 910. 00	
Sri Lanka 斯里兰卡（亚洲）	2 910. 00	
Kiribati 基里巴斯（大洋洲）	2 520. 00	
Congo, Rep. 刚果（布）（非洲）	2 480. 00	
Nigeria 尼日利亚（非洲）	2 460. 00	
Bhutan 不丹（亚洲）	2 320. 00	
Bolivia 玻利维亚（南美洲）	2 220. 00	
Moldova 摩尔多瓦（欧洲）	2 150. 00	
Honduras 洪都拉斯（南美洲）	2 140. 00	
Papua New Guinea 巴布亚新几内亚（大洋洲）	1 860. 00	
Zambia 赞比亚（非洲）	1 730. 00	
Uzbekistan 乌兹别克斯坦（亚洲）	1 700. 00	
Nicaragua 尼加拉瓜（北美洲）	1 690. 00	
Ghana 加纳（非洲）	1 580. 00	
Sudan 苏丹（非洲）	1 580. 00	
Vietnam 越南（亚洲）	1 560. 00	

续表

Country name	GNI	line
India 印度（亚洲）	1 530. 00	
Solomon Islands 所罗门群岛（大洋洲）	1 490. 00	
Lesotho 莱索托（非洲）	1 480. 00	
Cote d'Ivoire 科特迪瓦（非洲）	1 340. 00	
Sao Tome and Principe 圣多美和普林西比（非洲）	1 310. 00	
Lao PDR 老挝（亚洲）	1 260. 00	
Pakistan 巴基斯坦（亚洲）	1 250. 00	
Cameroon 喀麦隆（非洲）	1 220. 00	
Yemen, Rep. 也门（亚洲）	1 220. 00	
Kenya 肯尼亚（非洲）	1 080. 00	
Kyrgyz Republic 吉尔吉斯斯坦（亚洲）	1 040. 00	
Mauritania 毛里塔尼亚（非洲）	1 040. 00	1035

资料来源：世界银行官方网站。

参考文献

［1］邓小平：《邓小平文选（第三卷）》，北京，人民出版社，1993。

［2］马克思、恩格斯：《马克思恩格斯选集》，北京，人民出版社，1995。

［3］林毅夫、蔡昉、李周：《中国的奇迹：发展战略与经济改革》，上海，格致出版社，1994。

［4］亚历山大·格申克龙：《关于现代工业化的“前提”概念的反思，经济落后的历史透视》，北京，商务印书馆，2009。

［5］罗伯特·J. 巴罗、夏维尔·萨拉－伊－马丁：《经济增长（第二版）》，上海，格致出版社，2010。

［6］樊纲：《论“国家综合负债”：兼论如何处理银行不良资产》，载《经济研究》，1999（5）。

［7］约翰·梅纳德·凯恩斯：《就业、利息与货币通论》，北京，商务印书馆，1999。

［8］约翰·梅纳德·凯恩斯：《精英的聚会》，江苏，江苏人民出版社，1998。

［9］保罗·萨缪尔森、威廉·诺德豪斯：《经济学（第十八版）》，北京，人民邮电出版社，2008。

［10］康芒斯：《制度经济学（上册）》，北京，商务印书馆，1962。

［11］西斯蒙第：《政治经济学新原理》，北京，商务印书馆，1964。

［12］大卫·李嘉图：《李嘉图著作和通信集（第二卷）》，马尔萨斯《政治经济学原理》评注，北京：商务印书馆，1979.

［13］马尔萨斯：《政治经济学原理》，北京，商务印书馆，1962。

［14］马克思：《资本论》，北京，人民出版社，2004。

[15] 斯坦利·L. 恩格尔曼：《剑桥美国经济史（第三卷）》，北京，中国人民大学出版社，2008。

[16] 乔纳森·休斯、路易斯·P. 凯恩：《美国经济史（第7版）》，北京，北京大学出版社，2011。

[17] 保罗·克雷·罗伯茨：《供应学派革命：华盛顿决策内幕》，上海，格致出版社、上海人民出版社，2011。

[18] 吴敬琏、丁守和、付利：《经济思想家丛书：马尔萨斯》，北京，中国财政经济出版社，2006。

[19] 吴敬琏、丁守和、黄进：《经济思想家丛书：李嘉图》，北京，中国财政经济出版社，2006。

[20] 吴敬琏、丁守和、李志平：《经济思想家丛书：穆勒》，北京，中国财政经济出版社，2006。

[21] 吴敬琏、丁守和、吕静：《经济思想家丛书：马歇尔》，北京，中国财政经济出版社，2006。

[22] 林伯强、牟敦果：《高级能源经济学（第二版）》，北京，清华大学出版社，2009。

[23] 魏一鸣、焦建玲、廖华：《能源经济学（第2版）》，北京，清华大学出版社，2011。

[24] 盛洪：《现代制度经济学（第二版上卷）》，北京，中国发展出版社，2009。

[25] 顾钰民：《马克思主义制度经济学》，北京，复旦大学出版社，2005。

[26] 王溯之：《试论国营企业自有资产的性质和归属——兼论国营企业混合所有制的可行性》，载《商业研究》，1988（1）。

[27] 汪良忠：《论混合所有制占主体的市场经济制度》，载《财经研究》，1993，141（7）。

[28] 梁稳根、谭均云、康就升：《混合所有制企业探微》，载《求索》，1993（2）。

[29] 倪吉祥：《关于我国混合所有制形式的现状、问题和建议》，载

《改革》，1993（3）。

［30］晓亮：《大有发展前景的一种所有制形式——混合所有制》，载《中国党政干部论坛》，1993（11）。

［31］朱东平：《论混合所有制的经济合理性》，载《经济研究》，1994（5）。

［32］宋宁：《我国混合所有制经济发展的现状、问题和建议》，载《经济评论》，1994（4）。

［33］朱东平：《混合所有制下企业内部的最佳激励机制》，载《学术月刊》，1994（9）。

［34］李立：《混合所有制是建立现代企业制度的途径之一》，载《经济论坛》，1994（23）。

［35］杨尧忠：《关于“新的财产所有结构”问题的思考——评混合所有制与联合所有制之争》，载《荆州师专学报》，1995（4）。

［36］樊纲、张晓晶：《“福利赶超”与“增长陷阱”：拉美的教训》，载《中国经济改革研究基金会国民经济研究所研究报告》，1－22。

［37］胡欣欣：《论战后日本经济增长的“高积累、低福利”机制》，载《日本学刊》，1994（2）。

［38］屈锡华、王海忠：《经济增长中的社会福利指数模型》，载《经济研究》，1995（5）。

［39］吴培新：《经济增长理论的突破性进展（上）》，载《外国经济与管理》，1995（4）。

［40］吴培新：《经济增长理论的突破性进展（下）》，载《外国经济与管理》，1995（5）。

［41］刘沅：《拉美国家的劳工立法改革初探》，载《拉丁美洲研究》，1997（6）。

［42］刘鹤、易纲、宋国青等：《中国经济增长的可持续性》，载《管理世界》，1999（1）。

［43］陈云卿：《法国国家所有制和混合所有制企业的管理》，载《管理科学文摘》，1995（4）。

[44] 刘烈龙:《我国混合所有制的五种形式》，载《中南财经大学学报》，1995。

[45] 段文斌、郝寿义:《论混合所有制经济——对“华光现象”的理论剖析》，载《南开经济研究》，1995 (2)。

[46] 曹在堂:《混合所有制经济的实践与思考》，载《南开经济研究》，1995 (2)。

[47] 侯孝国:《简评“混合经济”和“混合所有制”》，载《真理的追求》，1995 (12)。

[48] 马俊清:《实行混合所有制是国有企业改造的重要途径》，载《经济纵横》，1995 (2)。

[49] 高善罡:《混合所有制问题应受重视——中国社科院研究员晓亮答问录》，载《科技文萃》，1995 (2)。

[50] 王汉钦:《“混合所有制”质疑》，载《理论学刊》，1995 (5)。

[51] 刘宇:《股份合作制经济是一种混合所有制经济》，载《农村经济》，1995 (1)。

[52] 龚培兴:《试论我国混合所有制的主要类型》，载《求实》，1996 (5)。

[53] 余兴厚:《论国有产权制度的改革——混合所有制》，载《企业文明》，1996 (9)。

[54] 王宜新:《对发展混合所有制经济若干问题的思考》，载《东南学术》，1997 (6)。

[55] 罗任权:《论社会主义条件下的混合所有制》，载《佛山大学学报》，1997 (1)。

[56] 方辉振:《混合所有制经济论》，载《理论建设》，1997 (6)。

[57] 张长城:《社会主义混合所有制研究》，载《学理论》，1998 (11)。

[58] 王华荣:《论混合所有制经济》，载《经济问题》，1998。

[59] 晓亮:《论混合所有制》，载《学术月刊》，1998 (6)。

[60] 刘新政:《混合所有制——国有企业改革的战略取向》，载《江西社会科学》，1998 (9)。

[61] 陈伯庚:《混合所有制经济探索》,载《华东师范大学学报(哲学社会科学版)》,1998(1)。

[62] 王小美:《发展混合所有制经济的思考》,载《南昌大学学报(社会科学版)》,1998(4)。

[63] 王大超:《论企业产权制度改革与混合所有制的建立》,载《沈阳师范学院学报(社会科学版)》,1998(3)。

[64] 何立胜、管仁勤:《混合所有制——一种最具与市场经济兼容力的所有制形式》,载《经济问题探索》,1999(7)。

[65] 李亚光:《试论发展混合所有制经济》,载《财经研究》,1999(8)。

[66] 戴文标:《混合所有制与社会主义生产资料公有制主体地位的实现》,载《浙江大学学报(人文社会科学版)》,1999(3)。

[67] 江振华:《我国"混合经济"的模式选择——兼论国有企业"混合所有制"改革的基本思路》,载《特区理论与实践》,1999(2)。

[68] 张秀喜:《混合所有制应成为我国国民经济运行的主体》,载《工业技术经济》,1999(5)。

[69] 樊怀洪、郭济龙:《中国加快发展社会主义混合所有制经济是历史与现实的必然》,载《经济经纬》,1999(3)。

[70] 龙绍双:《"混合所有制"论的两个误区》,载《经济研究参考》,1999(85)。

[71] 戴炳源:《混合所有制是一种模糊观念》,载《经济研究参考》,1999(65)。

[72] 王文华:《股份制经济并非混合所有制经济》,载《发展导报》,2000-09-08。

[73] 何立胜、管仁勤:《我国混合所有制经济问题研究》,载《南京经济学院学报》,2000(4)。

[74] 季开胜:《关于推进混合所有制经济发展的思考》,载《经济问题探索》,2000(2)。

[75] 杨尧忠:《混合所有制经济的杂交优势》,载《经济学情报》,

2000（2）。

［76］高鹏：《论混合所有制经济的基本特征》，载《学习论坛》，2000（5）。

［77］曾国平、刘渝琳：《论混合所有制的滥觞与发展》，载《经济问题探索》，2000（8）。

［78］贾利军：《试论现代市场经济与混合所有制》，载《内蒙古大学学报（人文社会科学版）》，2000（S1）。

［79］邓燕萍：《关于混合所有制企业产权结构特征的分析》，载《求实》，2000（11）。

［80］陈小浒：《发展混合所有制经济组织——调整完善所有制结构的大趋势》，载《科技与经济》，2000（1）。

［81］张高丽：《混合所有制：公有制的有效实现形式——深圳中兴通讯股份有限公司调查》，载《求是》，2001（18）。

［82］戴文标：《论混合所有制形式的性质》，载《浙江学刊》，2001（4）。

［83］陈景浩：《混合所有制经济形式是我国国有企业改革的选择》，载《市场经济研究》，2001（1）。

［84］佟福全：《西方国家运用混合所有制解决国企亏损》，载《中外企业文化》，2001（7）。

［85］朱寿春：《国有路桥施工企业可走混合所有制道路》，载《交通企业管理》，2001（11）。

［86］王梅等：《关于“混合所有制”的思考》，载《生产力研究》，2002（6）。

［87］曹立：《混合所有制研究》，载《中共中央党校博士毕业论文》，2002。

［88］李涛：《混合所有制公司中的国有股权——论国有股减持的理论基础》，载《经济研究》，2002（8）。

［89］肖伯冬：《试析混合所有制是公有制的一种实现形式》，载《学理论》，2002（10）。

［90］王金存：《西方混合所有制企业比较》，载《世界经济》，2002（8）。

［91］杨有旺：《走改革、调整、引进之路　放手发展混合所有制经济》，载《长江论坛》，2002（4）。

［92］刘友凡：《混合所有制经济——振兴市域经济的主要力量》，载《世界》，2002（7）。

［93］古标仁、覃其炳：《论混合所有制多元产权制度对企业经管的作用》，载《社科与经济信息》，2002（10）。

［94］张平：《混合所有制经济的五个特点》，载《中国改革报》，2003－12－22。

［95］范恒山：《如何理解大力发展混合所有制经济》，载《人民日报》，2003－11。

［96］邢明发、刘瑛：《我国重点企业四成半为混合所有制》，载《中国信息报》，2003－12－02。

［97］王海杰：《论混合所有制的混合条件、途径及混合边界界定》，载《中国经济发展进程中的热点问题探讨》，2003－10。

［98］晓亮：《论混合所有制与股份制》，载《现代经济探讨》，2003（10）。

［99］陈频：《试论混合所有制经济与公有制经济的关系》，载《社会主义研究》，2003（6）。

［100］王宜新：《建立现代产权制度　发展混合所有制经济》，载《中国工商管理研究》，2003（12）。

［101］常修：《混合所有制经济发展初探》，载《国际金融报》，2003－12－11。

［102］葛扬、潘薇薇：《发展民营经济　提升混合所有制经济的运行质量》，载《南京社会科学》，2004（S2）。

［103］周鸣磬：《大力发展混合所有制经济增强公有制经济活力——混合所有制经济的理论与实践研讨会综述》，载《探索与争鸣》，2004（8）。

[104] 陈伯庚、张永岳：《公有制实现形式的重大创新——论混合所有制》，载《上海市社联纪念邓小平诞辰 100 周年座谈会会议资料汇编》，2004。

[105] 晓亮：《论大力发展混合所有制》，载《经济学家》，2004（2）。

[106] 葛扬：《马克思所有制理论与现代混合所有制经济》，载《当代经济研究》，2004（10）。

[107] 张旭：《关于混合所有制的两个问题》，载《理论学刊》，2004（2）。

[108] 晓亮：《混合所有制与混合经济不能混同》，载《北京日报》，2004-05-17。

[109] 李曙光等：《混合所有制下的公司治理》，载《法人杂志》，2004-01。

[110] 肖晖：《对发展混合所有制经济的几点认识》，载《岭南学刊》，2004（1）。

[111] 尹焕三：《论混合所有制经济的组织特征及构造机理》，载《理论前沿》，2004（3）。

[112] 李水莲：《关于“大力发展混合所有制经济”的辩证思考》，载《唐都学刊》，2004（2）。

[113] 王永年：《广义混合所有制概念辨析》，载《江淮论坛》，2004（6）。

[114] 杨尧忠：《对“混合所有制经济”理论认识过程的评析》，载《党史文苑》，2004（6）。

[115] 葛扬：《混合所有制经济的生产力功能》，载《生产力研究》，2004（12）。

[116] 常修泽：《从“允许发展”到“大力发展”——浅议“混合所有制经济”》，载《学习月刊》，2004（1）。

[117] 天津金融工委、发展计划委、体改办联合课题组：《积极发展以股份制为主要形式的混合所有制经济》，载《产权导刊》，2004（1）。

[118] 李正图：《混合所有制公司制企业的制度选择和制度安排研

究》，载《上海经济研究》，2005（5）。

［119］彭海颖：《混合所有制经济是解决“三农”问题的制度选择》，载《生产力研究》，2005（12）。

［120］李琳、尹焕三：《论公有制的主要实现形式——混合所有制》，载《山东社会科学》，2005（2）。

［121］戴为民：《对混合所有制经济含义及实现形式的再认识》，载《特区经济》，2005（1）。

［122］孙启明：《混合所有制产权平台建设探索》，载《新长征》，2005（9）。

［123］顾钰民：《所有权分散与经营权集中——混合所有制的产权特征和效率分析》，载《经济纵横》，2006（2）。

［124］顾钰民：《混合所有制的制度经济学分析》，载《福建论坛（人文社会科学版）》，2006（10）。

［125］伯娜：《改革开放以来混合所有制经济及其发展》，载《特区经济》，2007（7）。

［126］万华炜：《中国混合所有制经济的产权制度分析》，载《中南财经政法大学学报》，2007（6）。

［127］李旻晶、徐家英：《论公有制实现形式与混合所有制的股份制》，载《武汉大学学报（哲学社会科学版）》，2007（3）。

［128］王恒：《西方国家发展混合所有制经济的借鉴与启示》，载《湖北经济学院学报（人文社会科学版）》，2007（1）。

［129］陈健、毛霞：《西方混合所有制经济发展模式的比较和借鉴》，载《全国商情（经济理论研究）》，2007（2）。

［130］库向芳、张晓飞：《混合所有制经济的产权特征和效率》，载《现代企业》，2007（4）。

［131］邓万民、杨尧忠：《混合所有制是我国所有制改革的较优选择——30 年来所有制改革的回顾与展望》，载《学习月刊》，2008（17）。

［132］万华炜、程启智：《中国混合所有制经济的产权经济学分析》，载《宏观经济研究》，2008（2）。

[133] 姚圣娟、马健：《混合所有制企业的股权结构与公司治理研究》，载《华东经济管理》，2008（4）。

[134] 顾琳：《何谓“混合所有制经济”》，载《四川统一战线》，2008（4）。

[135] 张作云：《混合所有制经济的性质界定及其方法》，载《汉江论坛》，2009（1）。

[136] 李伟：《探索混合所有制国有产权管理模式》，载《中国企业报》，2009-01-15。

[137] 程恩富：《马克思主义制度经济理论探讨》，载《学习与探索》，2009（3）。

[138] 伯娜：《关于混合所有制经济性质问题的观点述评》，载《学术界》，2010（5）。

[139] 张小军、石明明：《市场分割条件下的混合所有制经济竞争模型与规制策略》，载《经济评论》，2011（2）。

[140] 张卓元：《论混合所有制的活力与贡献》，载《北京日报》，2013-12-16。

[141] 周林生：《发展混合所有制经济是市场机制必然要求》，载《南方日报》，2013-12-30。

[142] 李保民：《产权多元化是发展混合所有制经济的重要途径》，载《产权导刊》，2013（12）。

[143] 徐志越：《产权市场为促进混合所有制经济发展服务》，载《产权导刊》，2014（2）。

[144] 郭飞：《发展混合所有制经济与国有企业改革》，载《光明日报》，2014-04-02。

[145] 陈小洪：《发展混合所有制经济的主要方式》，载《中国企业报》，2014-03-04。

[146] 贾康、苏京春：《“混合所有制”辨析：改革中影响深远的创新突破》，载《全球化》，2014（11）。

[147] 贾康、苏京春：《PPP：制度供给的伟大创新》，载《企业家日

报》，2014－12－28。

［148］郑志国：《怎样认识混合所有制经济》，载《人民日报》，2014－01－08。

［149］李毅中：《发展混合所有制经济要做好顶层设计》，载《经济日报》，2014－01－29。

［150］厉以宁：《在调查混合所有制中发现的几个误解》，载《北京日报》，2014－03－10。

［151］常修泽：《发展混合所有制经济的路径》，载《人民日报》，2014－04－30。

［152］贾华强：《马克思经典理论错了吗？——从混合所有制经济看社会主义的未来》，载《人民论坛（学术前沿）》，2014（6）。

［153］常修泽：《现代治理体系中的包容性改革——混合所有制价值再发现与实现途径》，载《人民论坛（学术前沿）》，2014（6）。

［154］田广、刘瑜：《中国的混合所有制如何不同于西方——理论、实践与制度创新》，载《人民论坛（学术前沿）》，2014（6）。

［155］谢鲁江：《混合所有制经济：三重意义上的体制平台》，载《人民论坛（学术前沿）》，2014（6）。

［156］陈永杰：《混合所有制经济占比分析》，载《中国金融》，2014（8）。

［157］崔吕萍、厉以宁：《要把混合所有制对国企民企的好处讲透》，载《人民政协报》，2014－03－04。

［158］贾康：《混合所有制：从管资产到管资本》，载《军工文化》，2014（3）。

［159］贾康：《财税体制改革诠释现代国家治理》，载《上海证券报》，2014－07－03。

［160］贾康：《PPP：不只是一个融资机制的选择》，载《中国财经报》，2014－04－22。

［161］胡焕庸：《中国人口之分布》，载《地理学报》，1935（2）。

［162］张林：《不可逾越的“胡焕庸线”》，载《科学时报》，2010－

01 - 20（B1）。

[163] 吴传钧：《巴尔札克等著苏联经济地理》，载《地理学报》，1951（Z1）。

[164] 祝卓：《关于经济地理学研究对象的探讨》，载《教学与研究》，1954（6）。

[165] 钱学森：《关于地学的发展问题》，载《地理学报》，1989（3）。

[166] 陆大道：《西方“主流经济地理学”发展基本议题演变的评述——为“牛津经济地理学手册”中译本所作序言》，载《地理科学进展》，2005（3）。

[167] 段学军、虞孝感、陆大道、Josef Nipper：《克鲁格曼的新经济地理研究及其意义》，载《地理学报》，2010（2）。

[168] 白浩然：《废弃食用油制备生物柴油新展望》，载《科学时报》，2010 - 10 - 18（B4）。

[169] 杜祥琬：《中国能源可持续发展的一些战略思考》，载《科学时报》，2010 - 11 - 22（B1）。

[170] 冯俏彬、贾康：《“政府价格信号”分析：我国体制性产能过剩的形成机理及其化解之道》，载《财政部财政科学研究所研究报告》，2013（199）。

[171] 温桂芳、张群群：《能源资源性产品价格改革战略》，载《经济研究参考》，2014（4）。

[172] 贾康：《新供给：经济学理论的中国创新》，北京，中国经济出版社，2013。

[173] 贾康：《中国特色的宏观调控：必须注重理性的“供给管理”》，载《当代财经》，2010（1）。

[174] 贾康：《关于资源税价联动改革的几个重要问题》，载《经济纵横》，2011（2）。

[175] 贾康：《国有经济、国有资产及相关问题的认识与改革探讨》，载《财政研究》，2013（10）。

[176] 贾康：《现代化国家治理必须匹配现代市场体系》，在第九届中

国证券市场年会上的发言，2013。

［177］贾康：《以经济手段为主化解环境危机势在必行——抓住我国基础能源配置机制重大问题实施配套改革突破》，政协第十二届全国委员会第二次会议发言稿，2014。

［178］李靖：《我国光伏产业的发展路径与政策空间——基于产业竞争优势的分析》，载《财政部财政科学研究所研究报告》，2014（12）。

［179］蒲实：《埃隆·马斯克：无限的创想与意志的胜利》，载《三联生活周刊》，2013（39）。

［180］贾康等：《新供给经济学理论基础的比较与分析》，载《现代产业经济》，2013（5）。

［181］贾康、江旭东：《积极运用财政政策加强供给管理——论财政政策促进供求关系中长期均衡和国民经济跨世纪发展的思路》，载《财政研究》，1999（3）。

［182］葛奇：《凯恩斯主义、货币学派和供给学派》，载《社会科学》，1980（3）。

［183］唐岳驹：《费尔德斯坦及其“供给学派”经济理论》，载《经济科学》，1982（1）。

［184］周寿萱、杜修平：《简析萨伊定律、凯恩斯主义、供给学派的历史更替》，载《晋阳学刊》，1983（1）。

［185］杨鲁军：《关于供给学派的几点评论》，载《世界经济文汇》，1983（3）。

［186］李五四、孔祥瑄：《从资本主义经济危机看凯恩斯主义之兴衰》，载《山西财经学院学报》，1984（3）。

［187］张翠玉：《介绍美国新兴供给经济学》，载《黑龙江财专学报》，1986（2）。

［188］杨德明：《被称为“里根经济学”的供给学派》，载《瞭望周刊》，1987（48）。

［189］杨林枫：《费尔德斯坦与供给经济学派》，载《当代财经》，1987（5）。

［190］陈维辰：《论供给学派的经济理论与实践》，载《北京轻工业学院学报》，1987（1）。

［191］范家骧、高天虹：《供给学派（上）》，载《经济纵横》，1987（2）。

［192］范家骧、高天虹：《供给学派（下）》，载《经济纵横》，1987（4）。

［193］郭熙保：《从需求经济学到供给经济学——供给学派述评》，载《湖南社会科学》，1989（5）。

［194］曹坤华：《关于供给学派的几个理论问题——与杨鲁军同志商榷》，载《湖北大学学报（哲学社会科学版）》，1990（3）。

［195］M. 马歇尔、P. 阿里斯蒂斯：《供给学派与里根经济学》，载《世界经济文汇》，1991（2）。

［196］丁一凡：《论 80 年代欧美的自由化浪潮及其新走向》，载《欧洲研究》，1993（2）。

［197］吴先明：《略论凯恩斯主义的复兴》，载《世界经济研究》，1998（1）。

［198］傅学良：《现代西方经济思潮的发展与变革》，载《上海交通大学学报（社会科学版）》，1997（1）。

［199］张弥：《国内外供给经济学派理论研究的比较》，载《财经问题研究》，1999（4）。

［200］马焕明：《归去来兮凯恩斯——“凯恩斯主义”盛衰演变与现代资本主义经济周期的关系初探》，载《史学集刊》，1999（3）。

［201］李义平：《需求管理与供给管理——宏观经济管理的两种模式及其理论基础》，载《中国工业经济》，2000（26）。

［202］郑秉文：《20 世纪西方经济学发展历程回眸》，载《中国社会科学》，2001（3）。

［203］滕泰、冯磊：《放松供给约束　解除供给抑制》，载《中国证券报》，2013－05－27（A17）。

［204］Alexander Gerschenkron. Economic Backwardness in Historical Perspective [M]. Harvard University Press, 1962.

[205] Acemoglu Daron, Simon Johnson and James A. Robinson. The Colonial Origins of Comparatives Development: An Empirical Investigation [J]. American Economic Review, 2001: 91.

[206] Alesina Alberto and Eliana La Ferrara. Ethnic Diversity and Economic Performance [N]. NBER Working Paper, No. 10313, 2004.

[207] ADB report. Energy Efficiency and Climate Change Considerations for On – road Transport in Asia, 2006.

[208] Brezis, Paul Krugman, Tsidden. Leap – frogging in international Competition: a Theory of Cycles in National Technological Leadership [J]. American Economic Review, 1993: 83.

[209] Beck Thorsten, Asli Demirguc Kunt and Ross Levine. Finance, Inequality and Poverty: Cros – Country Evidence [N]. World Bank Policy Research Working Paper, WPS3338, 2004.

[210] Bourguignon, F. and C. Morrisson. Income Distribution, Development and Foreign Trade: A Cross – sectional Analysis [J]. European Economic Review, 1990: 34.

[211] Clarke George, Lixin C. Xu and Hengfu Zou. Finance and income inequality: Test of alternative theories [R] . World Bank Policy Research Working Paper, 2003.

[212] Galor Oded and Joseph Zeira. Income Distribution and Macroeconomics [J] . Review of Economic Studies, 1993, 60 (1): 35 – 52.

[213] Holden, Paul and Vassili Prokopenko. The Financial Sector and Poverty Reduction in Developing and Transition E – conomies [R] . IMF Working Paper, Washington DC, 2001.

[214] Jean – Baptiste Say. A Treatise on Political Economy (or the Production, Distribution, and Consumption of Wealth) [M]. Kitchener: Batoche Books, 2001.

[215] Kuznets Simon. Economic Growth and Income Inequality [J] . The

American Economic Review, 1955, 45 (1): 1 – 28.

[216] Marion J. Levy. Modernization and Structure of Societies: a Setting for international Relations [M]. Princeton University Press, 1996.

[217] M. Abramjoritz. Thinking about Growth [M]. Cambrige University Press, 1989.

[218] R. Van Elkan. Catching up and Slowing Down: Learning and Growth Patterns in an Open Economy [J]. Journal of International Economics, 1996, 41.

[219] Rodríguez Francisco. The Policical Economy of Latin American Economic Growth [R]. World Bank's Global Development Network Research Project, Latin American and Caribbean Economic Association (LACEA), 2001.